SEGREDOS GUARDADOS

REGINALDO PRANDI

Segredos guardados
Orixás na alma brasileira

1ª reimpressão

Copyright do texto © 2005 by Reginaldo Prandi
Copyright das ilustrações © 2005 by Pedro Rafael

Grafia atualizada segundo o Acordo Ortográfico da Língua Portuguesa de 1990, que entrou em vigor no Brasil em 2009.

Capa
Raul Loureiro sobre ilustração de Pedro Rafael

Ilustrações
Pedro Rafael

Fotos
Reginaldo Prandi

Preparação
Vanessa Barbara

Índice remissivo
Marcelo Yamashita Salles

Revisão
Otacílio Nunes
Marise Simões Leal
Paula B. P. Mendes

Dados Internacionais de Catalogação na Publicação (CIP)
(Câmara Brasileira do Livro, SP, Brasil)

Prandi, Reginaldo
　　Segredos guardados : Orixás na alma brasileira / Reginaldo Prandi ; fotos do autor ; [ilustrações Pedro Rafael]. — 1ª ed. — São Paulo : Companhia das Letras, 2005.

　　Bibliografia.
　　ISBN 978-85-359-0627-1

　　1. Afro-brasileiros – Religião 2. Candomblé (Culto) 3. Orixás 4. Religião e sociologia 5. Umbanda (Culto) I. Rafael, Pedro. II. Título. III. Título : Orixás na alma brasileira.

05-1567　　　　　　　　　　　　　　CDD-306.69960981

Índice para catálogo sistemático:
1. Religiões afro-brasileiras : Sociologia da religião 306.69960981

Todos os direitos desta edição reservados à
EDITORA SCHWARCZ S.A.
Rua Bandeira Paulista, 702, cj. 32
04532-002 — São Paulo — SP
Telefone: (11) 3707-3500
www.companhiadasletras.com.br
www.blogdacompanhia.com.br
facebook.com/companhiadasletras
instagram.com/companhiadasletras
twitter.com/cialetras

Sumário

Prólogo 7

PARTE I: NOS TERREIROS DE CANDOMBLÉ

1. Tempo, origem e autoridade 19
2. Os mortos e os vivos 53
3. Orixás, santos e demônios 67
4. Um panteão em mudança 101
5. Os espíritos caboclos na religião dos orixás 121

PARTE II: NOS TERREIROS E NO MUNDO

6. Hipertrofia ritual e falência moral 141
7. Cultura religiosa, memória e identidade 159
8. Música sacra e música popular 175
9. Nas canções do rádio 187
10. Devotos, terreiros e igrejas 215

Epílogo 239

Anexo — Relação de músicas populares com
 referências às religiões afro-brasileiras (1902-2000).... 249
Glossário 303
Índice remissivo.. 311
Índice e créditos das fotos 317
Referências bibliográficas... 319
Nota do autor.. 327

Prólogo

1

Agenor Miranda Rocha foi um *oluô*, adivinho que joga os búzios da tradição afro-brasileira, de invulgar renome e prestígio. Responsável pelo jogo oracular que indicou a sucessão de mães de santo nos candomblés mais afamados do Brasil, como a Casa Branca do Engenho Velho e o Axé Opô Afonjá, Pai Agenor, branco, filho de portugueses, nasceu em Luanda, cresceu em Salvador — onde foi iniciado no candomblé em 1912, aos cinco anos de idade — e faleceu em 2004, aos 96 anos, no Rio de Janeiro, para onde se mudou quando jovem. Era filho de santo de Mãe Aninha Obá Bií, Eugênia Ana dos Santos, que viveu de 1869 a 1938 e fundou, no começo do século xx, os candomblés Axé Opô Afonjá, em Salvador e no Rio de Janeiro.

O Professor, como o *oluô* é chamado pelo povo de santo, morava num sobrado geminado duma vila do bairro carioca do Engenho Novo, e sua casa estava sempre cheia de gente à procura de conselho e orientação. Eram mães, pais e filhos do candomblé e da umbanda, devotos, amigos e clientes, pessoas simples, intelectuais e artistas, ricos e pobres, gente de todo feitio que ia à casa dele como quem vai a um local sagrado de peregrinação, para submeter-se ao seu jogo de búzios, para o conhecer pessoalmente, para conversar com ele ou simplesmente para beijar-lhe a mão e pedir a bênção. Foi testemunha e personalidade importante de quase um século da história do candomblé.

O Professor tinha memória prodigiosa e gostava muito de falar das coisas antigas do candomblé. Eu ia de vez em quando à sua casa no Rio de Janeiro e conversávamos horas a fio. Outras vezes o encontrei em Salvador e São Paulo. Mesmo com a idade avançada, não parava de viajar. O Professor recebia os que o procuravam em um quarto do andar superior de sua casa, onde lia, escrevia e jogava búzios. Nunca cobrava pelas consultas e atendia pessoalmente a todos os telefonemas. No quarto ao lado ficavam os assentamentos de seus orixás, sempre providos de oferendas e enfeitados com muitas flores. Na hora da despedida, ele convidava suas visitas a entrarem no quarto de santo para saudar os orixás. Isso surpreendia alguns, habituados ao costume do candomblé de sempre manter os quartos de santo fechados e protegidos dos olhares curiosos de quem não é da casa. Uma vez ouvi uma senhora, surpresa com o convite, perguntar, ao mesmo tempo incrédula e fascinada:

— Mas pode mesmo, Professor? Com tanto segredo que deve ter lá dentro! O senhor não proíbe entrar no quarto de santo?

— Quem sou eu para proibir os filhos de verem seus pais? Entre, minha filha, peça a bênção aos orixás. Não tem nenhum segredo lá dentro, não. Os orixás gostam de atenção e respeito, não gostam de segredo — respondeu o Professor, fazendo sinal para ela tirar os sapatos e entrar no quarto de santo.

Numa outra ocasião, encontrava-me na casa do Professor em companhia de Armando Vallado, seu filho de santo e então meu orientando de doutorado em sociologia na USP. Passamos horas procurando uma fotografia que estava perdida no quarto de trabalho do Professor. O quarto vivia atulhado de livros, jornais, papéis, presentes que ele ganhava, fotografias, envelopes, caixas. As estantes nunca davam conta da papelada e pilhas de papel acumulavam-se pelos cantos e pelo chão. Mal dava para andar. Dois anos antes, eu havia encontrado debaixo de uns pacotes um manuscrito do Professor do tempo de sua juventude em Salvador e o publicara como livro, o *Caminhos de odu* (Rocha, 2001). Dessa vez procurávamos uma foto antiga do Professor com sua mãe de santo, foto que ele dizia estar em algum lugar do escritório.

Foi quando perguntei ao Professor se por ali não estaria o "baú de Mãe Aninha". Comenta-se que os antigos pais e mães de santo, ao morrerem, costumavam deixar a algum filho predileto muitos cadernos e documentos contendo segredos da religião, como fórmulas rituais, letras de cantigas, rezas, mitos de odu, *oriquis*, receitas e recomendações — isso apesar de os pais e mães de santo daqueles velhos tempos serem quase todos analfabetos. Seu conhecimento religioso dependia não da leitura, mas da capacidade de memorização exercitada pelo modo africano de transmissão oral do saber, prática que, com o tempo, foi se enfraquecendo. Mas, em todo caso, existiria mesmo o tão falado baú de Aninha? Estaria ele com o Professor? Diante de minha insistência, o Professor respondeu, com seu jeitinho de quem passou quase cinquenta anos de sua vida ensinando crianças e jovens no colégio Pedro II e noutra escola:

— Minha mãe Aninha ensinava os filhos em vida. Dizer que os segredos estão guardados em algum lugar é o modo de muitos justificarem a própria ignorância. Dizem que não sabem porque alguém escondeu, alguém perdeu, alguém não teve tempo ou vontade de ensinar. E, por outro lado, quando fazem uma tolice por conta própria, tolice com os orixás e com os filhos, justificam como sendo em razão de algum segredo que aprenderam com algum antigo — disse ele, e riu baixinho.

2

Neste livro vou me referir muitas vezes aos tais segredos supostamente guardados e tentar mostrar que a lenda criada em torno de sua existência, com ou sem razão, tem sido pretexto e motivação para muitas das mudanças que podemos observar na religião dos orixás.

O candomblé é religião minoritária, de poucos fiéis e muitos clientes. Ouve-se com frequência que é religião muito trabalhosa, mas boa para comer e dançar. De fato, comida e dança são elementos vitais dos ritos, e trabalho é o que não falta. Entrar para o candomblé impõe a necessidade de aprender grande quantidade de cânticos e danças, palavras e expressões, modos de se comportar e de se relacionar com os deuses, com os humanos e com os objetos sagrados, além de receitas culinárias, fórmulas mágicas e listas intermináveis de tabus — tanta coisa, que parece não ter fim. E não tem mesmo. Tudo vai sendo aprendido aos poucos, tudo cercado de uma aura de mistério, cada coisa como um segredo novo. E sempre há mais para entender e memorizar a cada etapa da iniciação que nunca termina.

Os mais jovens devem aprender ouvindo, observando e imitando os mais velhos, numa rigorosa disciplina baseada na hierarquia iniciática. Descobrem depois que, em algum lugar, pode existir uma cantiga que se perdeu, uma invocação que foi esquecida, uma fórmula ritual que foi corrompida pelo tempo. E não são poucos os que se convencem de que tudo precisa ser pacientemente recuperado para que se restitua ao axé, a força sagrada dos orixás, seu antigo poder, sua extrema capacidade de mover e mudar o mundo. Para quem inicia a travessia, tudo é novo e misterioso, a começar pela língua ritual de origem africana, que se decora mas pouco se traduz. São um sem-fim os mistérios a decifrar, outros tantos a recuperar. O devoto do candomblé aprende, desde cedo, que são muitos os segredos guardados.

Ser efetivamente da religião implica a submissão aos ritos de iniciação, em suas múltiplas etapas, que começam com o *bori*, cerimônia em que a cabeça do iniciado recebe oferendas, e passa pela feitura de iaô, ou iniciação propriamente dita, que vai se completando com as obrigações do primeiro, terceiro e sétimo ano, quando se atinge a senioridade religiosa, e depois a cada sete ou 21 anos, até o fim da vida. São as obrigações iniciáticas para a classe de membros do candomblé em cujo corpo os orixás se manifestam no transe ritual, os chamados iaôs. Além dos iaôs, ou filhos de santo rodantes, há a classe dos que não entram em transe, constituída de equedes e ogãs. Equedes são as mulheres encarregadas de cuidar dos orixás manifestados nos iaôs e dançar com eles. Ogãs são os homens responsáveis pelos sacrifícios votivos, pelo toque dos atabaques e outras atividades indispensáveis ao culto e ao funcionamento do terreiro. Para equedes e ogãs há procedimentos iniciáticos específicos, mas que também se repetem ao longo da vida.

Quando um membro do candomblé morre, novos ritos são executados, dessa vez para desfazer os laços que, durante as inumeráveis obrigações ao longo de toda uma vida, uniram aquele iniciado à mãe ou ao pai de santo, ao próprio orixá da pessoa, à comunidade do terreiro e a todo o povo de santo. Desfazer esses vínculos significa liberar o espírito do morto para que ele possa se transportar ao outro mundo, até que chegue sua hora de nascer de novo; e significa também liberar o orixá daquela pessoa para que se complete o ciclo que une, durante a vida, o ser humano ao mito, ao mundo total, à natureza.

Atar e desatar laços de filiação, lealdade e compromisso religioso são os objetivos dos ritos iniciáticos, para que se possa ter uma vida de realizações e felicidade, com saúde, amor, paz e prosperidade, sempre em equilíbrio com o orixá que existe em cada um. Os ritos são sempre individuais, portanto a experiência de cada um não pode ser transferida aos demais. Não há possibilidade de permanecer na religião sem renovar periodicamente as obrigações. Nos terreiros, a mãe ou pai de santo está continuamente cuidando das obrigações dos filhos de santo. Os filhos do candomblé estão permanentemente se preparando para a próxima obrigação iniciática. A cada uma, seu status no grupo se eleva, podendo, com o passar do tempo e das obrigações, assumir encargos rituais, que são distribuídos pela mãe de santo, como benesse, honraria e emblema do crescimento da responsabilidade religiosa. Passar pelas obrigações iniciáticas significa ganhar poder no grupo, subir na escala hierárquica do terreiro.

Além dos filhos do terreiro, a mãe de santo deve cuidar também dos clientes. É assim que o povo de santo chama as pessoas que vão ao terreiro para consultar o oráculo do jogo de búzios, que é atribuição exclusiva da mãe ou pai de santo, e depois, se necessário, submeter-se a ritos de purificação, fortalecimento mágico e propiciação dos orixás, para ter sua proteção, favor, boa vontade, para aplacar sua ira e conseguir seu perdão. Os clientes não têm compromissos com a religião; eles pagam pelo jogo de búzios, ebós e demais trabalhos mágicos, e voltam quando quiserem.

Filhos de santo e clientes são fontes de prestígio para a mãe de santo. Acredita-se que quanto mais filhos e clientes, maior é o poder religioso da mãe de santo, mais denso e eficaz o seu conhecimento dos mistérios que envolvem a realização dos ritos.

O candomblé é religião dispendiosa. Embora cada filho seja responsável pelas despesas de suas obrigações, há muita atividade comum e muitos gastos que precisam ser cobertos por outros meios. O pagamento feito pelos clientes é fonte muito importante de recursos para essas atividades, como também para garantir o sustento da própria mãe ou pai de santo e sua família consanguínea. Manter ampla clientela viabiliza financeiramente a própria religião. Para dar conta de toda essa responsabilidade para com os filhos e clientes, a mãe de santo precisa dominar todos os mistérios da religião e não hesita em submeter-se a novas obrigações, oficiadas por outros sacerdotes supostamente senhores de um saber mais profundo; também não vacila em empreender viagens em busca de conhecimento, paga por ele, se for preciso.

O candomblé e demais religiões afro-brasileiras fazem parte, nos dias de hoje, de um amplo leque de ofertas religiosas e mágicas. Desde que deixou de ser religião étnica, o candomblé disputa com outras religiões na busca de adeptos, legitimidade e prestígio. A concorrência entre as religiões é grande e nem sempre civilizada. O candomblé disputa também a clientela com outras religiões e muitas agências mágicas que fazem parte de um universo esotérico diversificado e crescente. Firmar-se, nos tempos atuais, como alternativa sacral viável obriga a religião a mudar para adequar-se melhor às novas necessidades, às novas demandas que surgem a cada instante com a mudança social e cultural.

Desde tempos remotos, faz parte da verdade religiosa apresentar-se como imutável, intemporal, eterna. É o que afirma emblematicamente o catolicismo na reza do Glória ao Pai: "assim como era no princípio, agora e sempre, por todos os séculos dos séculos". E, no entanto, as religiões mudam, e mudam muito — sempre mudaram.

Este é um livro sobre a religião dos orixás e sua permanente transformação no Brasil, seu extravasamento para a cultura popular não religiosa e seu lugar no cenário mágico, mítico e religioso do país — na alma brasileira. Mudanças de concepção, valores, práticas rituais e formação sacerdotal podem ser acompanhadas ao longo das décadas. A herança africana é evocada tanto quanto possível, permanentemente reelaborada. Práticas perdidas no transcurso da formação da religião em solo brasileiro são revalorizadas, e buscam-se novas e tradicionais fontes de conhecimento com o propósito de reavivar o axé. Acredita-se que muito do que se perdeu foi devido, primeiro, à violência do tráfico e da escravidão e, depois, à perseguição a que as religiões afro-brasileiras estiveram submetidas durante muitas décadas. Outras perdas se deram por causa das dificuldades de transmissão entre as gerações, quando não pela ignorância e egoísmo de líderes da religião que morreram sem transferir aos discípulos muito de seu saber. Acredita-se que esse conhecimento não está totalmente perdido e que é preciso recuperá-lo em algum lugar, sobretudo quando a religião se expande e se faz socialmente mais legítima, mais conhecida e usada nas dimensões não religiosas da cultura. É preciso fazer frente à necessidade de mudar para sobreviver, mesmo quando a mudança possa parecer a recuperação de um passado perdido, sobretudo agora, quando chegam à religião adeptos mais familiarizados com a leitura e que aprenderam a cultivar o amor pelas descobertas empreendidas na escola, na biblioteca, na internet.

A tudo isso se junta a enorme criatividade dos pais e mães de santo e seus filhos, que têm demonstrado uma grande capacidade de inovar e adaptar, além da disposição para assimilar práticas e crenças de candomblés de outras nações, de origem étnica diferente. Não há hoje dois terreiros com ritos exatamente iguais, nem quando se trata de terreiros irmãos, nascidos de uma origem comum próxima. Um terreiro filho já é inaugurado com alguma coisa que o diferencia dos terreiros mãe. Toda inovação é legitimada pelo discurso da busca permanente da verdade religiosa original, pela sempre reiterada necessidade de afirmação das raízes. O candomblé muda em muitos sentidos, mas, para seu seguidor, mudar é recuperar o que foi perdido, é restituir à religião o antigo vigor. Pois acredita-se que haja, em algum lugar, muitos segredos guardados.

PARTE I
NOS TERREIROS DE CANDOMBLÉ

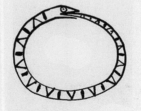

1. Tempo, origem e autoridade

1

— No candomblé, o tempo parece que não passa, o ritmo das coisas é outro, ninguém tem pressa para nada. Nem é preciso usar relógio, porque tudo acontece na hora em que tem que acontecer — disse-me certa vez uma filha de santo, que procurava explicar as dificuldades que muitos novos adeptos do candomblé encontravam assim que chegavam à nova religião.

A concepção do tempo no candomblé é mesmo diferente da noção ocidental a que estamos habituados. É uma dimensão-chave da cultura de herança africana, que remete a outros elementos fundamentais, como a ideia em que se baseia o oráculo de que tudo se repete, a crença na reencarnação, o pensamento mítico e as noções de aprendizado, saber, poder e organização hierárquica da religião.

Diferentes sociedades e culturas têm concepções próprias do tempo, do transcurso da vida, dos fatos acontecidos e da história. Em sociedades de cultura mítica, também chamadas sem-

-história, que não conhecem a escrita, o tempo é circular e acredita-se que a vida é uma eterna repetição do que já aconteceu num passado remoto narrado pelo mito. As religiões afro-brasileiras, constituídas a partir de tradições africanas trazidas pelos escravizados, cultivam até hoje uma noção de tempo que é muito diferente do "nosso" tempo, o tempo do Ocidente e do capitalismo (Fabian, 1983). A noção de tempo, por se ligar à noção de vida e morte e às concepções sobre o mundo em que vivemos e o outro mundo, é essencial na constituição da religião.

Muitos dos conceitos básicos que dão sustentação à organização da religião dos orixás em termos de autoridade religiosa e hierarquia sacerdotal dependem da noção de experiência de vida, aprendizado e saber, intimamente decorrentes da ideia de tempo ou a ela associados. Assim, muitos aspectos das religiões afro-brasileiras podem ser mais bem compreendidos quando se consideram as noções básicas de origem africana que os fundamentam. Da mesma maneira, pode-se ampliar o conhecimento sobre valores e modos de agir observáveis entre os seguidores dessas religiões quando consideramos a herança africana original em oposição a concepções ocidentais com que a religião teve e tem de se confrontar no Brasil, sobretudo nas situações em que concepções de diferentes origens culturais se opõem e provocam ou propiciam mudanças naquilo que os próprios religiosos acreditam ser a tradição afro-brasileira, seja ela doutrinária, seja ritual. As noções de tempo, saber, aprendizagem e autoridade, que são as bases do poder sacerdotal no candomblé, de caráter iniciático, podem ser lidas em uma mesma chave, capaz de dar conta das contradições em que uma religião que é parte constitutiva de uma cultura mítica, isto é, a-histórica, se envolve ao se reconstituir como religião numa sociedade de cultura predominantemente ocidental, na América, onde tempo e saber têm outros significados.

O candomblé é o nome dado à religião dos orixás formada

na Bahia, no século XIX, a partir de tradições de povos iorubás, ou nagôs, com influências de costumes trazidos por grupos fons, aqui denominados jejes, e residualmente por grupos africanos minoritários. O candomblé iorubá, ou jeje-nagô, como costuma ser designado, congregou, desde o início, aspectos culturais de diferentes cidades iorubanas, originando aqui diferentes ritos, ou nações de candomblé. Em cada uma delas predominam tradições da cidade ou região que acabou lhe emprestando o nome: queto, ijexá, efã (Silveira, 2000; Lima, 1984). Esse candomblé baiano, que proliferou por todo o Brasil, tem sua equivalência em Pernambuco, onde é denominado xangô, sendo a nação egba sua principal manifestação, e no Rio Grande do Sul, onde é chamado batuque, com a nação oió-ijexá. Outra variante iorubá, esta fortemente influenciada pela religião dos voduns daomeanos, é o tambor de mina nagô do Maranhão. Além dos candomblés iorubás, há os de origem banta, especialmente os denominados candomblés angola e congo, e aqueles de origem marcadamente fon, como o jeje-mahim baiano e o jeje-daomeano do tambor de mina jeje-maranhense.

Foram principalmente os candomblés baianos das nações queto (iorubá) e angola (banto) que mais se propagaram pelo Brasil, podendo hoje ser encontrados em toda parte. O primeiro veio a se constituir numa espécie de modelo para o conjunto das religiões dos orixás, e seus ritos, panteão e mitologia são hoje praticamente predominantes. O candomblé angola, embora tenha adotado os orixás, que são divindades nagôs, e absorvido muito das concepções e ritos de origem iorubá, desempenhou papel fundamental na constituição da umbanda no início do século XX, no Rio de Janeiro e em São Paulo. Hoje, todas essas religiões e nações congregam adeptos que seguem ritos distintos, mas que se identificam, nos mais diversos pontos do país, como pertencentes a uma mesma população religiosa, o chamado povo de santo, que compartilha crenças, práticas rituais e visões de mundo que incluem concepções da vida e da morte. Terreiros localizados nas mais diferentes regiões e cidades interligam-se através de teias de linhagens, origens e influências referentes a ascendências que convergem, na maioria dos casos, para a Bahia, e que daí apontam, no caso das nações iorubás, para antigas e às vezes lendárias cidades hoje situadas na Nigéria e no Benin.

A ideia que norteia o presente capítulo é refazer essa trajetória, religando a África dos orixás aos terreiros de candomblé de nações iorubás, que podem hoje ser encontrados na Bahia, no Rio de Janeiro, em São Paulo, em outros estados e no Distrito Federal, para, num segundo momento, procurar entender como e por que as antigas heranças religiosas vão sofrendo mudanças e adaptações no contexto das transformações socioculturais que modelam o Brasil atual. Embora o texto presente esteja focado na observação do candomblé iorubá, para o qual podemos contar com uma etnografia que permite estabelecer comparações entre o que se observou na África e o que se observa no Brasil, é fato que muitas das conclusões podem ser, em maior ou menor grau, aproximadas para o conjunto das religiões afro-brasileiras, quando não extravasadas para além do universo estritamente religioso, em outras dimensões da cultura popular brasileira.

2

Um novo adepto do candomblé ou outra religião afro-brasileira tradicional que tenha nascido e sido criado fora dessa religião, na qual ele ingressa por escolha pessoal, não é caso raro. Desde que o candomblé se transformou numa religião aberta a todos, independentemente da origem racial, étnica, geográfica ou de classe social, grande parte dos seguidores, ou a maior parte em muitas regiões do Brasil, é de adesão recente, não tendo tido anteriormente, nem mesmo no âmbito familiar, maior contato com valores e modos de agir característicos dessa religião. Na maioria dos casos, aderir a uma religião também significa mudar muitas concepções sobre o mundo, a vida, a morte. O novo adepto do candomblé, ao frequentar o terreiro, o templo, e ao participar das inúmeras atividades coletivas indispensáveis ao culto, logo se depara com uma nova maneira de considerar o tempo. Ele terá que ser ressocializado para poder conviver com coisas que, nos primeiros contatos, lhe parecerão estranhas e desconfortáveis. Ele terá que aprender que tudo tem sua hora, mas que essa hora não é simplesmente determinada pelo relógio e sim pelo cumprimento de determinadas tarefas, que podem ser completadas antes ou depois de outras, dependendo de certas ocorrências, algumas imprevisíveis, o que pode adiantar ou atrasar toda a cadeia de atividades. Aliás, esses termos "atrasar" e "adiantar" são estranhos à situação que desejo considerar, pois no candomblé, como já disse, tudo tem seu tempo, e cada atividade se cumpre no tempo que for necessário. É a atividade que define o tempo, e não o contrário.

As festas de candomblé, quando são realizadas as celebrações públicas de canto e dança — as chamadas cerimônias de barracão, durante as quais os orixás se manifestam por meio do transe ritual —, são precedidas de uma série de ritos propiciatórios que envolvem sacrifício de animais, preparo das carnes para o posterior banquete comunitário, elaboração das comidas rituais oferecidas aos orixás que estão sendo celebrados, cuidado com os membros da comunidade que estão recolhidos na clausura para o cumprimento de obrigações iniciáticas, preparação da festa pública e finalmente a realização da festa propriamente dita, ou seja, o chamado toque. Preparar o toque inclui cuidar das roupas, algumas costuradas especialmente para a ocasião, que devem ser lavadas, engomadas e passadas a ferro (é sempre uma enormidade de roupas para engomar e passar!); pôr em ordem os adereços, que devem ser limpos e polidos; preparar as comidas que serão servidas a todos os presentes e providenciar as bebidas; decorar o barracão, colhendo-se para isso as folhas e flores apropriadas etc.

Num terreiro de candomblé, praticamente todos os membros da casa participam dos preparativos, sendo que muitos desempenham tarefas específicas de seus postos sacerdotais. Todos comem no terreiro, ali se banham e se vestem. Às vezes, dorme-se no terreiro noites seguidas, e muitas mulheres se fazem acompanhar de filhos pequenos. É uma enormidade de coisas a fazer e de gente ocupada com isso. Há uma pauta a ser cumprida e horários mais ou menos previstos para cada atividade, como "ao nascer do sol", "depois do almoço", "de tarde", "quando o sol esfriar", "de tardinha", "de noite". Não é costume fazer referência nem respeitar a hora marcada pelo relógio, e muitos imprevistos podem acontecer. No terreiro, aliás, é comum tirar o relógio do pulso, pois ele não tem utilidade. Durante a matança, os orixás são consultados por meio do jogo oracular para se saber se estão satisfeitos com as oferendas, e podem pedir mais. De repente, então, é preciso parar tudo e sair para providenciar mais um cabrito, mais galinhas, mais frutas, ou seja lá o que for. A qualquer momento, os orixás podem se manifestar e será preciso cantar para eles, se não dançar com eles. Os orixás em transe podem, inclusive, impor alterações no ritual. Eles podem ficar muitas horas "em terra" enquanto todos os presentes lhes dão atenção e tudo mais espera. Durante o toque, a grande cerimônia pública, a presença não prevista de orixás em transe implica alargamento do tempo cerimonial, uma vez que eles devem também ser vestidos e devem dançar. A chegada de dignitários de outros terreiros, com seus séquitos, obriga a homenagens adicionais e outras sequências de canto e dança. Embora haja um roteiro mínimo, a festa não tem hora para acabar. Não se sabe exatamente o que vai acontecer no minuto seguinte: o planejamento é inviabilizado pela intervenção dos deuses.

Quando se vai ao terreiro, é aconselhável não marcar nenhum outro compromisso fora dali para o mesmo dia, pois não se sabe quando se pode ir embora, não se sabe quanto tempo vão durar a visita, a obrigação, a festa. Aliás, candomblé também não tem hora certa para começar. Começa quando tudo estiver "pronto". Os convidados e simpatizantes vão chegando num horário mais ou menos previsto, mas podem esperar horas sentados. Então, muitos preferem chegar bem tarde, o que pode acarretar novos atrasos. E não adianta reclamar, pois logo alguém dirá que "candomblé não tem hora". Uma vez, depois de muita espera, perguntei a que horas iria o candomblé realmente começar. A resposta foi: "depois que mãezinha (a mãe de santo) trocar de roupa". Enfim, o tempo será sempre definido pela conclusão das tarefas consideradas necessárias no entender do grupo; a fórmula é: "quando estiver pronto".

Essa ideia de que o tempo está sujeito ao acontecer dos eventos e ao sabor da realização de tarefas necessárias pode ser observada no cotidiano dos terreiros também fora das festas. Pesquisadores que estão se iniciando em trabalho de campo espantam-se muito com a "falta de horário" das mães e pais de santo, tendo que esperar horas e horas, se não dias, para fazer uma entrevista que pensavam estar agendada para um horário bem determinado. Clientes que vão ao terreiro para o jogo de búzios ou outros serviços mágicos também podem se sentir incomodados pelo modo como o povo de santo lida com o tempo.

Em 1938, a antropóloga americana Ruth Landes veio ao Brasil para estudar as relações raciais entre nós e permaneceu vários meses em pesquisa nos candomblés de Salvador. É muito interessante o relato de seu primeiro encontro com a jovem Mãe Menininha do Gantois, que décadas depois viria a ser a mais famosa mãe de santo do Brasil. Marcada a visita, Menininha a recebeu e com ela começou a conversar com muita simpatia. Chegou então uma filha de santo que cumprimentou a mãe com todas as reverências, dizendo-lhe alguma coisa em voz baixa. Menininha pediu licença à antropóloga para se retirar um momento, dizendo-lhe que ficasse à vontade e que voltaria em seguida. A tarde se esvaiu, com muita movimentação na casa, muitas pessoas chegando e saindo, mas a mãe de santo não voltou à sala. Com o dia já escuro, discretamente, Ruth Landes voltou para o hotel. Só tempos depois pôde continuar a conversa com a ialorixá. A antropóloga soube mais tarde que a mulher que interrompera a entrevista trazia problemas e que a mãe fora cuidar dos rituais necessários para resolver a aflição da filha (Landes, 1967: 86-99). Comentando o episódio, Ruth Landes escreveu: "Durante a minha permanência na Bahia pasmava-me a liberdade que as mães tomavam com o tempo. Menininha não voltou à sala aquele dia e como soube, subsequentemente, sempre se atrasava, sempre demorava. Era um privilégio da sua posição, aceito como natural numa terra de aristocracia e escravidão. Que era o tempo? O tempo era o que se faz com ele e ela estava sempre ocupada" (Landes, 1967: 95). O que Landes atribuiu a privilégios numa terra de aristocracia e escravidão era, entretanto, a expressão de uma concepção africana de tempo muito diferente daquela a que estamos habituados por força de nossa cultura europeia.

Para o pensador africano John Mbiti, enquanto nas sociedades ocidentais o tempo pode ser concebido como algo a ser consumido, que pode ser vendido e comprado como se fosse mercadoria ou serviços potenciais — tempo é dinheiro —, nas sociedades africanas tradicionais o tempo tem que ser criado ou produzido. Mbiti afirma que "o homem africano não é escravo do tempo, mas, em vez disso, ele faz tanto tempo quanto queira". Comenta que, por não conhecerem essa concepção, muitos estrangeiros ocidentais não raro julgam que os africanos estão sempre atrasados naquilo que fazem, enquanto outros dizem: "Ah! Esses africanos ficam aí sentados desperdiçando seu tempo na ociosidade" (Mbiti, 1990: 19).

Hoje, talvez mais que há algumas décadas, podemos encontrar no candomblé aqueles que atrasam cerimônias e fazem as pessoas esperarem, motivados pelo desejo único de se mostrarem importantes, numa inovação que deturpa o sentido africano do tempo.

3

Antes da imposição do calendário europeu, os iorubás, que são a fonte principal da matriz cultural do candomblé brasileiro, organizavam o presente numa semana de quatro dias. O ano era demarcado pela repetição das estações e eles não conheciam sua divisão em meses. A duração de cada período era marcada por eventos experimentados e reconhecidos por toda a comunidade. Assim, um dia começava com o nascer do sol, não importando se às cinco ou às sete horas, em nossa contagem ocidental, e terminava quando as pessoas se recolhiam para dormir (Mbiti, 1990: 19), o que podia ser às oito da noite ou à meia-noite em nosso horário. Essas variações, importantes para nós, com o relógio que controla nosso dia, não o eram para eles.

Cada um dos quatro dias da semana iorubá tradicional, chamada *ossé*, é dedicado a uma divindade (Ojô Awô, Ojô Ogum, Ojô Xangô, Ojô Obatalá, respectivamente: dia do segredo ou de Ifá, dia de Ogum etc.), regulando uma atividade essencial para a vida de todos os iorubás tradicionais: o mercado. O mercado ou feira funciona em cada aldeia e cidade num dos dias da semana, todas as semanas ou a cada duas, três ou quatro semanas. Até hoje, as mulheres vão vender seus produtos nos mercados de diferentes cidades, fazendo dessa atividade uma instituição fundamental para a sociabilidade iorubá e a regulação do cotidiano. Os iorubás tradicionais reconheciam a existência do mês lunar, mas lhe davam pouca importância, sendo muito mais importantes as épocas de realização das grandes festas religiosas, marcadas pelas estações e fases agrícolas do ano, que eles chamavam de *odum*. O dia era dividido não em horas, mas em períodos, que poderíamos traduzir por expressões como "de manhã cedo", "antes do sol a pino", "com o sol na vertical", "de tardinha" etc. A noite era marcada pelo cantar do galo.

A contagem dos dias e das semanas era praticada em função de cada evento, de modo que a mulher era capaz de controlar a duração de sua gestação, assim como o homem contava o desenrolar dos seus cultivos, mas sem datação (Ellis, 1974: 142-51). Os iorubás tradicionais consideravam duas grandes estações, uma chuvosa e outra seca, separadas por uma estação de fortes ventos, de modo que cada ano podia durar alguns dias a mais ou a menos, dependendo do atraso ou adiantamento das estações, mas isso não importava, uma vez que os dias não eram contados. Os anos passavam como passavam as semanas e os dias, num fruir repetitivo, não se computando aritmeticamente cada repetição.

Nas cortes dos reis iorubás havia funcionários encarregados de manter viva a memória dos reis, e eles eram treinados para recitar os eventos importantes que marcaram o reinado de cada soberano. Os episódios, no entanto, não eram datados, e por isso a reconstrução recente da história dos povos iorubás não comporta uma cronologia para os tempos anteriores à chegada dos europeus, vendo-se obrigada a operar com mitos e memórias lançados num passado sem datas (Johnson, 1921).

Como o tempo é cíclico, fatos inesperados são recebidos com espanto. Assim, as ocorrências cíclicas da natureza — por exemplo, as fases da Lua e as estações climáticas — são encaradas como acontecimentos normais da vida, mas o que escapa do ritmo normal do tempo é visto com preocupação e medo, como um eclipse, uma enchente etc. O nascimento de gêmeos, que contraria o desenlace normal da gestação, constitui também um fato excepcional.

Os afrodescendentes assimilaram o calendário e a contagem de tempo usados na sociedade brasileira, mas muitas reminiscências da concepção africana podem ser encontradas no cotidiano dos candomblés. A chegada de um novo *odum*, ano novo, é festejada com ritos oraculares para se saber qual orixá o preside, pois cada ano vê repetir-se a saga do orixá que o comanda: será um ano de guerra, se o orixá for um guerreiro, como Ogum; de fartura, se o orixá for um provedor, como Oxóssi; será de reconciliações, se for de um orixá da temperança, como Iemanjá, e assim por diante. O *ossé*, a semana, constitui-se num rito semanal de limpeza e troca das águas dos altares dos orixás. Cada dia da semana, agora a de sete dias, é dedicado a um ou mais orixás, sendo cada dia propício a eventos narrados pelos mitos daqueles orixás: por exemplo, a quarta-feira é dia de justiça porque é dia de Xangô.

As grandes festas dos deuses africanos adaptaram-se ao calendário festivo do catolicismo por força do sincretismo que, até há bem pouco tempo, era praticamente compulsório; mas o que a festa do terreiro enfatiza é o mito africano, do orixá, e não o do santo católico.

Embora o candomblé e outras religiões de origem africana sejam de formação recente, aqui constituídas somente depois das primeiras décadas do século XIX, as datas de fundação dos terreiros, assim como as que marcam os reinados de sucessivas mães e pais de santo, são desconhecidas. Seus nomes são bem lembrados; seus feitos, cantados e festejados nas cerimônias que louvam os antigos fundadores — o padê, nos candomblés mais velhos —, mas nada de datas. Esse passado brasileiro também já se fez mito.

4

Nas palavras de Wole Soyinka (1995: 10), "o pensamento tradicional opera não uma sucessão linear de tempo mas uma realidade cíclica". O tempo escalar, que se mede matematicamente e pode ser somado, subtraído, dividido etc., não faz nenhum sentido para o pensamento africano tradicional. Para os ocidentais, o tempo é uma variável contínua, uma dimensão que tem realidade própria, independente dos fatos, de tal modo que são os fatos que se justapõem à escala do tempo. É o tempo da precisão, que objetiva o cálculo, viabiliza a projeção e fundamenta a racionalidade — tempo da ciência histórica e da modernidade. Nessa escala ocidental do tempo, os acontecimentos são enfileirados uns após outros, em sequências que permitem organizá-los como anteriores e posteriores, uns como causa e outros como consequência, construindo-se uma cadeia de correlações e causações que conhecemos como história. Entre nós, o relógio e o calendário permitem contar o tempo transcorrido entre dois eventos, sendo possível, mesmo num passado distante, saber que fatos estão mais próximos entre si e quais se distanciam. Um segmento de tempo pode ser comparado com outro, por exemplo, o tempo médio da vida de um homem. Assim, todos os fatos relevantes são datados, ou seja, descritos num calendário sequencial escalonado em intervalos iguais (século, ano, mês, dia, hora). Esse tempo é projetado para a frente, de modo que o que vai acontecer compõe com o presente e com o já acontecido uma linha sem solução de continuidade. O futuro está determinado pelo que o precede e pode ser controlado pela ação no presente.

Para os africanos tradicionais, o tempo é uma composição dos eventos que já aconteceram ou que estão para acontecer imediatamente. É a reunião daquilo que já experimentamos como realizado, sendo que o passado imediato está intimamente ligado ao presente, do qual é parte, enquanto o futuro nada mais é que a continuação daquilo que já começou a acontecer no presente. Desse modo, não faz nenhum sentido a ideia do futuro como acontecimento remoto desligado da realidade imediata (Mbiti, 1990: 16-17). O futuro que se expressa na repetição cíclica dos fatos da natureza — como as estações, as colheitas vindouras, o envelhecer de cada um — é repetição do que já se conheceu, viveu e experimentou; não é futuro. Não há sucessão de fatos encadeados no passado distante, nem projeção do futuro. A ideia de história como a conhecemos no Ocidente não existe; a ideia de fazer planos para o futuro, de planejar os acontecimentos vindouros, é completamente estapafúrdia. Se o futuro é aquilo que não foi experimentado, ele não faz sentido nem pode ser controlado, pois o tempo é o tempo vivido, o tempo acumulado, o tempo acontecido. Mais que isso, o futuro é o simples retorno do passado ao presente, logo, não existe.

Para os iorubás e outros povos africanos (antes do contato com a cultura europeia), os acontecimentos do passado estão vivos nos mitos, que falam de grandes feitos, atos heroicos, descobertas e toda sorte de eventos dos quais a vida presente seria a continuação. Ao contrário da narrativa histórica, os mitos nem são datados nem mostram coerência entre si, não existindo nenhuma possibilidade de julgar se um mito é mais verossímil, digamos, do que outro. Cada mito atende a uma necessidade de explicação tópica e justifica fatos e crenças que compõem a existência de quem o cultiva, o que não impede de haver versões conflitantes quando os fatos e interesses a justificar são diferentes. O mito fala do passado remoto que explica a vida no presente. O tempo mítico é apenas o passado distante, e fatos separados por um intervalo de tempo muito grande podem ser apresentados nos mitos como ocorrências de uma mesma época, concomitantes. Cada mito é autônomo e os personagens de um podem aparecer em outro, com outras características e relações, às vezes contraditórias, sem que isso implique algum tipo de questionamento da sua veracidade. Os mitos são narrativas parciais e sua reunião não propicia o desenho de qualquer totalidade. Não existe um fio narrativo na mitologia, como aquele que norteia a construção da história para os ocidentais. O tempo do mito é o tempo das origens, e parece existir um tempo vazio entre o fato contado pelo mito e o tempo do narrador. No mundo mítico, os eventos não se ajustam a um tempo contínuo e linear. A mitologia dos orixás, que fala da criação do mundo e da ação dos deuses na vida cotidiana, bem o demonstra (Prandi, 2001 a).

Esse passado remoto, de narrativa mítica, é coletivo e fala do povo como um todo. Passado de geração a geração por meio da oralidade, é ele que dá o sentido geral da vida para todos e fornece a identidade grupal, os valores e as normas essenciais para a ação naquela sociedade, confundindo-se plenamente com a religião. O tempo cíclico é o tempo da natureza, o tempo reversível, e também o tempo da memória, que não se perde, mas se repõe. O tempo da história, em contrapartida, é o tempo irreversível, um tempo que não se liga nem à eternidade nem ao eterno retorno (Prigogine, 1991: 59). O tempo do mito e o tempo da memória descrevem um mesmo movimento de reposição: sai do presente, vai para o passado e volta ao presente — não há futuro. A religião é a ritualização dessa memória, desse tempo cíclico, ou seja, a representação no presente, através de símbolos e encenações ritualizadas, desse passado que garante a identidade do grupo

— quem somos, de onde viemos, para onde vamos? É o tempo da tradição, da não mudança, tempo da religião, a religião como fonte de identidade que reitera no cotidiano a memória ancestral.

Tudo isso tem a ver com o transe religioso. O iorubá crê que são várias as almas de cada pessoa, das quais três são as mais importantes: o *ori*, a cabeça, que contém o destino de cada um, a individualidade, que perece com a morte do corpo; o egum, que representa a continuidade familiar, o espírito do parente morto reencarnado no novo ser humano que nasce; e o orixá, que é a ligação com a origem mítica e com a natureza, a referência ao mundo fora dos limites da família, o mundo total. Cada um tem dentro de si seu orixá, sua origem essencial, que não é a mesma para todos. Os rituais de iniciação dos filhos e filhas de santo nada mais são do que uma preparação para que o orixá que há em cada um possa aflorar e se manifestar no transe, quando se mostra a todos durante as celebrações. Assim, quando a filha de santo entra em transe e o orixá se manifesta em seu corpo, essa devota assume uma nova identidade, marcada pela dança característica que lembra as aventuras míticas dessa divindade; é o passado remoto, coletivo, que aflora no presente para se mostrar vivo, o transe ritual repetindo o passado no presente, numa representação em carne e osso da memória coletiva.

Essa memória, contudo, ao se transferir da cultura africana para o candomblé, no Brasil passou evidentemente por um processo de cristalização, pois o candomblé, como religião, perdeu sua base étnica efetiva. Assim, a memória africana não é mais a memória de uma coletividade de seguidores brasileiros dos orixás, pois esta é formada de gente de todas as origens, que nunca teve necessariamente antepassados africanos. A memória é, portanto, cada vez mais memória mítica elaborada como fundamento religioso, como verdade religiosa, que, inclusive, se aprende nos livros, como os católicos, que aprendem na Bíblia as histórias de reis, profetas, juízes e apóstolos judeus. Mas tudo isso, evidentemente, constitui o corpo mítico da religião, e mesmo as lembranças esquecidas precisam ser recuperadas, porque, ainda que não falem propriamente dos seguidores, falam dos deuses, de seus segredos e mistérios. Para o atual adepto, a memória africana, de alguma forma preservada, continua sendo a fonte mais importante de muitos segredos guardados; porém, quanto mais os mecanismos de aprendizado oral e de transmissão da memória coletiva se perdem e deixam de ter sentido, mais importante se torna para o candomblé a palavra escrita. Desenrola-se, assim, uma trajetória que faz parte do processo de transformação do candomblé de religião étnica de transmissão oral em religião universal.

5

Segundo a tradição iorubá, como parte da vida que transcorre no presente, e numa dimensão diferente daquela do passado mítico, existe um passado próximo formado pelos eventos que compõem a vivência particular do indivíduo e que depende de sua memória pessoal. Os mortos, por exemplo, enquanto são lembrados pelos parentes vivos, fazem parte desse passado recente que se confunde com o presente e, assim, participam da experiência presente dos vivos enquanto estiverem vivos na lembrança dos vivos. Continuam a fazer parte da família, sendo por ela louvados e alimentados até que um dia possam retornar reencarnados. Com a reencarnação tudo se repete, o ciclo se recompõe. Assim como se repetem as estações do ano, as fases da Lua, os ciclos reprodutivos, o desenrolar das semeaduras às colheitas, a vida do homem se repete na reencarnação: cíclica é a natureza, cíclica é a vida do homem, cíclico é o tempo.

Para os iorubás tudo acontece em três planos: o *Aiê*, que é este nosso mundo, o do tempo presente; o *Orum*, que é o outro mundo, a morada dos deuses orixás e dos antepassados, o mundo mítico do passado remoto; e o mundo intermediário dos que estão aguardando para renascer. Este mundo dos que vão nascer está próximo do mundo aqui e agora, o *Aiê*, e representa o futuro imediato, atado ao presente pelo fato de que aquele que vai nascer de novo continua vivo na memória dos descendentes, participando da vida deles e sendo alimentado por eles até o dia de seu renascimento como novo membro da própria família. Para o homem, o mundo das realizações, da felicidade, da plenitude é o mundo do presente, o *Aiê* (Babatunde, 1992: 33). Não há prêmio nem punição no mundo dos que vão nascer, nada ali acontece. Os homens e mulheres pagam por seus crimes em vida e são punidos pelas instâncias humanas. As punições impostas aos humanos pelos deuses e antepassados por causa de atos maus igualmente não os atingem após a morte, mas se aplicam a toda coletividade à qual o infrator pertence, e isso também acontece no *Aiê*. Trata-se de uma concepção ética focada na coletividade e não no indivíduo (Mbon, 1991: 102), não existindo a noção ocidental cristã de salvação no outro mundo nem a de pecado. O outro mundo habitado pelos mortos é temporário, transitório, voltado para o presente dos humanos. Nem a vida espiritual tem expressão no futuro.

É preciso que o morto não tenha sido esquecido pelos familiares para poder nascer de novo, pois seu lugar é sempre na família. São duas as condições para continuar vivo na memória, no presente. Primeiro, é preciso ter tido muitos filhos, pois um homem sem prole não tem quem cultive sua memória. Um homem sem prole não tem uma grande família onde ele possa renascer. Para tanto é necessário ter muitas mulheres e poder sustentá-las. Segundo, é preciso ter vivido muito, para que seus atos memoráveis tenham sido testemunhados pelos filhos, netos e, quem sabe, bisnetos. Muitos nomes iorubás dados a uma nova criança referem-se à pessoa de quem ela seria o retorno, como Babatundê, que quer dizer "o pai está de volta"; Iiabó, "a mãe retorna"; Babatunji, "o pai acordou de novo". A memória depende da convivência e é graças a ela que se conhece, ama e respeita o outro. A lembrança é um sentimento de veneração respeitosa e afetiva. Para renascer, então, tem-se que viver até uma idade provecta. Ai dos que morrem cedo, esses terão dificuldade para renascer. Quando se morre na tenra infância pode-se renascer como outra criança gerada no útero da mesma mãe (Oduyoye, 1996: 113). Contudo, esse não é um nascimento festejado, pelo contrário, é temido, pois a criança renascida não tem compromisso com o presente, com a família, com o *Aiê*, e pode perfeitamente querer morrer de novo cedo, sem viver, pelo simples e degenerado prazer de nascer por nascer. Essas criaturas, chamadas *abicus*, literalmente, nascido para morrer, só fazem sofrer as mães e frustrar os pais, que precisam desesperadamente de uma longa descendência, pois os filhos que geram filhos são a garantia da eternidade celebrada no presente.

Quando a memória do morto extravasa os limites de sua família particular e passa a ser louvada pela comunidade mais ampla da aldeia, da cidade, de uma grande linhagem que reúne muitas famílias, quando essa lembrança deixa de ser privativa de alguns indivíduos para se incorporar na lembrança coletiva, o morto não precisa mais renascer entre os vivos para garantir o ciclo de sua eternidade. Ele vai para o *Orum*, tornando-se, então, um antepassado. Isso acontece com os grandes reis, heróis, fundadores e líderes. Do *Orum*, o mundo mítico onde habita com os orixás, ele passa a atuar diretamente nos acontecimentos do *Aiê*: vai interferir no presente, ajudando e punindo os humanos. O passado mítico é um passado vivo, e seus habitantes agem e interferem no presente o tempo todo. Os antepassados, que os iorubás chamam de egunguns, não se recusam a vir ao *Aiê* e conviver com os humanos e o fazem através de seus sacerdotes nos grandes festivais de máscaras em que se cultua a memória ancestral coletiva daquela comunidade (Drewal, 1992, cap. 6). Como se dá, similarmente, nos candomblés de egum da ilha de Itaparica, e hoje em outros lugares, sob o comando dos sacerdotes dos antepassados, os *ojés*.

Quando, numa outra dimensão, o antepassado conquista o respeito de todo um povo, quando sua cidade impõe seu culto a outras, quando ele se desprende da comunidade original e passa a fazer parte da memória de toda uma sociedade, a reverência por ele recebida se expande, sua influência no *Aiê* cresce, seu poder no mundo do presente se eterniza: ele é, então, um orixá, um entre os deuses iorubás. Sua relação não é mais com os parentes nem com os membros da comunidade, mas com a humanidade.

Os iorubás acreditam que o espírito do ser humano é constituído de diversas partes imateriais, sua alma não é indivisível como na concepção judaico-cristã. Há uma individualidade espiritual chamada *ori* que só existe no presente, isto é, enquanto se vive no *Aiê*. Ela é responsável pelas realizações humanas, contém o destino de cada pessoa. O *ori* morre e é destruído juntamente com o corpo material. Outra parte é constituída da memória cultuada pela família do morto, o egum, que volta ao presente por meio da reencarnação, que mantém o morto no presente. Como parte fundamental, talvez a mais importante, há o orixá particular da pessoa, considerado o seu antepassado remoto. O orixá pessoal é uma ínfima porção do orixá geral cultuado por todos. É o vínculo do ser humano com o divino, o passado mítico e o mundo total. O candomblé brasileiro acrescentou outra dimensão à alma humana, o *erê*, espírito infantil que em muitas situações rituais substitui o orixá pessoal. Cada orixá pessoal tem seu *erê*. Com a morte do corpo, o orixá pessoal retorna ao orixá geral, àquele que existe desde o princípio dos tempos. O *ori* representa o presente do ser humano; o egum, a sua capacidade de retornar sempre a esse presente, ou se eternizar no *Orum* como antepassado egungum; o orixá pessoal, a ligação do presente com o mito, com o passado remoto que age sobre o presente e do qual recebe as honrarias sacrificiais. O passado reproduzido no presente pela infinidade de humanos, nos quais os orixás se perpetuam a cada nascimento — pois cada ser humano descende de um orixá —, fecha de novo o ciclo africano do tempo.

A escravidão destruiu as estruturas familiares dos africanos trazidos como escravizados para a América, submeteu-os a um ritmo de trabalho compulsório e alienado, impôs novas crenças e um novo modo de vida cotidiana que pressupunha outra maneira de contar o tempo e de concebê-lo. Assim, quando a religião dos orixás foi reconstruída entre nós, muitos dos aspectos e conceitos da antiga cultura africana deixaram de fazer sentido e muitos desapareceram. Mas muito das velhas ideias e noções se reproduziram na cultura religiosa dos terreiros de candomblé e de outras religiões dedicadas aos orixás iorubanos, voduns fons e inquices bantos, assim como muita coisa se conservou, em maior ou menor escala, em aspectos não religiosos da cultura popular de influência africana.

No Brasil dos dias de hoje, o candomblé continua a cultuar a memória de seus mortos ilustres, invocados em diferentes cerimônias e relembrados de geração a geração, mas não pôde preservar a ideia de que os mortos renascem na família carnal, pois a adesão ao candomblé é individual e a família de santo não corresponde necessariamente à família biológica. A ideia do antepassado egungum veio ocupar um lugar secundário, apenas complementar na religião dos orixás, que na maioria dos terreiros de formação recente é praticada sem essa referência. Como a religião dos orixás congrega grupos minoritários — cada um pertencente a um determinado terreiro, autônomo em relação aos demais, grupos formados por adeptos que fazem parte de uma sociedade mais ampla, cuja cultura é predominantemente ocidental e cristã —, o culto a antepassados coletivos que controlam a moralidade de uma cidade inteira, digamos, como ocorria originalmente em terras africanas, não se viabilizou por razões evidentes. O mundo brasileiro fora dos muros do terreiro não é território dos antepassados, como era na África tradicional.

A concepção iorubá de reencarnação sofreu na América a influência da ideia cármica de reencarnação do espiritismo kardecista — religião de origem europeia que prega a reencarnação como mecanismo de um sistema ético de premiação e punição dos atos praticados em vida e que permite ao espírito do morto aperfeiçoar-se através de muitas vidas. O kardecismo tem uma concepção de tempo repetitivo em espiral, que expressa mudança, evolução espiritual, aperfeiçoamento voltado para o futuro neste e no outro mundo, tudo muito diferente da visão africana.

Além da influência kardecista, as concepções africanas da morte também foram se borrando no contato da religião dos orixás com as noções próprias do catolicismo hegemônico, durante mais de um século de sincretismo. O rito funerário do *axexê*, celebrado para desligar o morto da vida presente, para que ele possa partir e depois voltar como outra pessoa, rito que representa a quebra de todos os vínculos do morto com o *Aiê*, continua a ser praticado, mas tende hoje a ser realizado frequentemente apenas nas exéquias dos líderes mais expressivos do terreiro de candomblé. Raramente se realiza quando o morto ocupa um lugar inferior na hierarquia religiosa. Justifica-se hoje mais pela etiqueta da corte do que pela concepção tradicional de reencarnação. Não parece, contudo, que os seguidores do candomblé e de outras religiões afro-brasileiras tenham incorporado decisivamente nem a noção de carma do espiritismo nem a ideia salvacionista cristã de julgamento, prêmio e punição após a morte, de tal modo que o futuro que se descortina depois desta vida, segundo a concepção cristã, continua a ser para os religiosos brasileiros afrodescendentes, pelo menos em certa medida, um tempo desprovido de sentido: depois da morte, o que se esperaria, assim, é voltar para este mundo, para o presente do *Aiê*.

6

Para os iorubás o tempo é cíclico, tudo o que acontece é repetição, nada é novidade. Aquilo que nos acontece hoje e que está prestes a acontecer no futuro imediato já foi experimentado antes por outro ser humano, por um antepassado, pelos próprios orixás. O oráculo iorubano, praticado pelos babalaôs, que são os sacerdotes de Ifá ou Orunmilá, o deus da adivinhação, baseia-se no conhecimento de um grande repertório de mitos que falam de toda sorte de fatos acontecidos no passado remoto e que voltam a acontecer, envolvendo personagens do presente. É sempre o passado que lança luz sobre o presente e o futuro imediato.

Conhecer o passado é deter as fórmulas de controle dos acontecimentos da vida dos viventes. Esse passado mítico, que se refaz a cada instante no presente, é narrado pelos odus do oráculo de Ifá. Cada odu é um conjunto de mitos, cabendo ao babalaô descobrir qual deles conta a história que está acontecendo ou que vai acontecer na vida presente do consulente que o procura em busca de solução para suas aflições. Quando o adivinho identifica o mito que se relaciona com o presente do consulente, e o faz usando seus apetrechos mágicos de adivinhação, fica sabendo quais procedimentos rituais — como sacrifícios, recolhimento e purificações — devem ser usados para sanar os males que afligem o cliente. A fórmula receitada é a mesma aplicada no passado, quando foi usada com sucesso, conforme narra o mito. Nada é novo, tudo se refaz. Também é atribuição do babalaô identificar, no nascimento de uma criança, a reencarnação de um ente querido. Não se pode dar nome a uma criança sem antes saber de onde ela vem, pois um nascimento não é uma tábula rasa. É um retorno. O babalaô é, ao mesmo tempo, o guardião do passado e o decifrador do presente. Ele usa o passado para a decifração do presente. Seu demorado e penoso treinamento o obriga a aprender de cor milhares de versos, os poemas de Ifá, que narram o passado mítico de seu povo, seus deuses e seus heróis (Prandi, 1996, cap. 3).

Não há mais babalaôs no Brasil, mas os pais e mães de santo operam as antigas técnicas oraculares. Não aprendem os poemas de Ifá, atribuição dos antigos babalaôs, mas sua magia ainda consiste em descobrir o odu que rege cada situação, para desvendar no presente as mesmas causas dos acontecimentos ocorridos no passado. E saná-las, com o mesmo receituário.

7

À concepção africana de tempo no candomblé e em outras denominações religiosas de origem negro-africana estão intimamente associadas as ideias de aprendizado, saber e competência. Para os africanos tradicionais, o conhecimento humano é entendido, sobretudo, como resultado do transcorrer inexorável da vida, do fruir do tempo, do construir da biografia. Sabe-se mais porque se é velho, porque se viveu o tempo necessário da aprendizagem. A aprendizagem não é uma esfera isolada da vida, como a nossa escola, mas um processo que se realiza a partir de dentro, participativamente. Aprende-se à medida que se faz, que se vive.

Com o passar do tempo, os mais velhos vão acumulando um conhecimento a que o jovem só terá acesso quando tiver passado pelas mesmas experiências. Mesmo quando se trata de conhecimento especializado, o aprendizado faz-se por imitação e repetição. As diferentes confrarias profissionais, especialmente as de caráter mágico e religioso, dividem as responsabilidades de acordo com a senioridade de seus membros e estabelecem ritos de passagem que marcam a superação de uma etapa de aprendizado para o ingresso em outra, que, certamente, implica o acesso a novos conhecimentos, segredos ou mistérios da confraria. A importância dos ritos de passagem foi enfaticamente preservada nas religiões afro-brasileiras; ritos que são sua marca mais notável. Na carreira iniciática, cada etapa corresponde, evidentemente, ao compromisso de novas obrigações e ao alcance de novos privilégios. A passagem de uma etapa para outra não é determinada pelo tempo escalar, nem poderia, mas por aquilo que realmente o iniciado é capaz de fazer. Mais uma vez, o que conta é a experiência. Ser mais velho é saber certo, fazer mais e melhor. Muitas das diferentes atribuições profissionais, talvez as mais importantes, são herdadas, passadas de pai para filho, de mãe para filha, numa clara reafirmação de que a vida é repetição.

Os iorubás só conheceram a escrita com a chegada dos europeus. Assim, todo o conhecimento tradicional baseia-se na oralidade. Mitos, fórmulas rituais, louvações, genealogias, provérbios, receitas medicinais, encantamentos, classificações botânicas e zoológicas, tudo é memorizado. Tudo se aprende por repetição, e a figura do mestre acompanha por muito tempo a vida dos aprendizes. Os velhos são os depositários da cultura viva do povo e a convivência com eles é a única maneira de aprender o que sabem. Os velhos são os sábios e a vida comunitária depende decisivamente de seu saber, de seus mistérios. O ancião detém o segredo da tradição. A palavra dele é sagrada, pois é a única fonte de verdade.

Essa forma de conceber o aprendizado e o saber entra em crise nos candomblés quando seus membros, já escolarizados, passam a se valer das fórmulas escritas que, pouco a pouco, vão surgindo disponíveis nos livros e em outras publicações. Mais que isso, os seguidores das religiões dos orixás são, hoje em dia, provenientes das mais diferentes origens e classes sociais, e todos eles, ou a grande maioria, conhecem a experiência efetiva de aprender na escola. Esta é orientada para a efetivação do aprendizado rápido, racional e impessoal, o saber premido pelo tempo do calendário. A escola, mecanismo de transmissão de todo o saber considerado importante pela sociedade, é uma instituição para jovens. Em nossa sociedade, é na juventude que se domina o conhecimento, e é esperado que os jovens saibam mais do que os velhos. De fato, um jovem de vinte anos, hoje, pode saber mais do que seus pais e muito mais do que seus avós, porque aprende na escola, onde o conhecimento avança rapidamente. O saber está fora de casa, fora da família. E o conhecimento nunca é definitivo, pois está em permanente expansão e constante reformulação, cabendo a cada um atualizar-se, tomar ciência das novas descobertas que surgem sem cessar.

Em nossa sociedade, a velhice é concebida como a idade da estagnação, do atraso, da aposentadoria, que significa etimologicamente recolhimento aos aposentos e consequente abandono da vida produtiva e pública. O jovem não aprende mais convivendo com os mais velhos, aprende com a leitura e as instituições da palavra escrita, e não há professor sem livro. O conhecimento através da escrita, cujo acesso se amplia com a aquisição de livros, com as consultas às bibliotecas, e agora com a navegação na internet, não tem limites, e muito menos segredo. Tudo está ao alcance dos olhos e nem é preciso esperar. Etapas do aprendizado podem ser queimadas, nada parece deter a vontade de saber.

Essa nova maneira de conceber o aprendizado, a idade e o tempo interfere muito nas noções de autoridade religiosa, hierarquia e poder religioso, dando lugar a contradições e conflitos no interior do candomblé, questionando a legitimidade do poder dos mais velhos, provocando mudanças no processo de iniciação sacerdotal.

8

Ainda hoje, nos candomblés do Brasil, procura-se ensinar que a experiência é a chave do conhecimento, que tudo se aprende fazendo, vendo, participando. Cada coisa no seu devido tempo. Assim, o conhecimento do velho é o conhecimento legítimo, ao qual se chega ao longo de toda uma vida. Roger Bastide, que estudou o candomblé na década de 1950, escreveu que "são os sacerdotes que têm a noção do valor do tempo; é o tempo que amadurece o conhecimento das coisas; o ocidental tudo quer saber desde o primeiro instante, eis por que, no fundo, nada compreende" (Bastide, 1978: 12).

Toda a hierarquia religiosa é montada sobre o tempo de aprendizagem iniciática, numa lógica segundo a qual quem é mais velho viveu mais e, por conseguinte, sabe mais. No entanto, para o jovem de mentalidade ocidental o tempo urge, o tempo deve ser vencido. A palavra escrita é o meio de acesso ao saber e a oralidade não faz mais nenhum sentido. Só faz sentido quando se acredita que a fórmula aprendida pela via da oralidade é a única capaz de se mostrar eficaz, mas isso é uma imposição religiosa defendida apenas pelos amantes da tradição, seja lá o que isso possa significar. Numa sociedade como a nossa, em que a ciência já desmascarou o segredo, é difícil acreditar que tudo tem seu tempo, e que é preciso esperar a hora certa, pois a vida diária e a luta pela sobrevivência se encarregam de mostrar o contrário. Em nossa cultura, é premiado quem chega primeiro.

Os membros de um candomblé são classificados, basicamente, em duas grandes categorias de idade iniciática: os iaôs, aqueles iniciados há pouco tempo e que formam o grupo júnior, e os ebômis, iniciados há bastante tempo e que são capazes de realizar, com autonomia, atividades rituais mais complexas, o grupo sênior. A palavra ebômi, do iorubá *egbomi*, significa exatamente "meu mais velho", e era assim que na antiga família poligínica iorubá as esposas mais velhas se tratavam. Iaô, nessa família tradicional, era a denominação dada às esposas mais novas. No candomblé, enquanto os ebômis conquistam certa autonomia em relação à autoridade suprema da mãe ou do pai de santo e são encarregados de tarefas rituais importantes, de prestígio dentro do grupo, com privilégios e honras especiais, as iaôs (ou os iaôs, pois há muito a palavra *iaô* perdeu no candomblé a conotação de esposa), os jovens iniciados, enfim, só fazem obedecer, usando símbolos e cultivando gestos e posturas que denotam sua inferioridade hierárquica. Isto porque a estrutura organizacional do candomblé é uma reprodução simbólica da estrutura tradicional da família iorubá, de resto perdida no Brasil, na qual se evidencia a importância da experiência acumulada na constituição dos grupos de autoridade. Os ebômis são os que sabem porque são mais velhos, viveram mais, acumularam maior experiência. Sua autoridade é dada pelo tempo acumulado, que pressupõe saber maior.

Como o candomblé é religião e em nossa sociedade a religião é uma das esferas autônomas da cultura (o que faz da religião dos orixás na América algo bem diferente do que foi na África), a noção de tempo acumulado no âmbito religioso entre nós tende a ser, e cada vez é mais, descolada do tempo que marca o transcurso da vida. Pode-se ingressar no candomblé, por livre escolha, em qualquer momento da vida, em qualquer idade. Assim, a idade biológica da pessoa não é a mesma da idade iniciática, de modo que um jovem iniciado há muito tempo pode ser o ebômi de um iaô que se iniciou depois de maduro. O tempo de iniciação transformou-se no tempo que realmente conta. Evidentemente, nos primórdios do candomblé, a passagem de uma sacerdotisa júnior para a categoria sênior era o resultado natural do saber religioso acumulado durante o tempo necessário, durasse quanto durasse. O reconhecimento por parte do grupo de sua capacidade e competência na realização de atribuições rituais complexas era resultado natural do fazer dessas atribuições, combinado com a dedicação religiosa expressa por meio de sucessivas obrigações rituais a que se submetia a devota. Cuidar de seu orixá pessoal, oferecendo-lhe os necessários sacrifícios periódicos, e trabalhar com autonomia em benefício do grupo eram as condições que indicavam maturidade, competência nos ritos, capacidade de liderança, saber e autoridade.

Numa determinada época da consolidação do candomblé, foi necessária a criação de rito de passagem específico que tornasse público o reconhecimento da condição de senioridade, rito hoje conhecido pelo nome de decá, a partir do qual o iaô assume a posição de ebômi, de mais velho. Agora fazendo parte de uma sociedade em que o tempo que conta é o tempo do calendário, dotado em nossa cultura de objetividade inquestionável, o candomblé acabou por mensurar em anos o tempo de aprendizagem do iaô. Depois de se submeter ao grande rito de passagem que o inclui no candomblé como sacerdote júnior, a chamada feitura de orixá, o iaô pode, depois de anos de aprendizado e tendo cumprido os ritos intermediários, ascender ao grau de ebômi, conquistando assim sua senioridade. Como sênior poderá receber incumbências de mando, assumir tarefas de prestígio e iniciar novos adeptos, podendo, se quiser, abrir seu próprio terreiro. Em algum momento no meio do curso do século xx — e ninguém sabe dizer como foi nem de onde veio a iniciativa —, a lei do santo, espécie de código consensual não escrito que regula os costumes e a vida religiosa nos terreiros, em permanente constituição, fixou em sete o número mínimo de anos necessários ao recebimento do grau de senioridade, o tempo do decá, tempo de autoridade. O decá, que em iorubá significa algo como "o tempo foi contado", é o coroamento de uma sequência de obrigações que inclui, depois da feitura, a obrigação de um ano, a de três anos e finalmente a de sete anos, tudo definido numa escala de tempo ocidental. Evidentemente, atrasos eventuais em qualquer etapa arrastam para adiante o período total.

    O tempo de iniciação, agora computado em termos de anos, meses e dias, e em certos casos horas, impõe-se como chave do ordenamento hierárquico no grupo, instituindo-se o que os antropólogos chamam de *peking order*, a "ordem das bicadas", uma disposição hierárquica que pode ser observada nos galinheiros. Ali, uma galinha, certamente a mais forte, a líder incontestes, bica todas as demais e não é bicada por nenhuma; uma segunda é bicada pela primeira e bica as outras; uma terceira é bicada por essas duas e bica as demais, e assim por diante, até a última galinha, que é bicada por todas e não bica nenhuma. Esse esquema, muito característico de sociedades de estruturação social mais simples e de associações iniciáticas, é rigorosamente observado nos candomblés. Pode ser apreciado na ordem em que as filhas de santo se colocam na roda das danças, na ordem dos pedidos de bênção — quem beija a mão de quem — e em quase todos os momentos em que a etiqueta do terreiro imprime a marca do tempo.

    Um lema muito cultivado da chamada lei do santo afirma que o mais velho sabe mais e que sua verdade é incontestável. Saber é poder, é proximidade maior com os deuses e seus mistérios, é sabedoria no trato das coisas de axé, a força mística que move o mundo, manipulada pelos ritos. Por isso, o mais novo prostra-se diante do mais velho e lhe pede a bênção, não lhe dirige a palavra se não for perguntado, pede licença — "Agô, ebômi", licença, meu mais velho — para falar na sua presença, oferece-lhe sua comida antes de começar a comer — "Ajeum", vamos comer, servido? —, abaixa a cabeça quando dele se aproxima, curva-se à sua passagem, inclina-se e o cumprimenta juntando as mãos — "Mojubá", salve! —, quando se canta para o orixá a que esse mais velho é devotado. Tudo isso acontece numa ordem na qual cada um conhece bem o seu posto, ou pelo menos deveria conhecer.

Contudo, no mundo em que vivem, os jovens aprendem que idade não é sinônimo de sabedoria. No candomblé, experimentam que nem sempre os mais velhos em iniciação sabem mais. O jovem aprende no terreiro, mas pode ampliar seus conhecimentos religiosos por meio de outras fontes, sendo que a leitura pode ser uma porta aberta que o leva a um universo de informações sobre as coisas da religião das quais o mais velho nem suspeita. O jovem perde a confiança no mais velho, contesta sua sabedoria, rompe a lealdade para com aqueles que o iniciaram e pode abandonar o grupo à procura de outros líderes que lhe pareçam mais apropriados, mudando de axé, como se diz, mudando de terreiro, de família de santo, de filiação religiosa. Muitos daqueles que se iniciam hoje no candomblé têm uma aspiração ocupacional muito clara: desejam ser pais e mães de santo, buscando nessa religião, como acontece nas outras, um meio de vida e uma oportunidade de ascensão social. Para esses, quanto mais cedo for alcançada a senioridade, melhor, não raro burlando a contagem dos sete anos.

A busca do conhecimento transforma-se, então, numa luta contra o tempo, invertendo completamente sua noção original, quebrando a ideia de que o tempo é a soma das experiências de vida. O terreiro passa a ser visto como uma escola ocidental que estipula prazos e, ao final deles, outorga títulos e diplomas que atribuem direitos no mercado profissional. O lugar do tempo africano, o tempo do mito, é tomado pelo tempo do relógio.

9

Velhos iniciados contam que, nos idos e saudosos tempos do candomblé antigo, o recolhimento à clausura, onde se processa a iniciação, não tinha duração predeterminada. O filho de santo ficava recolhido no terreiro o tempo necessário à sua aprendizagem de sacerdote e à realização de todas as atividades que os ritos de uma feitura de orixá envolvem. Podia ficar meses, muitos meses, isolado do mundo, totalmente mergulhado na iniciação. Isso ficou para trás. Hoje, cada iniciação, feita num período que não soma os dias de um mês, tem de ser cuidadosamente planejada de modo a encaixar os dias de recolhimento do filho de santo nas suas férias de trabalho ou nos momentos vagos deixados pelos compromissos da vida secular. O tempo da iniciação passa a ser regulado pelo tempo do mercado de trabalho. O tempo africano do terreiro é vencido pelo tempo da sociedade capitalista.

Nesta nossa sociedade do tempo irreversível, cada vez mais as imagens e referências do tempo circular vão se perdendo: o relógio analógico, com seus ponteiros sempre dando a volta para retornarem ao ponto zero, é substituído pelo relógio digital; os supermercados 24 horas e outros negócios essenciais ao consumo na vida cotidiana não fecham para descanso; os canais de televisão ficam no ar noite e dia; trabalha-se em qualquer período; a internet mantém ininterrupto o acesso aos arquivos de informação dos computadores ligados na rede mundial; até o amor se faz a qualquer hora nos motéis full time; a eletricidade há muito acabou com a escuridão e fez da noite, dia; a engenharia dos transgênicos nos faz sonhar com uma natureza transformada a cada colheita. Se até na natureza o tempo cíclico vai perdendo importância, que dirá na vida do terreiro.

Os velhos do candomblé falam do passado como um tempo perdido, que já não se repete, vencido por um presente em que imperam a pressa, o gosto pela novidade, a falta de respeito para com as caras tradições e, sobretudo, o descaso para com os mais velhos. Dizem que "o candomblé hoje vive de comércio, é pura exibição", reclamam que "uns querem ser mais que os outros", falam que "os que mal saíram das fraldas, que não sabem nada, já empinam a cabeça para os antigos", lamentam que "os velhos *babás* e as velhas *iás* não têm mais voz em nada", asseveram que "os jovens o que querem é sugar os seus mais velhos e depois chutar seu traseiro e buscar outro lugar onde podem mandar à vontade". Falam com saudade daquele mundo ideal que ficou para trás e gostam sempre de frisar que "no meu tempo não era assim", repetindo que "hoje ninguém mais tem humildade, querendo saber mais do que os antigos, essas crianças presunçosas, esses jovens cheios de vento". Seu discurso triste revela certamente muito de nostalgia da juventude, mas é também o testemunho verdadeiro de perdas efetivas. Suas falas aos mais jovens repetem, como uma ladainha, a esperança de restabelecer um dia mistérios e segredos que faziam, dos antigos, sacerdotes sábios que já não existem mais, quando o candomblé era "mais forte", e reafirmam a fé de reencontrar os segredos escondidos pelos velhos guardiões, o desejo de recuperar os mais antigos segredos guardados.

O presente agora se descortina como ruptura, descontinuidade. O passado não explica mais, nem se completa no presente. Os mitos vão sendo esquecidos, os odus, simplificados, os deuses ganham ares mais condizentes com a modernidade. Os jovens acusam os mais velhos de levarem para o túmulo segredos iniciáticos que não transmitem para ninguém, enfraquecendo os mistérios da religião e sua força, o axé, mas de fato não se importam muito com isso. Acreditam menos na existência dos segredos do que os mais velhos diziam acreditar, e estão certos de que segredos guardados podem ser achados. Aprenderam que a tradição é e pode ser construída a cada instante, pois a lei do santo, que ordena as tradições do candomblé, não tem mais do que um século de vida nem uma única versão, e está sempre mudando (Vallado, 2003). E levam adiante sua religião, pensando no futuro.

10

Para o Ocidente, o futuro é a grande incógnita a ser decifrada, controlada, um tempo a ser planejado para melhor ser usufruído. A esperança sempre se deposita num tempo vindouro para o qual são planejadas as grandes realizações em prol da felicidade humana. Investe-se no futuro. Olha-se para o passado procurando os erros cometidos, que devem ser evitados no presente para garantir um futuro melhor. A história ensina como agir com sabedoria e responsabilidade em face do devir. Um emblemático mote de Karl Marx diz que na história nada se repete, a não ser como farsa. Para o africano tradicional é o contrário: a repetição é o almejado, o certo, o inquestionável. O novo, o inesperado, o que não vem do passado é o falso, o perigoso, o indesejável.

O candomblé dos dias de hoje está posto entre esses dois conceitos opostos de tempo. Um e outro remetem a concepções diversas de aprendizado, saber e autoridade. Levam a noções divergentes sobre a vida e a morte, a reencarnação e a divinização. Nesse embate, a religião muda, adapta-se, encontra novas fórmulas e adota novas linguagens. Os orixás ganham novos territórios, conquistam adeptos nas mais diferentes classes sociais, origens raciais e regiões deste e de outros países. O que a realidade social das religiões no Brasil tem mostrado é que o candomblé se espalha e prospera. Sobretudo se transforma, cada vez mais brasileiro, cada vez menos africano. Mesmo o movimento de africanização, que procura desfazer o sincretismo com o catolicismo e recuperar muitos elementos africanos de caráter doutrinário ou ritualístico perdidos na diáspora, não pode fazer a religião dos orixás no Brasil retomar conceitos que já se mostraram incompatíveis com os da civilização contemporânea. O tempo africano perde sua grandeza, vai se apagando. Permanece, contudo, nas pequenas coisas, fragmentado, manifestando-se mais como ordenador de um modo peculiar de organizar o cotidiano, característico de uma religião que se mostra exótica, extravagante e enigmática.

E, pouco a pouco, o povo de santo acerta seus relógios. Sabe que o candomblé deixou de ser uma religião exclusiva dos descendentes de escravizados africanos — uma pequena África fora da sociedade, o terreiro como sucedâneo da perdida cidade africana, como ainda o encontrou Roger Bastide quase meio século atrás (1971: 517-18) — para se tornar uma religião para todos, disposta a competir com os demais credos do país no largo e aberto mercado religioso. Uma instituição dos tempos atuais, em um processo de mudança que reformula a tradição e elege novas referências, para o bem e para o mal. O tempo é tempo de mudar.

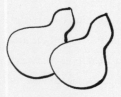

2. Os mortos e os vivos

1

Para os antigos iorubás, vida e morte fazem parte de um ciclo que sempre se repete; a criança que nasce é o velho que retorna. A reencarnação reafirma a vida e a noção de que viver neste mundo é bom e prazeroso, e renova para o vivente as possibilidades de realizações capazes de garantir, depois de uma vida de sucessos, a conquista da eternidade. Vida e morte se alternam e se completam. Como já disse, no candomblé há um mundo em que os homens vivem em contato com a natureza, o nosso mundo dos vivos, que eles chamam de *Aiê*, e um mundo sobrenatural, onde estão os orixás, outras divindades e espíritos ancestrais, o *Orum*. Os que morrem vão para um mundo intermediário, de onde podem retornar ao *Aiê*, nascendo de novo. As tradições iorubás mais antigas falam na existência de nove céus, mas no Brasil essa concepção tem sido simplificada, talvez por influência católica; hoje, a maioria dos devotos do candomblé acredita na existência de apenas dois mundos, o *Aiê* dos vivos e o *Orum* dos deuses, espíritos e mortos. Ao morrer, todos os homens, mulheres e crianças vão para um mesmo lugar, não existindo a ideia de punição ou prêmio após a morte e, por conseguinte, inexistindo as noções de céu, inferno e purgatório nos moldes da tradição ocidental-cristã. Não há julgamento após a morte e os espíritos retornam à vida no *Aiê* tão logo possam, pois o ideal é o mundo dos vivos, o bom é viver. Os espíritos dos mortos ilustres (reis, heróis, grandes sacerdotes, fundadores de cidades e de linhagens) são cultuados e se manifestam nos festivais de egungum no corpo de sacerdotes mascarados, quando então transitam entre os humanos, julgando suas faltas e resolvendo as contendas e pendências de interesse da comunidade.

O papel do ancestral egungum no controle da moralidade do grupo e na manutenção do equilíbrio social através da solução de pendências e disputas pessoais, infelizmente, não se reproduziu no Brasil. Embora o culto ao egungum tenha sido reconstituído na Bahia em uns poucos terreiros especializados, o chamado candomblé de egungum da ilha de Itaparica (Braga, 1992), mais tarde também presente em Salvador, Rio de Janeiro e São Paulo, está muito distante da prática diária dos candomblés de orixás e divorciado da vida cotidiana na sociedade profana. Perdeu completamente as funções sociais africanas originais, de tal modo que a religião africana no Brasil, praticada nos terreiros de orixás, acabou por se constituir numa religião estritamente ritual, uma religião que chamei de aética (Prandi, 1991), uma vez que suas práticas de orientação e controle da moralidade coletiva, exercitadas na África durante os festivais dos antepassados egunguns, ausentaram-se completamente da vida cotidiana dos seguidores da religião dos orixás no Brasil, especialmente fora do circuito de uns poucos candomblés mais antigos da Bahia.

O ideal iorubá do renascimento é, às vezes, tão extremamente exagerado, que alguns espíritos nascem e em seguida morrem somente pelo prazer de rapidamente poder nascer de novo. O *abicu*, como já disse, usualmente renasce seguidamente da mesma mãe, e quando uma criança nascida de uma mulher que já teve filhos mortos em tenra idade é identificada como sendo *abicu*, muitos são os ritos ministrados para impedir sua morte prematura. A noção de *abicu* foi perdendo sentido à medida que as práticas modernas da saúde pública reduziram as taxas de mortalidade infantil, e hoje *abicu*, para muitos seguidores do candomblé, significa aquele que já nasce iniciado e não aquele que nasce para morrer.

Assim como a sociedade Egungum cultua os antepassados masculinos do grupo (Babayemi, 1980), outra sociedade de mascarados, a sociedade Gueledé, celebra as mães ancestrais às quais cabe zelar pela saúde e vida das crianças, inclusive os *abicus* (Lawal, 1996). Os festivais Gueledé não sobreviveram no Brasil. O *oluô* Agenor Miranda Rocha disse-me que, no começo do século XX, em consequência das disputas entre lideranças do candomblé da Casa Branca do Engenho Velho, que provocaram a cisão do grupo e a fundação do Axé Opô Afonjá por Mãe Aninha Obá Bií, mãe de santo do Professor Agenor, as iniciativas para a constituição da sociedade Gueledé não frutificaram.

A maneira fragmentária como a religião africana foi se reconstituindo no Brasil supõe, claramente, acentuadas mudanças nos conceitos tradicionais de vida e morte, mudanças que afetaram o sentido de certas práticas rituais, especialmente em face da concorrência de ritos católicos e de concepções ensinadas pela Igreja.

2

A tradição cristã ensina que o ser humano é composto de corpo material e espírito indivisível, a alma. Na concepção iorubá, existe também a ideia do corpo material, o chamado *ara*, que se decompõe com a morte e é reintegrado à natureza. Em contrapartida, a parte espiritual é formada de várias unidades reunidas, várias almas, cada uma com existência própria. As unidades principais da parte espiritual, como já disse, são o *ori*, a personalidade-destino que define a individualidade; o egum, ou espírito propriamente dito, que é a alma que reencarna, ligando as várias gerações da mesma família; o orixá pessoal, que define a origem remota da família e liga a pessoa à natureza, ao mito, às origens. Há também o *emi*, o sopro vital, que permite à vida manifestar-se. Cada parte dessas precisa ser integrada durante a vida no todo que forma a pessoa, e cada uma delas tem um destino diferente após a morte.

O *emi*, sopro vital, representado pela respiração, abandona na hora da morte o corpo material. O *ori*, a cabeça, ou o que está dentro dela, perece com a morte. O *ori* é pessoal e não sobrevive, de modo que ninguém herda o destino de outro. Cada vida será diferente, mesmo com a reencarnação. O orixá pessoal define a origem mítica de cada pessoa, suas potencialidades e tabus. Essa origem não é a mesma para todos, como ocorre na tradição judaico-cristã, segundo a qual todos vêm de um único e mesmo deus-pai. Na concepção dos iorubás, preservada nos candomblés, diferentes pessoas podem ser descendentes de diferentes orixás. Os filhos de Oxum estão ligados aos rios e às águas doces, os filhos de Ogum ao ferro, os de Oxóssi ao mato e assim por diante. O orixá pessoal retorna ao orixá geral, do qual é uma parte infinitésima. Finalmente, o egum, que é a própria memória do vivo em sua passagem pelo *Aiê*, que representa a ligação do morto com a comunidade, vai para o *Orum*, podendo daí retornar, renascendo no seio da própria família biológica. O egum se perpetua através das múltiplas reencarnações. Quando se trata de morto ilustre, os vivos podem cultuar sua memória, seu egum, que é assentado e recebe culto, como os orixás. Esse egum assentado não precisa mais renascer, sua memória foi eternizada. Sacrifícios votivos são oferecidos aos eguns que integram a linhagem dos ancestrais da família ou da comunidade mais ampla. Representam as raízes daquele grupo e são a base da identidade coletiva.

Na África iorubá tradicional, dias depois do nascimento da criança iorubá, ocorre a cerimônia na qual se dá o nome ao nascido, quando o babalaô consulta o oráculo para desvendar a origem da criança. É quando se descobre, por exemplo, se ela é um ente querido renascido. Os nomes iorubás sempre designam a origem mítica da pessoa, que pode se referir ao orixá pessoal, geralmente o da família, determinado patrilinearmente, ou à condição em que se deu o nascimento, tipo de gestação e parto, sua posição na sequência dos irmãos, quando se trata, por exemplo, daquele que nasce depois de gêmeos, a própria condição de *abicu* e assim por diante. A partir do momento em que se dá um nome à criança, desencadeia-se uma sucessão de ritos de passagem associados não só aos papéis sociais, como a entrada na idade adulta e o casamento, mas também à própria construção da pessoa, que se dá através da integração, em diferentes momentos da vida, dos múltiplos componentes do espírito. Com a morte, os ritos são refeitos, agora com a intenção de liberar essas unidades espirituais, de modo a levar cada uma ao destino certo, restituindo, assim, o equilíbrio rompido com a morte.

No Brasil, nas comunidades de candomblé e em outras denominações religiosas afro-brasileiras que seguem mais de perto a tradição herdada da África, a morte de um iniciado impõe a realização de ritos funerários. O rito fúnebre é denominado *axexê* na nação queto, *tambor de choro* nas nações mina-jeje e mina-nagô, *sirrum* na nação jeje-mahim e no batuque, *ntambi* ou *mukundu* na nação angola. O axexê tem como finalidade: 1) libertar o *ori*, que foi fixado e cultuado na cerimônia do bori, ou ebori;

2) desatar os laços do morto com seu orixá pessoal, o que significa também desfazer seus liames com toda a comunidade do terreiro, incluindo os ascendentes (mãe e pai de santo), os descendentes (filhos de santo) e parentes de santo colaterais; e 3) despachar o egum do morto, para que ele deixe o *Aiê* e vá para o mundo dos espíritos. Como cada iniciado passa por ritos e etapas ao longo de toda a vida, os ritos funerários serão tão mais complexos quanto mais tempo de iniciação o morto tiver, ou seja, quanto mais vínculos tiverem que ser cortados, conforme ensina o livro *Os nàgó e a morte* de Juana Elbein dos Santos (1976), que se tornou muito lido pelo povo de santo. Mesmo um abiã, o postulante que está começando sua vida no terreiro e que já fez o seu bori, tem laços a cortar, pois seu assento de *ori* precisa ser despachado, evidentemente numa cerimônia mais simples.

Em resumo, podemos dizer que a sequência iniciática por que passa um membro do candomblé, xangô, batuque ou tambor de mina (bori, feitura de orixá, obrigações de um, três e cinco anos, decá no sétimo ano, obrigações subsequentes a cada sete anos) representa aprofundamento e ampliação de ligações religiosas, quando novas responsabilidades e prerrogativas vão se acumulando: com a mãe de santo ou pai de santo, com a comunidade do terreiro, com filhos de santo, com o conjunto mais amplo do povo de santo etc. Com a morte, tais vínculos devem ser desfeitos, liberando o espírito, o egum, das obrigações para com o mundo do *Aiê*, inclusive a religião. O rito funerário é, pois, o desfazer de laços e compromissos e a liberação das partes espirituais que constituem a pessoa. Não é de admirar que, simbolizando a própria ruptura que tal cerimônia representa, os objetos sagrados do morto são desfeitos, desagregados, quebrados, partidos e despachados.

O termo *axexê*, que designa os ritos funerários do candomblé de nações iorubás ou fon-iorubás, é provavelmente uma corruptela da palavra iorubá *àjèjé* (Santos, J. E., 1976). Em terras iorubás, por ocasião da morte de um caçador, era costume matar um antílope ou outra caça de quatro pés como etapa do rito fúnebre. Uma parte do animal era comida pelos parentes e amigos do morto, reunidos em festa em homenagem ao defunto, enquanto a outra parte era levada ao mato e oferecida ao espírito do falecido caçador. Juntamente com a carne do animal, depositavam-se na mata os instrumentos de caça do morto. A esse ebó dava-se o nome de *àjèjé* (Abraham, 1962: 38). O axexê pode ser pensado como um grande ebó, uma grande oferenda festiva ao espírito do morto, no qual se juntam seus objetos rituais.

Sendo o candomblé uma religião de transe, vários orixás participam ativamente do rito funerário, manifestando-se nos seus sacerdotes para o serviço de despachar o espírito do finado. Especialmente os orixás associados à morte e aos mortos têm lugar de destaque, principalmente Iansã, orixá encarregado de levar os mortos para o *Orum*. Atribui-se a ela o patronato do axexê, conforme mito narrado por Mãe Stella Odé Kaiodé, ialorixá do Axé Opô Afonjá, mito que resume bem a ideia do axexê como cerimônia de homenagem ao morto.

Assim diz o mito, segundo a versão apresentada em *Mitologia dos orixás*:

> Vivia em terras de Queto um caçador chamado Odulecê.
> Era o líder de todos os caçadores.
> Ele tomou por sua filha uma menina nascida em Irá,
> que por seus modos espertos e ligeiros foi conhecida por Oiá.
> Oiá tornou-se logo a predileta do velho caçador,
> conquistando um lugar de destaque entre aquele povo.
> Mas um dia a morte levou Odulecê, deixando Oiá muito triste.
> A jovem pensou numa forma de homenagear o seu pai adotivo.
> Reuniu todos os instrumentos de caça de Odulecê

e enrolou-os num pano.
Também preparou todas as iguarias de que ele tanto gostava.
Dançou e cantou por sete dias,
espalhando por toda parte, com seu vento, o seu canto,
fazendo com que se reunissem no local todos os caçadores da terra.
Na sétima noite, acompanhada dos caçadores,
Oiá embrenhou-se mata adentro
e depositou ao pé de uma árvore sagrada
os pertences de Odulecê.
Nesse instante, o pássaro agbé partiu num voo sagrado.

Olorum, que tudo via,
emocionou-se com o gesto de Oiá-Iansã
e deu-lhe o poder de ser a guia dos mortos
em sua viagem para o Orum.
Transformou Odulecê em orixá
e Oiá na mãe dos espaços sagrados.
A partir de então, todo aquele que morre
tem seu espírito levado ao Orum por Oiá.
Antes porém deve ser homenageado por seus entes queridos,
numa festa com comidas, canto e dança.
Nascia, assim, o ritual do axexê.

(Prandi, 2001 a: 310-11)

Além de Iansã, participam do axexê os orixás Nanã, Euá, Omulu, Oxumarê, Ogum e eventualmente Obá. Xangô, que alguns mitos dizem ter pavor de egum, fica longe do axexê.

A sequência do axexê começa imediatamente após a morte. Os sacerdotes retiram da cabeça do cadáver a marca simbólica da presença do orixá, implantada no alto do crânio raspado durante a feitura. Na iniciação, a pessoa recebe o *oxo*, cone preparado com obi mascado e outros ingredientes que é fixado no couro cabeludo sobre incisões. No axexê, o cabelo do morto nesta região da cabeça é raspado e o crânio é lavado com *amassi*, preparado de folhas maceradas em água. Essa lavagem da cabeça inverte simbolicamente o primeiro rito iniciático, quando as contas e a cabeça do novo devoto são igualmente lavadas pela mãe de santo. E inverte a colação do *oxo*, que se acredita marcar o lugar por onde o orixá se manifesta no transe. O líquido da lavagem é o primeiro elemento que fará parte do grande despacho do morto.

Depois do enterro, tem início a organização do axexê propriamente dito. Ele varia de terreiro para terreiro e de nação para nação. É mais elaborado quando se trata de altos dignitários e depende das posses materiais da família do morto. Genericamente, conserva os procedimentos básicos de inversão da iniciação, havendo sempre: 1) música, canto e dança; 2) transe, com a presença pelo menos de Iansã incorporada; 3) sacrifício e oferendas variadas ao egum e a orixás ligados ritualmente ao morto, sendo sempre e preliminarmente propiciado Exu, que levará o carrego e os antepassados cultuados pelo grupo; 4) destruição dos objetos rituais do falecido (assentamentos, colares, roupas, adereços etc.), podendo parte permanecer com algum membro do grupo como herança; 5) despacho dos objetos sagrados "desfeitos" juntamente com as oferendas e objetos usados no decorrer da cerimônia, como os instrumentos musicais próprios para a ocasião, esteiras etc.

Quando, no final, o despacho é levado para longe do terreiro num grande balaio, nenhum objeto religioso de propriedade do morto resta no templo. Ele não faz mais parte daquela casa e só futuramente poderá ser incorporado ao patrimônio dos ancestrais ilustres, se for o caso, podendo então ser assentado e cultuado. Por ora, o egum está livre para partir. Igualmente o orixá ou orixás pessoais do falecido já não dispõem de assentos; seus vínculo foram desfeitos. O *ori*, que pereceu junto com seu dono, também não mais existe fixado num assentamento. Se algum objeto ou assento foi dado a alguém, ele tem novo dono, para quem é transferida a responsabilidade do zelo religioso. Nada mais é do morto. Nada mais há que o prenda ao terreiro.

Durante o axexê, acredita-se que o morto pode expressar suas últimas vontades e para isso o sacerdote que preside o ritual faz uso constante do jogo de búzios. Assim, antes que sejam desfeitos, rasgados ou quebrados os objetos religiosos que pertenceram ao morto, o oficiante pergunta no jogo se tal peça deve ficar para alguém de seu círculo íntimo. Não é de bom-tom, contudo, deixar de despachar uma boa parte dos objetos. Quando se trata de fundador de terreiro ou outra pessoa de reconhecidos méritos sacerdotais, é costume deixar para o terreiro os assentos de seus orixás principais, os quais passam a ser zelados por toda a comunidade. Não raro, assentos de orixás de mães e pais de grande prestígio costumam ser disputados por filhos com grande estardalhaço, havendo mesmo relatos de roubos e até de disputas a faca e bala.

O axexê é realizado em dois espaços do terreiro: num recinto reservado, de preferência uma cabana especialmente construída com galhos e folhas, e no barracão. Na cabana, em que só entram os oficiantes mais graduados, são colocados os objetos do morto. Ali esses objetos são desfeitos e ali são realizados os sacrifícios para os orixás e para o egum. As danças são celebradas no barracão, com a presença de todos os membros do terreiro, parentes e amigos do finado.

Todos devem dançar para o egum, como homenagem pessoal. Dança uma pessoa de cada vez. Apesar dos cânticos e danças, o clima da celebração é propositalmente triste. O atabaque maior é substituído por um pote de cerâmica, que produz um som abafado com o uso de leques de palha batidos na boca, e os dois atabaques menores são substituídos por duas grandes cabaças cortadas, emborcadas em alguidares com água e tocadas com as varetas *aguidavis*. O nome jeje para o rito funerário, *sirrum*, significa exatamente tambor de água. Os presentes usam tranças de palha da costa ou tiras da folha do dendezeiro, *mariô*, atadas nos braços ou nos pulsos, como proteção contra eventual aproximação de eguns atraídos pela cerimônia. Todo esse material, ao final, comporá o carrego do morto. No barracão também é servido o repasto preparado com as carnes do sacrifício, reservando-se aos ancestrais, orixás e egum as partes que contêm axé.

Os membros da comunidade de culto devem colaborar com a realização do axexê, comparecendo ao rito, todos vestidos de branco, e dando algum dinheiro. Se necessário, devem fazer uma coleta, recolher esmolas. É o que se representa nas danças. Cada participante dança sozinho em homenagem ao egum e, ao dançar, vai recebendo moedas que os demais presentes depositam em suas mãos. Quando termina de dançar, deixa sua coleta num pote.

No quarto reservado, o morto é representado por recipientes de barro ou cerâmica virgens, os quais futuramente podem ser usados para assentar o espírito do falecido juntamente com os demais antepassados ilustres daquela comunidade religiosa, ou despachados.

O axexê é repetido depois de um mês, três e seis meses, um ano e a cada sete anos, especialmente quando se trata do falecimento de babalorixá ou ialorixá. A maioria dos iniciados, entretanto, acaba não recebendo sequer um dia de axexê. Por falta de interesse da família carnal do morto, que muito frequentemente não é participante do candomblé; por dificuldades financeiras, já que é alto o custo da celebração; ou ainda pelo fato de o pessoal do terreiro não saber oficiar a cerimônia. Na melhor das hipóteses, as otás, pedras sagradas dos assentamentos, são despachadas com um pouco de canjica, reaproveitando-se todos os demais objetos sagrados.

Nos terreiros que mantêm fortes ligações com o catolicismo, tudo é precedido de missas encomendadas em alguma igreja ou mesmo oficiadas no barracão do candomblé por algum clérigo católico.

3

Hoje, com a expansão do candomblé, o axexê parece estar em franca desvantagem com relação às demais cerimônias iniciáticas. Sobretudo onde o candomblé está presente há menos tempo, poucos terreiros dispõem de sacerdotes e sacerdotisas capazes de cantar e conduzir o rito fúnebre, obrigando a comunidade, em caso de morte, a se valer dos serviços religiosos de pessoa estranha ao terreiro, que costuma cobrar — e cobrar muito caro — pelo serviço. Vários adeptos do candomblé, que se profissionalizam como sacerdotes remunerados, especializam-se em axexê. São então chamados para a cerimônia quando um terreiro necessita de seus préstimos. Isso, evidentemente, encarece muito a cerimônia, o que acaba por inviabilizá-la na maioria dos casos. Mesmo quando morre um sacerdote dirigente de terreiro, há grande dificuldade para a realização dos ritos funerários, sobretudo naquelas situações em que a morte do chefe leva ao fechamento da casa, provocada tanto por disputas sucessórias, como por apropriação da herança material do terreiro pela família civil do falecido. Vale lembrar que se pode contar nos dedos os terreiros que, por todo o Brasil, sobreviveram a seus fundadores. Em geral, a família do finado não tem nenhum interesse em realizar o axexê nem está disposta a gastar dinheiro com isso. Por outro lado, pouquíssimos pais e mães de santo, sobretudo em São Paulo e no Rio de Janeiro, se dispõem a realizar qualquer tipo de cerimônia sem o pagamento por parte do interessado, mesmo quando este é membro de seu próprio terreiro. Muitos pais e mães de santo mantêm terreiros especialmente como meio de vida, de modo que as regras do mercado suplantam em importância e sentido as motivações da vida comunitária.

Ao que parece, o empenho das comunidades de culto na realização dos ritos funerários, na maioria dos casos, é muito reduzido, quando comparado com o interesse, esforço e empenho despendidos nos atos de iniciação e feitura, como se, com a morte, pouca coisa mais importasse. Cria-se assim uma situação em que a preocupação em completar o ciclo iniciático vai perdendo importância, alterando-se profundamente, em termos litúrgicos e filosóficos, a concepção da morte e, por conseguinte, a própria concepção da vida. Os conceitos originais africanos de vida e morte vão se apagando e o candomblé, cada vez mais, adota ideias mais próximas do catolicismo, do kardecismo e da umbanda, criando-se, provavelmente, uma nova religião, que hoje já se esparrama pelas cidades brasileiras a partir de São Paulo e Rio de Janeiro, e que muitos chamam, até pejorativamente, de umbandomblé. Nela os eguns, que são na concepção iorubá ancestrais particulares de uma específica comunidade, vão perdendo suas características africanas para se transformar em entidades genéricas não ligadas a nenhuma comunidade de culto em particular, que "baixam" nos terreiros para "trabalhar" e assumem a justificativa da caridade, ideal e prática cristã-kardecistas. Aos poucos, tais ideias vão suplantando os modelos africanos de ancestralidade com seus ideais de culto à origem e valorização das linhagens. Essa nova maneira de pensar a morte e a vida por grande parte dos adeptos do candomblé, sobretudo os de adesão mais recente, constitui forte razão para a crescente perda de interesse na realização do axexê para todos os iniciados. Assim, certamente, ganham terreno as concepções e ideais da umbanda e perdem as do candomblé. Isso é o contrário do movimento de africanização e dessincretização e já há muito se constituiu num processo oposto, o da umbandização do candomblé. Sem axexê, a feitura de orixá não faz sentido, pelo menos nos termos das tradições africanas que deram origem à religião dos orixás no Brasil. O ciclo simplesmente não se fecha e a repetição mítica, tão fundamental no conceito de vida segundo o pensamento africano, não pode se realizar. É o pensamento africano que vai dando lugar a concepções europeias de vida e de morte, é o candomblé se transformando. Evidentemente há sempre aqueles que estão preocupados com as raízes, com a manutenção e recuperação de uma tradição idealmente africana, com a redescoberta de velhos segredos guardados. Hoje já podem contar com discos e livros que registram a cerimônia funerária no estilo dos antigos candomblés da Bahia.

3. Orixás, santos e demônios

1

O sincretismo foi uma chave decisiva para a reconstituição das religiões africanas no Brasil. Um dito muito repetido no candomblé diz que "sem folha não tem orixá". Poderíamos dizer, igualmente, que "sem santo não tem orixá". Pelo menos não tinha, até o surgimento do recente movimento de dessincretização. A própria palavra "santo" serviu de tradução para "orixá", inclusive nos termos mãe de santo, filho de santo, povo de santo e todos os demais compostos congêneres. E esse santo é o santo católico.

O candomblé formou-se e transformou-se no contexto social e cultural católico do Brasil do século xix. Firmou-se como religião subalterna e tributária do catolicismo, do qual ainda hoje tem grande dificuldade de se libertar para se constituir como religião autônoma. O sincretismo dotou a religião dos orixás de valores e noções completamente estranhos ao pensamento africano, impôs aos seguidores dos orixás a obrigação de ritos próprios da igreja e transformou profundamente divindades centrais do culto africano. Acompanhar o processo de demonização a que o orixá Exu foi submetido propicia, a meu ver, uma excelente oportunidade de estudar os efeitos positivos e os nocivos envolvidos na relação do candomblé e da umbanda com o cristianismo.

Os primeiros europeus que tiveram contato na África com o culto do orixá Exu dos iorubás, venerado pelos fons como o vodum Legba ou Elegbara, atribuíram a essa divindade uma dupla identidade: a do deus fálico greco-romano Príapo e a do diabo dos judeus e cristãos. A primeira por causa dos altares, representações materiais e símbolos fálicos do orixá-vodum; a segunda em razão de suas atribuições específicas no panteão dos orixás e voduns e suas qualificações morais narradas pela mitologia, que o mostra como um orixá que contraria as regras gerais de conduta aceitas socialmente, conquanto não sejam conhecidos mitos de Exu que o identifiquem com o diabo (Prandi, 2001 a: 38-83). Atribuições e caráter que os recém-chegados cristãos não podiam conceber, enxergar sem o viés etnocêntrico e muito menos aceitar. Nas palavras de Pierre Verger, Exu "tem um caráter suscetível, violento, irascível, astucioso, grosseiro, vaidoso, indecente", de modo que "os primeiros missionários, espantados com tal conjunto, assimilaram-no ao Diabo e fizeram dele o símbolo de tudo o que é maldade, perversidade, abjeção e ódio, em oposição à bondade, pureza, elevação e amor de Deus" (Verger, 1999: 119).

Assim, os escritos de viajantes, missionários e outros observadores que estiveram em território fon ou iorubá entre os séculos XVIII e XIX, todos eles de cultura cristã, quando não cristãos de profissão, descreveram Exu sempre ressaltando aqueles aspectos que o mostravam, aos olhos ocidentais, como entidade destacadamente sexualizada e demoníaca. Um dos primeiros escritos que se referem a Legba, senão o primeiro, é devido a Pommegorge, do qual se publicou em 1789 um relato de viagem informando que "a um quarto de légua do forte dos daomeanos há um deus Príapo, feito grosseiramente de terra, com seu principal atributo [o falo], que é enorme e exagerado em relação à proporção do resto do corpo" (1789: 201, apud Verger, 1999: 133). De 1847 temos o testemunho, igualmente malicioso, de John Duncan, que escreveu: "As partes baixas [a genitália] da estátua são grandes, desproporcionadas e expostas da maneira mais nojenta" (Duncan, 1847, v. 1: 114). É de 1857 a descrição do pastor Thomas Bowen, em que é enfatizado o outro aspecto atribuído pelos ocidentais a Exu: "Na língua iorubá o diabo é denominado Exu, aquele que foi enviado outra vez, nome que vem de *su*, jogar fora, e Elegbara, o poderoso, nome devido ao seu grande poder sobre as pessoas" (Bowen, 1857, cap. 26). Trinta anos depois, o abade Pierre Bouche foi bastante explícito, igualmente calcado em interpretação enganosa do significado das palavras de língua africana: "Os negros reconhecem em Satã o poder da possessão, pois o denominam comumente Elegbara, isto é, aquele que se apodera de nós" (Bouche, 1885: 120). E há muitos outros relatos antigos já citados por Verger (1999: 132-39), nenhum menos desfavorável ao deus mensageiro que os aqui mostrados.

Em 1884, publicou-se na França o livro *Fétichisme et féticheurs*, de autoria de R. P. Baudin, padre católico da Sociedade das Missões Africanas de Lion e missionário na Costa dos Escravos. Foi o primeiro livro a tratar sistematicamente da religião dos iorubás. O relato do padre Baudin é rico em pormenores e precioso em informações sobre o panteão dos orixás e aspectos básicos do culto, tanto que o livro permanece como fonte pioneira da qual os pesquisadores contemporâneos não podem se furtar, mas suas interpretações do papel de Exu no sistema religioso dos povos iorubás, a partir das observações feitas numa perspectiva cristã do século XIX, são devastadoras. E amplamente reveladoras de imagens que até hoje povoam o imaginário popular no Brasil, para não dizer do próprio povo de santo que cultua Exu, pelo menos em sua grande parte.

Assim é retratado Exu pelo padre Baudin:

> O chefe de todos os gênios maléficos, o pior deles e o mais temido, é Exu, palavra que significa o rejeitado; também chamado Elegbá ou Elegbara, o forte, ou ainda Ogongo Ogó, o gênio do bastão cabeçudo.
>
> Para se prevenir de sua maldade, os negros colocam em suas casas o ídolo de Olarozê, gênio protetor do lar, que, armado de um bastão ou sabre, lhe protege a entrada. Mas, a fim de se pôr a salvo das crueldades de Elegbá, quando é preciso sair de casa para trabalhar, não se pode jamais esquecer de dar a ele parte de todos os sacrifícios. Quando um negro quer se vingar de um inimigo, ele faz uma copiosa oferta a Elegbá e o presenteia com uma forte ração de aguardente ou de vinho de palma. Elegbá fica então furioso e, se o inimigo não estiver bem munido de talismãs, correrá grande perigo.
>
> É este gênio malvado que, por si mesmo ou por meio de seus companheiros espíritos, empurra o homem para o mal e, sobretudo, o excita para as paixões vergonhosas. Muitas vezes, vi negros que, punidos por roubo ou outras faltas, se desculpavam dizendo: "Exu l'o ti mi", isto é, "Foi Exu que me empurrou".
>
> A imagem hedionda desse gênio malfazejo é colocada na frente de todas as casas, em todas as praças e em todos os caminhos.
>
> Elegbá é representado sentado, as mãos sobre os joelhos, em completa nudez, sob uma cobertura de folhas de palmeira. O ídolo é de terra, de forma humana, com uma cabeça enorme. Penas de aves representam seus cabelos; dois búzios formam os olhos, outros, os dentes, o que lhe dá uma aparência horrível.
>
> Nas grandes ocasiões, ele é inundado de azeite de dendê e sangue de galinha, o que lhe dá uma aparência mais pavorosa ain-

da e mais nojenta. Para completar com dignidade a decoração do ignóbil símbolo do Príapo africano, colocam-se junto dele cabos de enxada usados ou grossos porretes cabeçudos. Os abutres, seus mensageiros, felizmente vêm comer as galinhas, e os cães, as outras vítimas a ele imoladas, sem os quais o ar ficaria infecto.

O templo principal fica em Woro, perto de Badagry, no meio de um formoso bosque encantado, sob palmeiras e árvores de grande beleza. Perto da laguna em que se realiza uma grande feira, o chão é juncado de búzios que os negros atiram como oferta a Elegbá, para que ele os deixe em paz. Uma vez por ano, o feiticeiro de Elegbá junta os búzios para comprar um escravizado que lhe é sacrificado, e aguardente para animar as danças, ficando o resto para o feiticeiro.

O caso seguinte demonstra a inclinação de Elegbá para fazer o mal.

"Invejoso da boa harmonia que existia entre dois vizinhos, ele resolveu desuni-los. Para tanto, ele pôs na cabeça um gorro de brilhante brancura de um lado e completamente vermelho do outro. Depois passou entre os dois, quando estavam cultivando os seus campos. Ele os saudou e continuou o seu caminho.

Quando ele passou um deles disse:

— Que lindo gorro branco!

— De jeito nenhum — disse o outro. — É um magnífico gorro vermelho.

Desde então, entre os dois antigos amigos, a disputa se tornou tão viva, que um deles, exasperado, quebrou a cabeça do outro com um golpe de enxada." (Baudin, 1884: 49-51)

O texto termina assim, com esse mito muito conhecido nos candomblés brasileiros, e que exprime de modo emblemático a dubiedade de Exu. Sem entrar em pormenores, certamente impróprios à formação pudica do missionário, há a vaga referência a Príapo, o deus fálico greco-romano, guardião dos jardins e pomares, que no sul da Itália da Roma imperial veio a ser identificado com o deus Lar dos romanos, guardião das casas e das praças, ruas e encruzilhadas, protetor da família e patrono da sexualidade. Não há referências textuais sobre o caráter diabólico atribuído pelo missionário a Exu, que a descrição prenuncia, mas há um dado muito interessante na gravura que ilustra a descrição e que revela a direção da interpretação de Baudin. Na ilustração aparece um homem sacrificando uma ave a Exu, representado por uma estatueta protegida por uma casinhola situada junto à porta de entrada da casa. A legenda da figura diz: "Elegbá, o malvado espírito ou o Demônio" (ibidem, p. 51). Príapo e Demônio, as duas qualidades de Exu para os cristãos. Já está lá, nesse texto católico de 1884, o binômio pecaminoso impingido a Exu no seu confronto com o Ocidente: sexo e pecado, luxúria e danação, fornicação e maldade.

Nunca mais Exu se livraria da imputação dessa dupla pecha, condenado a ser o orixá mais incompreendido e caluniado do panteão afro-brasileiro, como bem lembraram Roger Bastide, que, na década de 1950, se referiu a Exu como essa "divindade caluniada" (1978: 175), e Juana Elbein dos Santos (1976: 130 e ss.), praticamente a primeira pesquisadora no Brasil a se interessar pela recuperação dos atributos originais africanos de Exu, atributos que foram no Brasil amplamente encobertos pelas características que lhe foram impostas pelas reinterpretações católicas na formação do modelo sincrético que gabaritou a religião dos orixás no Brasil.

2

Embora o *Aiê*, a Terra, seja separado do *Orum*, a morada dos orixás, muitos laços e obrigações ligam os dois mundos. Os homens vestem, adornam e alimentam os orixás, compartilham a comida e a bebida e cuidam de sua diversão. Os orixás são parte da família, são os remotos fundadores das linhagens cujas origens se perderam no passado mítico. Em troca das oferendas, os orixás protegem, ajudam e dão identidade aos seus descendentes humanos.

Também os mortos ilustres merecem tal cuidado, e sua lembrança os mantém vivos no presente da coletividade, até que um dia possam renascer como um novo membro da própria família. É essa a simples razão do sacrifício: alimentar a família toda, inclusive os mais ilustres e mais distantes ancestrais, alimentar os pais e mães que estão na origem de tudo, os deuses, numa reafirmação permanente de que nada se acaba e que nos laços comunitários estão amarrados, sem solução de continuidade, o presente da vida cotidiana e o passado relatado nos mitos, do qual o presente é reiteração.

As oferendas dos homens aos orixás devem ser transportadas até o mundo dos deuses. Exu tem esse encargo de transportador. Também é preciso saber se os orixás estão satisfeitos com a atenção a eles dispensada pelos seus descendentes, os seres humanos. Exu propicia essa comunicação, traz suas mensagens, é o mensageiro. É fundamental para a sobrevivência dos mortais receber as determinações e os conselhos que os orixás enviam do *Aiê*. Exu é o portador das orientações e ordens, é o porta-voz dos deuses e entre os deuses. Exu faz a ponte entre este mundo e o mundo dos orixás, especialmente nas consultas oraculares. Como os orixás interferem em tudo o que ocorre neste mundo, incluindo o cotidiano dos viventes e os fenômenos da própria natureza, nada acontece sem o trabalho de intermediário do mensageiro e transportador Exu. Nada se faz sem ele, nenhuma mudança, nem mesmo uma repetição. Sua presença está consignada até mesmo no primeiro ato da Criação: sem Exu, nada é possível. O poder de Exu, portanto, é incomensurável.

Exu deve então receber os sacrifícios votivos, deve ser propiciado sempre que algum orixá recebe oferenda, pois o sacrifício é o único mecanismo através do qual os humanos se dirigem aos orixás, e o sacrifício significa a reafirmação dos laços de lealdade, solidariedade e retribuição entre os habitantes do *Aiê* e os habitantes do *Orum*. Sempre que um orixá é interpelado, Exu também o é, pois a interpelação de todos se faz através dele. É preciso que ele receba a oferenda, sem a qual a comunicação não se realiza. Por isso é costume dizer que Exu não trabalha sem pagamento, o que acabou por imputar-lhe, quando o ideal cristão do trabalho desinteressado da caridade se interpôs entre os santos católicos e os orixás, a imagem de mercenário, interesseiro e venal.

Como mensageiro dos deuses, Exu tudo sabe, não há segredos para ele, tudo ele ouve e tudo ele transmite. E pode quase tudo, pois conhece todas as receitas, todas as fórmulas, todas as magias. Exu trabalha para todos, não faz distinção entre aqueles a quem deve prestar serviço por imposição de seu cargo, o que inclui todas as divindades, mais os antepassados e os humanos. Exu não pode ter preferência por esse ou aquele. Mas talvez o que o distingue de todos os outros deuses é seu caráter de transformador: Exu é aquele que tem o poder de quebrar a tradição, pôr as regras em questão, romper a norma e promover a mudança. Não é de se estranhar que seja considerado perigoso, pois se trata daquele que é o próprio princípio do movimento, que tudo transforma, que não respeita limites. Assim, tudo o que contraria as normas sociais que regulam o cotidiano passa a ser atributo seu. Exu carrega qualificações morais e intelectuais próprias do responsável pela manutenção e funcionamento do status quo, inclusive representando o princípio da continuidade garantida pela sexualidade e reprodução humana, mas ao mesmo tempo ele é o inovador que fere as tradições, um ente portanto nada confiável, que se imagina, por conseguinte, ser dotado de caráter instável, duvidoso, interesseiro, turbulento e arrivista.

Para um iorubá ou outro africano tradicional, nada é mais importante do que ter uma prole numerosa, e para garanti-la é preciso ter muitas esposas e uma vida sexual regular e profícua. É preciso gerar muitos filhos, de modo que, nessas culturas antigas, o sexo tem um sentido social que envolve a própria ideia de garantia da sobrevivência coletiva e perpetuação das linhagens, clãs e cidades. Exu é o patrono da cópula, que gera filhos e garante a continuidade do povo e a eternidade do homem. Nenhum homem ou mulher pode se sentir realizado e feliz sem uma numerosa prole, e a atividade sexual é decisiva para isso. É da relação íntima com a reprodução e a sexualidade, tão explicitadas pelos símbolos fálicos que o representam, que decorre a construção mítica do gênio libidinoso, lascivo, carnal e desregrado de Exu-Elegbara.

Isso tudo contribuiu enormemente para modelar sua imagem estereotipada de orixá difícil e perigoso, que os cristãos reconheceram como demoníaca. Quando a religião politeísta dos orixás veio a ser praticada no Brasil do século XIX por negros que eram ao mesmo tempo católicos, todo o sistema cristão de pensar o mundo em termos do bem e do mal deu um novo formato à religião africana, no qual um novo papel esperava por Exu.

3

O sincretismo não é, como se pensa, uma simples tábua de correspondência entre orixás e santos católicos, assim como não representava o simples disfarce católico que os negros davam aos orixás para poder cultuá-los livres da intransigência do senhor branco, como de modo simplista se ensina nas escolas até hoje (Prandi, 1999; Ferretti, S., 1995). O sincretismo representa a captura da religião dos orixás dentro de um modelo que pressupõe, antes de mais nada, a existência de dois polos antagônicos que presidem todas as ações humanas: o bem e o mal; de um lado a virtude, do outro o pecado. Essa concepção, que é judaico-cristã, não existia na África. As relações entre os seres humanos e os deuses, como ocorre em outras antigas religiões politeístas, eram orientadas pelos preceitos sacrificiais e pelo tabu, e cada orixá tinha normas prescritivas e restritivas próprias e aplicáveis aos seus devotos particulares, como ainda se observa no candomblé. Não havia, portanto, um código de comportamento e valores único aplicável a toda a sociedade indistintamente, como no cristianismo, uma lei única que é a chave para o estabelecimento universal de um sistema que tudo classifica como sendo do bem ou do mal, em categorias mutuamente exclusivas.

No catolicismo, o sacrifício foi substituído pela oração, e a quebra do tabu, pelo pecado, regrando-se as ações por um código de ética universalizado, que opera o tempo todo com as noções de bem e mal como dois campos em luta: o de deus, que os católicos louvam nas três pessoas do Pai, Filho e Espírito Santo, que é o lado do bem, e o do mal, que é o lado do diabo em suas múltiplas manifestações. Abaixo de deus estão os anjos e os santos, santos que são humanos mortos que em vida abraçaram as virtudes católicas, às vezes morrendo por elas.

O lado do bem, digamos, foi assim preenchido pelos orixás, exceto Exu, ganhando Oxalá, o orixá criador da humanidade, o papel de Jesus Cristo, o deus Filho, mantendo-se Oxalá no topo da hierarquia, posição que já ocupava na África, donde seu nome Orixalá ou Orixá Nlá, que significa o Grande Orixá, e do qual Oxalá é uma contração brasileira. O remoto e inatingível deus supremo Olorum dos iorubás ajustou-se à concepção do Deus Pai judaico-cristão, enquanto os demais orixás ganharam a identidade de santos. Mas ao vestirem a camisa de força de um modelo que pressupõe as virtudes católicas, os orixás sincretizados perderam muito de seus atributos originais, especialmente aqueles que, como no caso da sexualidade entendida como fonte de pecado, podem ferir o campo do bem, como explicou Monique Augras (2000). Segundo ela, muitas características africanas das Grandes Mães, inclusive Iemanjá e Oxum, foram atenuadas ou apagadas no culto brasileiro dessas deusas e passaram a compor a imagem pecaminosa de Pombagira, o Exu feminizado do Brasil, no outro polo do modelo, em que Exu reina como o senhor do mal e personifica o diabo.

Foi sem dúvida o processo de cristianização de Oxalá e outros orixás que empurrou Exu para o domínio do inferno católico, como um contraponto requerido pelo molde sincrético. Pois, ao se ajustar a religião dos orixás ao modelo da religião cristã, faltava evidentemente preencher o lado satânico do esquema deus-diabo, bem-mal, salvação-perdição, céu-inferno, e quem melhor que Exu para o papel do demônio? Sua fama já não era das melhores e, mesmo entre os seguidores dos orixás, sua natureza de herói *trickster* (Trindade, 1985), que não se ajusta aos modelos comuns de conduta, e seu caráter não acomodado, autônomo e embusteiro já faziam dele um ser contraventor, desviante e marginal, como o diabo. A propósito do culto de Exu na Bahia do final do século XIX, o médico Raimundo Nina Rodrigues, professor da Faculdade de Medicina da Bahia e pioneiro dos estudos afro-brasileiros, escreveu em 1900 as seguintes palavras:

> Exu, Bará ou Elegbará é um santo ou orixá que os afro-baianos têm grande tendência a confundir com o diabo. Tenho ouvido mesmo de negros africanos que todos os santos podem se servir

de Exu para mandar tentar ou perseguir a uma pessoa. Em uma altercação qualquer de negros, em que quase sempre levantam uma celeuma enorme pelo motivo mais fútil, não é raro entre nós ouvir-se gritar pelos mais prudentes: Fulano, olha Exu! Precisamente como diriam velhas beatas: Olha a tentação do demônio! No entanto, sou levado a crer que esta identificação é apenas o produto de uma influência do ensino católico. (Rodrigues, 1935: 40)

Transfigurado no diabo, Exu teve que passar por algumas mudanças para se adequar ao contexto cultural brasileiro, hegemonicamente católico. Assim, num meio em que as conotações de ordem sexual eram fortemente reprimidas, o lado priápico de Exu foi muito dissimulado e em grande parte esquecido. Suas imagens brasileiras perderam o esplendor fálico do explícito Elegbara, disfarçando-se tanto quanto possível seus símbolos sexuais, pois mesmo sendo transformado em diabo, era então um diabo de cristãos, o que impôs uma inegável pudicícia que Exu não conhecera antes. Em troca ganhou chifres, rabo e até mesmo os pés de bode próprios de demônios antigos e medievais dos católicos.

4

Com o avanço das concepções cristãs sobre a religião dos orixás, ao qual vieram se juntar no final do século XIX as influências do espiritismo kardecista, que também absorvera orientações, visões e valores éticos cristãos, Exu foi cada vez mais empurrado para o lado do mal, cada vez mais obrigado, pelos próprios seguidores sincréticos, a desempenhar o papel do demônio.

O coroamento da carreira de Exu como o senhor do inferno se deu com o surgimento da umbanda no primeiro quartel do século XX. Apesar de conservar do candomblé o panteão de deuses iorubás, o rito dançado, o transe de incorporação dos orixás e antepassados, além de certa prática sacrificial remanescente, a umbanda reproduziu pouco das concepções africanas preservadas no candomblé. A umbanda adotou, não sem contradições e incompletudes, certa noção moral de controle da atividade religiosa voltada para a prática da virtude cristã da caridade, concepção estranha ao candomblé. O culto umbandista foi organizado em torno dessa prática, como se dá no kardecismo, com a constituição de um panteão brasileiro, subordinado aos orixás, formado de espíritos que ajudam os humanos a resolver seus problemas, que são os caboclos, pretos velhos e outras categorias de mortais desencarnados. Na umbanda, a própria ideia de religião implica essa noção de trabalho mágico, pois sem a atuação direta dos espíritos na vida dos devotos a religião não se completa. Mas todas essas entidades só trabalham para o bem. Qualquer demanda, qualquer solução de dificuldades, qualquer procura de realização de anseios e fantasias, é tudo filtrado pelo código do bem. Se a ação benéfica resultante da interferência das entidades espirituais for capaz de produzir prejuízos a terceiros, ela não pode ser posta em movimento. O bem só pode levar ao bem e nada justifica a produção do mal. O mal deve ser combatido e evitado, mesmo quando possa trazer para uma das partes envolvidas numa relação alguma sorte de vantagem.

Mas o processo de formação dessa religião ainda não se completara. Com a substituição na umbanda, ao menos em parte, da ideia africana de tabu pela noção católica de pecado, a prática mágica tradicional, que no candomblé era destituída de imposições éticas, ficou aprisionada numa proposta umbandista de religião que desejava ser moderna, europeia, branca e ética, apesar das raízes negras, que, aliás, procurou apagar tanto quanto possível. Ao mesmo tempo, a umbanda não abandonou as práticas mágicas, ao contrário, fez delas um objetivo bem definido, o centro da sua celebração ritual. Criou-se, com isso, um grande jogo de contradições, e a umbanda acabou por se situar num terreno ético que Lísias Nogueira Negrão chamou muito apropriadamente de "entre a cruz e a encruzilhada" (1996). Seguindo o modelo católico, no qual se espelhava, a umbanda foi obrigada a ter em conta os dois lados: o do bem e o do mal. Incorporou a noção católica de mal, mas não se dispôs a combatê-lo necessariamente, nunca se cristianizou por completo.

Formalmente, a umbanda afirma que só trabalha para o bem, mas dissimuladamente criou, desde o momento de sua formação, uma espécie de segunda personalidade, com a constituição de um universo paralelo, um lugar escondido e negado, no qual a prática mágica não recebe nenhum tipo de restrição ética, onde todos os pedidos, vontades e demandas de devotos e clientes podem ser atendidos, sem exceção, conforme o ideal da magia. Inclusive aqueles ligados a aspectos mais rejeitados da moralidade social, como a transgressão sexual, o banditismo, a vingança, e diversificada gama de comportamentos ilícitos ou socialmente indesejáveis. Se é para o bem do cliente, não há limite, e a relação que se estabelece é entre o cliente e a entidade que o beneficia, num pacto que exclui pretensos interesses do grupo e da sociedade. Esse modelo é baseado nas antigas relações entre devoto e orixá, embora sem contar, agora, com os outros mecanismos sociais de controle da moralidade que existiam na sociedade tradicional africana.

Esse território — que a umbanda chamou de quimbanda para demarcar fronteiras que a ela interessava defender a fim de manter sua imagem de religião do bem — passou a ser o domínio de Exu, agora sim definitivamente transfigurado no diabo, aquele que tudo pode, inclusive fazer o mal. Com essa divisão "cristã" de tarefas, tudo aquilo que os caboclos, pretos velhos e outros guias do chamado panteão da direita se recusam a fazer, por razões morais, Exu faz sem pestanejar. Assim, enquanto o demonizado Exu faz contraponto com os "santificados" orixás e espíritos guias, a quimbanda funciona como uma espécie de negação ética da umbanda, ambas resultantes de um mesmo processo histórico de cristianização da religião africana. Como quem esconde o diabo, a umbanda escondeu Exu na quimbanda, pelo menos durante seu primeiro meio século de existência, para assim, longe da curiosidade pública, poder com ele operar livremente. Não faltou, entre os primeiros consolidadores da doutrina umbandista, quem se desse ao trabalho de identificar, para cada uma das inúmeras qualidades e invocações de Exu, um dos conhecidos nomes dos demônios que povoam a imaginação e as escrituras dos judeus e cristãos. Além de se ver chamado pelos nomes do diabo ocidental em suas múltiplas versões, Exu foi compelido a compartilhar com os demônios suas missões especializadas no ofício do mal, tudo, evidentemente, numa perspectiva essencialmente cristã. A maldição imposta a Exu na África por missionários e viajantes cristãos desde o século XVIII foi sendo completada no Brasil nos séculos XIX e XX.

A umbanda é uma religião de espíritos de humanos que um dia viveram na Terra, os guias. Embora se reverenciem os orixás, são os guias que fazem o trabalho mágico, são eles os responsáveis pela dinâmica das celebrações rituais. Exu, que é fundamental no atendimento dos clientes e devotos, portanto peça básica da dinâmica religiosa, assumiu na umbanda o aspecto de humano desencarnado que é a marca dos caboclos e demais entidades da direita. Diabo sim, mas diabo que foi de carne e osso, espírito, guia. Assim como os caboclos foram, um dia, indígenas de reconhecida bravura e invejável bom-caráter, não sem uma certa inocência idílica própria do bom selvagem, inocência perdida com a chegada ao Novo Mundo da nossa sociedade do pecado, assim como os pretos velhos foram negros escravizados trabalhadores, dóceis, pacíficos e sábios, os exus, agora no plural, foram homens de questionável conduta: assaltantes, assassinos, ladrões, contrabandistas, traficantes, vagabundos, malandros, aproveitadores, proxenetas, bandidos de toda laia, homens do diabo, por certo, gente ruim, figuras do mal.

O imaginário tradicional umbandista, para não dizer brasileiro, acreditava que muito da maldade humana é próprio das mulheres, que o sexo feminino tem o estigma da perdição, que é marca bíblica, constitutiva da própria humanidade, desde Eva. O pecado da mulher é o pecado do sexo, da vida dissoluta, do desregramento, é o pecado original que fez o homem se perder. Numa concepção que é muito ocidental, muito católica. Então Exu foi também feito mulher, deu origem à Pombagira, o lado sexualizado do pecado. Quem são as pombagiras da quimbanda? Mulheres perdidas, por certo: prostitutas, cortesãs, companheiras bandidas dos bandidos amantes, alcoviteiras e cafetinas, jogadoras de cassino e artistas de cabaré, atrizes de vida fácil, mulheres dissolutas, criaturas sem família e sem honra (Prandi, 1996). O quadro completou-se, o chamado panteão da esquerda multiplicou-se em dezenas e dezenas de exus e pombagiras, que atendem a todos os desejos, que propiciam mesmo a felicidade de duvidosa origem, que trabalham em prol de qualquer desejo e fantasia, que oferecem aos devotos e clientes o acesso a tudo o que a vida dá e que restituem tudo o que a vida tira. Não há limites para os guias da quimbanda, tudo lhes é possível. Para a duvidosa moralidade quimbandista, tudo leva ao bem, e mesmo aquilo que os outros chamam de mal pode ser usado para o bem do devoto e do cliente, os fins justificando os meios. Esse é o domínio do Exu cristianizado no diabo. Quando incorporado no transe ritual, Exu veste-se com capa preta e vermelha e leva na mão o tridente medieval do capeta, distorce mãos e pés imitando os cascos do diabo em forma de bode, dá as gargalhadas soturnas que se imagina próprias do senhor das trevas, bebe, fuma e fala palavrão. Nada a ver com o traquinas, trapaceiro e brincalhão mensageiro dos deuses iorubás.

5

No candomblé, como na África, Exu é concebido como divindade múltipla, o que também ocorre com os orixás, que são reconhecidos e venerados através de diferentes invocações, qualidades ou avatares, cada qual ligado a um aspecto mítico do orixá, a uma sua função específica no patronato do mundo, a um acidente geográfico a que é associado etc. Sendo o próprio movimento, Exu se multiplica ao infinito, pois cada casa, cada rua, cada cidade, cada mercado etc. tem seu guardião. Também cada ser humano tem seu Exu, que é assentado, nominado e regularmente propiciado, ligando aquele ser humano ao seu orixá pessoal e ao mundo das divindades (Santos, J. E., 1976: 130). São muitas as invocações de Exu, muitos os seus nomes. Segundo o ogã Gilberto de Exu, são os seguintes os nomes e atribuições de Exu mais conhecidos: Iangui, o primeiro da Criação, representado pela laterita; Exu Agbá, Agbô, ou Moagbô, o mais velho; Igbá Quetá, o Exu da cabaça-assentamento; Ocotó, o patrono da evolução, representado pelo caracol; Obassim, o companheiro de Odudua; Odara, o dono da felicidade, da harmonia; Ojissebó, o mensageiro dos orixás; Eleru, o que transporta o carrego dos iniciados; Enugbarijó, o que propicia a prosperidade; Elegbara ou Legba, o que tem o poder da transformação, princípio do movimento; Bará, o dono dos movimentos do corpo humano; Olonam, ou Lonã, o senhor dos caminhos; Icorita Metá, o Exu que guarda as encruzilhadas; Olobé, o dono da faca ritual; Elebó, o Exu das oferendas; Odusó ou Olodu, o guardião do oráculo; Elepô, o senhor do azeite de dendê; e Iná, o fogo, o patrono da comunidade que é reverenciado na cerimônia do padê (Ferreira, 2000: 19-21; também em Santos, J. E., 1976: 135-39). A esses nomes-qualidades de Exu podemos acrescentar outros registrados por Verger na África e no Brasil, como Eleiembó, Laroiê, Alaquetu, o senhor do Queto, Aquessam, senhor do mercado de Oió, Lalu e Jelu, além de nomes que Verger credita no Brasil aos cultos de origem fon e banto, a saber, Tiriri, Jelebara, Jiguidi, Mavambo, Emberequetê, Sinza Muzila e Barabô (Verger, 1997: 76-8; 1999: 132). A maioria desses nomes e atribuições, originalmente africanos, é preservada nas casas de candomblé de linhagens mais ligadas à preservação e recuperação das raízes. São nomes que indicam sucintamente as distintas funções de Exu: o mensageiro, o transportador, o transformador, o repositor e o doador.

Tais nomes e atribuições estão, contudo, ausentes na maior parte da umbanda e em certos segmentos do candomblé, em que o reconhecimento de Exu como o diabo é explícito, sendo sua hierarquia conhecida e bastante divulgada por publicações religiosas. Segundo a tábua umbandista de correspondência Exu-diabo, a entidade suprema da "esquerda" é o Diabo Maioral ou Exu Sombra, que só raramente se manifesta no transe ritual. Ele tem como generais: Exu Marabô ou diabo Put Satanaika, Exu Mangueira ou diabo Agalieraps, Exu-Mor ou diabo Belzebu, Exu Rei das Sete Encruzilhadas ou diabo Astaroth, Exu Tranca Rua ou diabo Tarchimache, Exu Veludo ou diabo Sagathana, Exu Tiriri ou diabo Fleuruty, Exu dos Rios ou diabo Nesbiros e Exu Calunga ou diabo Syrach. Sob as ordens desses e comandando outros mais estão: Exu Ventania ou diabo Baechard, Exu Quebra Galho ou diabo Frismost, Exu das Sete Cruzes ou diabo Merifild, Exu Tronqueira ou diabo Clistheret, Exu das Sete Poeiras ou diabo Silcharde, Exu Gira Mundo ou diabo Segal, Exu das Matas ou diabo Hicpacth, Exu das Pedras ou diabo Humots, Exu dos Cemitérios ou diabo Frucissière, Exu Morcego ou diabo Guland, Exu das Sete Portas ou diabo Sugat, Exu da Pedra Negra ou diabo Claunech, Exu da Capa Preta ou diabo Musigin, Exu Marabá ou diabo Huictogaras, e Exu-Mulher, Exu Pombagira, simplesmente Pombagira ou diabo Klepoth. Mas há também os Exus que trabalham sob as ordens do orixá Omulu, o senhor dos cemitérios, e seus ajudantes Exu Caveira ou diabo Sergulath e Exu da Meia-Noite ou diabo Hael, cujos nomes mais conhecidos são Exu Tata Caveira (Proculo), Exu Brasa (Haristum) Exu Mirim (Serguth), Exu Pemba (Brulefer) e Exu Pagão ou diabo Bucons (conforme Fontennelle, s. d.; Bittencourt, 1989; Omolubá, 1990).

Na umbanda, assim como no candomblé, cada Exu cuida de tarefas específicas, sendo grande e complexa a divisão de trabalho entre eles. Por exemplo, Exu Veludo oferece proteção contra os inimigos. Exu Tranca Rua pode gerar todo tipo de obstáculos na vida de uma pessoa. Exu Pagão tem o poder de instalar o ódio no coração das pessoas. Exu Mirim é o guardião das crianças e também faz trabalhos de amarração de amor. Exu Pemba é o propagador das doenças venéreas e facilitador dos amores clandestinos. Exu Morcego tem o poder de transmitir qualquer doença contagiosa. Exu das Sete Portas facilita a abertura de fechaduras, cofres e outros compartimentos secretos — materiais e simbólicos. Exu Tranca Tudo é o regente de festins e orgias. Exu da Pedra Negra é invocado para o sucesso em transações comerciais. Exu Tiriri pode enfraquecer a memória e a consciência. Exu da Capa Preta comanda as arruaças, os desentendimentos e a discórdia.

Igualmente são múltiplos os nomes e funções de Pombagira: Pombagira Rainha, Maria Padilha, Pombagira Sete Saias, Maria Molambo, Pombagira da Calunga, Pombagira Cigana, Pombagira do Cruzeiro, Pombagira Cigana dos Sete Cruzeiros,

Pombagira das Almas, Pombagira Maria Quitéria, Pombagira Dama da Noite, Pombagira Menina, Pombagira Mirongueira, Pombagira Menina da Praia, Pombagira Sete Encruzilhadas. Pombagira é especialista notória em casos de amor e tem poder para propiciar qualquer tipo de união amorosa e sexual. Ela trabalha contra aqueles que são inimigos dela e de seus devotos. Pombagira considera amigos todos aqueles que a procuram necessitando de seus favores e que sabem como agradecer-lhe e agradá-la. Deve-se presentear Pombagira com coisas que ela usa no terreiro, quando incorporada: tecidos sedosos para suas roupas nas cores vermelho e preto, perfumes, joias e bijuterias, champanhe e outras bebidas, cigarro, cigarrilha e piteira, rosas vermelhas abertas (nunca botões), além das oferendas de obrigação, dos animais sacrificiais (sobretudo no candomblé) e das coisas de despacho deixadas nas encruzilhadas, cemitérios e outros locais, a depender do trabalho que se faz, sempre iluminado pelas velas vermelhas, pretas e, às vezes, brancas.

6

Até uma ou duas décadas atrás, as sessões de quimbanda, com seus exus e pombagiras manifestados no ritual de transe, eram praticamente secretas. Realizadas nas avançadas horas da noite em sessões fechadas do terreiro de umbanda, a elas só tinham acesso os membros do terreiro, clientes e simpatizantes escolhidos a dedo, tanto pelo imperativo de suas necessidades como por sua discrição. Era comum entre seus cultores negar a existência dessas sessões. A quimbanda nasceu como um departamento subterrâneo da umbanda e como tal se manteve por quase um século, embora desde sempre se soubesse da regularidade desses ritos e se pudessem reconhecer nas encruzilhadas as oferendas deixadas para Exu.

Aos poucos, o culto do Exu de umbanda foi perdendo seu caráter secreto e escondido. Mas nunca houve quem admitisse, seja na umbanda ou no candomblé, trabalhar para o mal por meio de Exu. O mal, quando acontece, é sempre interpretado como consequência perversa da prática do bem, pois tudo tem seu lado bom e seu lado mau, de modo que as situações que envolvem os exus são sempre contraditórias (Trindade, 1985). Se uma mulher está apaixonada por um homem comprometido, por exemplo, e procura ajuda no terreiro, a única responsabilidade da sacerdotisa e da própria entidade invocada é a de atender à súplica. Se a outra mulher tiver que ser abandonada, a culpa é de seu descaso: por não ter procurado e propiciado as entidades que deveriam defendê-la. Se duas ou mais pessoas estão engajadas em polos opostos de uma disputa, isso significa que há uma guerra entre os litigantes humanos que também envolve seus protetores espirituais, e nada se pode fazer senão tocar a luta adiante e vencer. Para um praticante desse tipo de relação com o sobrenatural, distinguir entre as questões do bem e do mal é irrelevante, é dúvida que não se aplica. Esse modo de pensar legitima a prática da magia em todas as suas formas (Pierucci, 2001).

A expansão da umbanda por todo o país, iniciada no começo do século XX, e a recente propagação do candomblé nas últimas décadas colocaram em contato muito estreito doutrinas e práticas dessas duas religiões. Tanto no Sudeste como no Nordeste e demais regiões, o candomblé de orixá, das mais diferentes nações, que anteriormente havia incorporado o culto das entidades indígenas do candomblé de caboclo, e em casos mais localizados o dos mestres do catimbó, acabou por aderir também aos rituais de exus e pombagiras conforme a prática umbandista. Desde alguns anos, as religiões afro-brasileiras conquistaram um espaço maior de liberdade de culto, num contexto em que se amplifica a diferenciação religiosa e se forma um mercado mágico-religioso plural, com aumento da tolerância religiosa e valorização das diferenças (Pierucci, 1999). A quimbanda foi deixando de ser escondida e secreta e seus salões se abriram para um público curioso e ávido por conhecer os favores mágicos de exus e pombagiras, que povoaram sem distinção tanto terreiros de umbanda como de candomblé. Hoje em dia, terreiro de candomblé sem os exus e pombagiras da umbanda, sobretudo os de origem mais recente, se contam nos dedos.

A iconografia brasileira dos exus não deixa dúvida sobre o que se pensa deles nos terreiros em que se professa a quimbanda. Na verdade, não é preciso ir a um templo em que se realiza o culto dos exus e pombagiras para ver suas estátuas de gesso em tamanho natural, monumentos figurativos de gosto duvidoso, figuras masculinas e femininas concebidas com as roupas, adereços e posturas que se imaginam próprias dos soberanos do inferno e dos humanos decaídos. Para apreciar a iconografia dos exus, basta andar pela rua e passar em frente a uma loja de artigos religiosos de umbanda e candomblé, que têm certa predileção em exibir essas estátuas à venda na entrada dos estabelecimentos, bem à vista. Há uma grande variedade dessas imagens, umas grandes, outras de tamanhos menores, um modelo para cada exu, um para cada pombagira, essas com frequência idealizadas com roupas sumárias senão escandalosas, lembrando mulheres de vida fácil no imaginário popular. Nos terreiros, elas se encontram no barracão ou mais preferencialmente nos quartos do culto reservado aos iniciados, os quartos de santo, ou, conforme a designação umbandista, na tronqueira, o quarto dos exus.

Nos candomblés, em que o uso de imagens figurativas é acessório e menos frequente, e onde as divindades são obrigatoriamente representadas por símbolos elementais consagrados nos assentamentos ou altares, como o seixo do rio ou do mar, a pedra de raio, o arco e flecha de ferro, o aro de chumbo, o pilão de prata etc., a representação sagrada de Exu, o orixá, é o tridente de ferro, que no antigo mundo grego era a ferramenta de Netuno e na cristandade é o símbolo do demônio. Essas ferramentas estão expostas com fartura nas lojas de umbanda e candomblé. Também as tronqueiras da umbanda são povoadas de assentamentos montados com os ferros que representam os exus, os garfos de exu, tendo as pombagiras ganhado também esse tipo de representação material, que, para distinguir-se daquelas das entidades masculinas, tem um formato arredondado, em arco, como os quadris femininos. O falo reaparece na iconografia afro-brasileira de Exu, mas como órgão genital ereto de estatuetas masculinas de ferro com chifres e rabo de diabo, que levam na mão o forcado de três dentes.

O convívio aberto dos devotos e clientes com as entidades de esquerda, que hoje se observa, e a ampla popularização de seu culto têm, contudo, apresentado um efeito banalizador e desmistificador no que diz respeito à sua suposta natureza de diabo. Exu e Pombagira, por causa da convivência estreita com os humanos propiciada pelo transe, passam assim a ser encarados mais como compadres, amigos e guias dispostos a ajudar quem os procura do que propriamente como demônios. Por outro lado, no processo de competição entre as religiões, no contexto de um mercado de bens mágicos cada vez mais agressivo e de ofertas cada vez mais diversificadas, muitos terreiros, para se distinguir de outros, fazem questão de enfatizar e dar relevo às supostas características diabólicas de suas entidades da esquerda. Em candomblés desse tipo, geralmente frequentados e às vezes dirigidos por pessoas que estão longe de se orientar por modelos de conduta mais aceitos socialmente, é possível contratar qualquer tipo de serviço mágico, qualquer que seja o objetivo em questão. E Exu, o diabo de corpo retorcido, postura animalesca e voz cavernosa, é a entidade mobilizada, juntamente com a espalhafatosa e desbriada companheira Pombagira, para os trabalhos mágicos nada recomendáveis que fazem o negócio rentável de um tipo de terreiro que eu não hesitaria em chamar de candomblé bandido.

Nesse tipo de paródia religiosa, que representa o degrau mais baixo da histórica decadência a que Exu foi empurrado pelo sincretismo, o culto aos orixás é pouco significativo, fazendo-se uma ou outra festa ao ano para os orixás apenas para legitimar as sessões dedicadas às imitações degradadas do orixá mensageiro. Ao lado dessas práticas também há candomblés e umbandas que "tocam" para exus e pombagiras que se dedicam, como os caboclos e pretos velhos, ao chamado "trabalho para o bem". Interessante que esses exus do bem são frequentemente considerados entidades batizadas, convertidas e cristianizadas, já muito distantes tanto da África como da quimbanda, com os atributos que lhes deram fama totalmente neutralizados. São exus redimidos, que já pagaram seus pecados, espíritos espalhafatosos e de má educação, mas de bom caráter. Já nem são exus, são "espíritos de luz", completamente vencidos pela influência kardecista, o outro modelo sincrético da umbanda, além do catolicismo.

7

O preceito segundo o qual Exu sempre recebe oferenda antes de as demais divindades serem propiciadas, e que nada mais representa que o pagamento adiantado por entregar as oferendas aos outros deuses, acabou sendo bastante desvirtuado. Passou-se a acreditar que as oferendas e homenagens preliminares a Exu devem ser feitas para que ele simplesmente não tumultue ou atrapalhe as cerimônias realizadas a seguir. Grande parte dos devotos dos orixás pensam e agem como se Exu devesse assim ser evitado e afastado, momentaneamente distraído com as homenagens, neutralizado como o diabo com que agora é confundido. Seu culto transformou-se, assim, num culto de evitação. Isso pode ser observado hoje em qualquer parte do Brasil, na maioria dos terreiros de candomblé e umbanda, e também na África e em Cuba. Faz-se a oferenda não para que Exu cumpra sua missão de levar aos orixás as oferendas e pedidos dos humanos e trazer de volta as respostas, mas simplesmente para que ele não impeça por meio de suas artimanhas, brincadeiras e ardis a realização de todo o culto. Exu é pago para não atrapalhar, transformou-se num empecilho, num estorvo, num embaraço. Como se não bastasse, é tido como aquele que se vende por um prato de farofa e um copo de aguardente. Roger Bastide escreveu:

> O pequeno número de filhos de Exu, a diferença dos termos empregados para as crises de possessão dos orixás e dos Exus [...], a vida de sofrimentos das pessoas que têm por destino carregar Exu na cabeça, tudo é sinal do caráter diabólico que se prende a essa divindade. Tal caráter também se manifesta na interpretação que se dá ao padê de Exu. Em nossa apresentação do candomblé, vimos que toda cerimônia, pública ou privada, profana ou religiosa, mortuária ou comemorativa dos aniversários dos diversos orixás, começa obrigatoriamente por uma homenagem a Exu. Esse gesto foi por nós explicado pelo papel de intermediário, de mensageiro, que essa divindade possui. Mas há tendência para explicar de outra maneira o padê, pela inveja ou pela maldade de Exu que perturbaria a festa se não fosse homenageado em primeiro lugar. (Bastide, 1978: 176-77)

A metamorfose de Exu em guia de quimbanda o aproximou bastante dos mortais, mas implicou a perda do status de divindade. Exu passou por um processo de humanização, que é o contrário do que usualmente acontece nas religiões de antepassados, em que os homens são divinizados depois da morte, tendo Exu seguido uma trajetória inversa àquela de orixás como Xangô, que um dia foi rei de carne e osso entre os humanos. A concepção de Exu como espírito desencarnado contribuiu para a banalização de sua figura de diabo. Para grande parte dos umbandistas e seguidores do candomblé que agregaram as práticas da quimbanda à celebração dos orixás, os exus estão de fato mais próximos dos homens que do diabo, mas mesmo assim seu campo de ação mágica ainda é recoberto de vergonha, medo e embaraço, pois ainda que não sejam o próprio diabo, as chamadas entidades da esquerda trabalham para a mesma malfazeja causa.

É evidente que em certos terreiros da religião dos orixás, sobretudo em uns poucos candomblés antigos mais próximos das raízes culturais africanas, cultiva-se uma imagem de Exu calcada em seu papel de orixá mensageiro dos deuses, cujas atribuições não são muito diferentes daquelas trazidas da África. Nesse meio restrito, sua figura continua sendo contraditória e problemática, mas é discreta sua ligação sincrética com o diabo católico. O mesmo não ocorre quando olhamos para a imagem de Exu cultivada por religiões oponentes, imagem que é largamente inspirada nos próprios cultos afro-brasileiros e que descrevem Exu como entidade essencialmente do mal. A imagem de Exu consolidada por essas religiões, especialmente as evangélicas, que usam fartamente o rádio e a televisão como meios de propaganda religiosa, extravasa para os mais diferentes campos religiosos e profanos da cultura brasileira e faz dele o diabo brasileiro por excelência.

Não podemos deixar de considerar que a recente expansão do candomblé por todo o país se fez a partir de uma base umbandista que se formou antes da transformação do candomblé em religião aberta a todos, sem fronteiras de raça, etnia ou origem cultural. A maior parte dos que aderiram ao candomblé nos últimos vinte ou trinta anos, naquelas regiões do país em que o candomblé só chegou recentemente, foi antes umbandista, e a adesão ao candomblé não tem significado para parcela significativa deles o compromisso de abandonar completamente concepções e entidades da umbanda. Ao contrário, há um repertório umbandista que cada vez mais é agregado ao candomblé, a ponto de se falar com frequência numa modalidade religiosa que seria mais facilmente identificada por um nome capaz de expressar tal hibridismo: umbandomblé.

Também o candomblé influencia terreiros de umbanda e os empréstimos rituais e doutrinários que, podemos observar, não são poucos. Assim, em muitos terreiros, Exu pode ter uma dupla natureza. Ele pode ser cultuado, no mesmo local de culto e pelas mesmas pessoas, como o mensageiro mais próximo do orixá africano e como o espírito desencarnado mais próximo dos humanos. E muitos fiéis, tanto da umbanda como do candomblé, se perguntam sobre a natureza de Exu: santo ou demônio? É certo que as transformações de Exu ainda não se completaram: para seus próprios seguidores, Exu é um enigma sempre mais intrincado. Como acreditam os fiéis, são muitos ainda os segredos guardados.

8

A imagem de Exu, o Diabo, é fartamente explorada pelas religiões que disputam seguidores com a umbanda e o candomblé no chamado mercado religioso, especialmente as igrejas neopentecostais. Como mostrou Ricardo Mariano, o neopentecostalismo caracteriza-se por "enxergar a presença e ação do diabo em todo lugar e em qualquer coisa e até invocar a manifestação de demônios nos cultos" (Mariano, 1999: 113), para humilhá-los e os exorcizar, demônios aos quais os evangélicos atribuem todos os males que afligem as pessoas e que identificam como sendo, especialmente, entidades da umbanda, deuses do candomblé e espíritos do kardecismo ocupando os exus e pombagiras um lugar de destaque no palco em que os pastores exorcistas fazem desfilar o diabo em suas múltiplas versões. Em ritos de exorcismo televisivos da Igreja Universal do Reino de Deus, que representa hoje o mais radical e agressivo oponente cristão das religiões afro-brasileiras, exus e pombagiras são mostrados no corpo possuído de novos conversos saídos da umbanda e do candomblé, com a exibição de posturas e gestos estereotipados aprendidos pelos ex-seguidores nos próprios terreiros afro-brasileiros. Todos os males, inclusive o desemprego, a miséria, a crise familiar, entre outras aflições que atingem o cotidiano das pessoas, sobretudo os pobres, são considerados pelos neopentecostais como tendo origem no diabo, identificado preferencialmente com as entidades afro-brasileiras, conforme também mostra Ronaldo Almeida. O desemprego, por exemplo, em vez de ser considerado como decorrente das injustiças sociais e problemas da estrutura da sociedade, como explicariam os católicos das comunidades eclesiais de base, é visto pela Igreja Universal como resultante da possessão de alguma entidade como Exu Tranca Rua ou Exu Sete Encruzilhadas (Almeida, 1996: 15). Nesse caso, o exorcismo deve expulsar o exu que provoca o desemprego.

Os evangélicos se valem ritualmente do transe de incorporação afro-brasileiro para trazer à cena as entidades que eles identificam como demoníacas e se propõem a expulsar em ritos que chamam de libertação. Mariza Soares identifica outro paralelo muito expressivo entre o rito umbandista do transe e o rito exorcista pentecostal. Diz ela:

A sexta-feira é conhecida na umbanda como o dia das giras de Exu, que se dão geralmente à noite. A meia-noite, hora grande, de sexta para sábado é o momento em que os exus se manifestam e trabalham. É justamente nesta mesma hora que nas igrejas [evangélicas] estão sendo realizadas as cerimônias onde esses exus são invocados para, em seguida, serem expulsos dos corpos das pessoas presentes. (Soares, 1990: 86-7)

Ao descrever um ritual exorcista presenciado em um templo da Igreja Universal no bairro de Santa Cecília, no centro de São Paulo, em que se expulsava uma entidade que foi incorporada através do transe e que se identificou como Exu Tranca Rua, Mariano registrou os versos do cântico então entoado freneticamente pelos fiéis: "Tranca Rua e Pombagira fizeram combinação/ combinaram acabar com a vida do cristão/ torce, retorce, você não pode, não/ eu tenho Jesus Cristo dentro do meu coração" (Mariano, 1999: 131). Eles acreditam que há um pacto firmado entre as entidades demoníacas para se apossar dos homens e os destruir pela doença, pelo infortúnio, pela morte. É o que representa Exu para os neopentecostais, mas essa imagem está longe de estar confinada às suas igrejas.

Entre os seguidores do catolicismo, a velha animosidade contra as religiões afro-brasileiras, que parecia arrefecida desde a década de 1960, quando a igreja católica deixou de lado a propaganda contra a umbanda, chamada de "baixo espiritismo", reavivou-se com a Renovação Carismática. Movimento conservador que divide com o pentecostalismo muitas características, inclusive a intransigência para com outras religiões, o catolicismo carismático voltou a bater na tecla de que as divindades e entidades afro-brasileiras não passam de manifestações do diabo, que se apresenta a todos, sem disfarce, nas figuras de exus e pombagiras (Prandi, 1997). Está de volta a velha perseguição católica aos cultos afro-brasileiros, agora sem contar com o braço armado do estado, cuja polícia, pelo menos até o início da década de 1940, prendia praticantes e fechava terreiros, mas podendo se valer de meios de propaganda igualmente eficazes. Exu, o Diabo, mobiliza e legitima, aos olhos cristãos, o ódio religioso contra a umbanda e o candomblé, corporificado em verdadeira guerra religiosa de evangélicos contra afro-brasileiros.

Essa é a concepção mais difundida que se tem de Exu na sociedade brasileira, é o que se vê na televisão e o que se dissemina pela mídia. Na ideia mais corrente que se tem de Exu, ele está sempre associado com a magia negra, com a produção do mal e até mesmo com a morte, ideia que certos feiticeiros que se apresentam como sacerdotes afro-brasileiros fazem questão de propagar. É amplo o espectro da contrapropaganda que vitima o orixá mensageiro, contra o qual parece confluírem as mais diferentes dimensões do preconceito que envolve em nosso país os negros e a herança africana. De fato, em vários episódios de magia negra ocorridos recentemente no Brasil, com o assassinato de crianças e adultos, Exu e Pombagira têm sido apontados pela mídia como motivadores e promotores do ato criminoso. Num desses casos, ocorrido na década de 1980, no Rio de Janeiro, um comerciante foi morto a mando da mulher por causa de sua suposta impotência sexual. Depois do fracasso de vários procedimentos mágicos supostamente recomendados por Pombagira, ela mesma teria sugerido o uso de arma de fogo para que a mulher se livrasse do incapaz e incômodo marido. Os implicados acabaram condenados e a própria Pombagira, em transe, acabou comparecendo à presença do juiz (Maggie, 1992). E lá estavam todos os ingredientes que têm, por mais de dois séculos, alimentado a concepção demoníaca que se forjou de Exu entre nós: sexo, magia negra, atentado à vida, crime.

Essa imagem nefasta dos exus e pombagiras, que se difundiu

por todo o Brasil, ajustou-se igualmente ao candomblé e à umbanda, vistos por muitos como seitas do mal, antros do vício, da malandragem e da magia negra.

9

No interior do segmento afro-brasileiro, podemos contudo observar nos dias de hoje um movimento que encaminha Exu numa espécie de retorno aos papéis e status africanos tradicionais. Em terreiros de candomblé que defendem ou reintroduzem, tanto quanto possível, concepções, mitologia e rituais buscados na tradição africana, especialmente naqueles terreiros que têm lutado por abandonar o sincretismo católico, Exu é enfaticamente tratado como um orixá igual aos demais, buscando-se apagar as conotações de diabo, escravizado e inimigo que lhe têm sido comumente atribuídas.

No candomblé, cada membro do culto deve ser iniciado para um orixá específico, que é aquele considerado o seu antepassado mítico, sua origem de natureza divina. Os que eram identificados pelo jogo oracular dos búzios como filhos de Exu estavam sujeitos a ser reconhecidos como filhos do diabo e, por isso, acabavam sendo iniciados para outro orixá, especialmente para Ogum Xoroquê, uma qualidade de Ogum com profundas ligações com o mensageiro. Até há pouco tempo, eram raros e notórios os filhos de Exu iniciados para Exu.

Nas décadas de 1930 e 1940, pelo menos, a identificação de Exu com o diabo não era nada sutil, e ser filho de Exu era realmente um grande problema, que devia ser ritualmente contornado nos atos de iniciação. Em seu pioneiro livro, *Candomblés da Bahia*, escreveu Edison Carneiro (1954: 77):

Não se diz que a pessoa é filha de Exu, mas que tem um *carrego* de Exu, uma obrigação para com ele, por toda a vida. Esse carrego se entrega a Ogunjá, um Ogum que mora com Oxóssi e Exu, e se alimenta de comida crua, para que *não tome conta da pessoa*. Se, apesar disto, se manifestar, Exu pode dançar no candomblé, mas não em meio aos demais orixás. Isso aconteceu certa vez no candomblé do Tumba Junçara (Ciríaco), no Beiru: a filha dançava rojando-se no chão, com os cabelos despenteados e os vestidos sujos. A manifestação tem, parece, caráter de provação.

Uma década depois, retomando os escritos de Carneiro e com base em novas investigações de campo, Bastide trata com interesse da questão dos filhos de Exu e das dificuldades por que passam em face da ideia de que ser filho de Exu era ser filho do diabo:

> Exu não se encarna nunca, embora por vezes tenha filhos; conhecemos pelo menos uma filha de Exu e citaram-nos nomes de outros; mas a possessão de Exu diferencia-se da dos outros orixás pelo seu frenesi, seu caráter patológico, anormal, sua violência destruidora — se quisermos uma comparação, é um pouco a diferença que fazem os católicos entre o êxtase divino e a possessão demoníaca. Se Exu ataca um membro do candomblé, é preciso, pois, despachá-lo também, afugentá-lo imediatamente. Mas, com exceção desses casos aberrantes que, afirmamos outra vez, são extremamente raros, a função dessa parte do ritual que descrevemos tem realmente por objetivo a possessão dos homens pelos seus deuses. (Bastide, 1978: 25)

Conheci apenas um caso controvertido, o de uma filha de Exu; era, porém, a filha que se sentia descontente com seu "santo", e pretendia ser filha de Ogum; o babalorixá que a tinha feito não cessava, ao contrário, de afirmar que S... era mesmo filha de Exu. Em todo caso, logo da primeira vez, não se pode nunca ter certeza de que o babalaô não se enganou. Trata-se de erro muito grave, pois o verdadeiro orixá, a que pertence o cavalo, não deixaria efetivamente de manifestar seu descontentamento, vendo os sacrifícios, os alimentos irem para outro que não a ele; para vingar-se, lançaria doenças, azares, contra o cavalo em questão: justamente porque S... se sentia doente é que acreditava que tinha sido "malfeito". (ibidem: 37)

Nos dias de hoje, isso tudo vem mudando à medida que avança o movimento de dessincretização, e já há filhos de Exu orgulhosos de sua origem. Em muitos terreiros de candomblé, concepções e práticas católicas que foram incorporadas à religião dos orixás em solo brasileiro vão sendo questionadas e deixadas de lado. Quando isso ocorre, Exu vai perdendo, dentro do mundo afro-brasileiro, a condição de diabo que a visão maniqueísta do catolicismo a respeito do bem e do mal a ele impingiu, uma vez que foi exatamente a cristianização dos orixás que transformou Oxalá em Jesus Cristo, Iemanjá em Nossa Senhora, outros orixás em santos católicos, e Exu no diabo. Nesse processo de dessincretização, que é um dos aspectos do processo de africanização por que passa certo segmento do candomblé, Exu tem alguma chance de voltar a ser simplesmente o orixá mensageiro que detém o poder da transformação e do movimento, que vive na estrada, frequenta as encruzilhadas e guarda a porta das casas, orixá controvertido e não domesticável, porém nem santo nem demônio.

4. Um panteão em mudança

1

O candomblé, como as demais religiões, está sempre em movimento, em mudança. Quando se compara a religião dos orixás que hoje se professa nos terreiros brasileiros com aquela que ainda hoje resiste em solo africano, muitas são as diferenças, como são igualmente diversas as práticas e concepções religiosas encontradas aqui e em Cuba, e mesmo entre diferentes denominações brasileiras, cubanas e de outros países americanos. Muita mudança teve que acontecer no processo de instalação na América das antigas religiões dos escravizados. Com as mudanças sociais ocorridas nesses países ao longo de quase dois séculos, novas transformações foram se impondo, porque a religião muda para fazer frente às novas necessidades sociais e aos novos constrangimentos culturais. Religião que não muda morre. Mesmo na África antiga a religião dos orixás sofreu transformações que estão diretamente relacionadas com a construção do panteão que mais tarde o Brasil e outros países da América herdaram do continente negro.

Na aurora de sua civilização, o povo africano mais tarde conhecido pelo nome de iorubá, chamado de nagô no Brasil e lucumi em Cuba, acreditava que forças sobrenaturais impessoais, espíritos ou entidades estavam presentes ou corporificados em objetos e forças da natureza. Tementes dos perigos da natureza que punham em risco constante a vida humana, perigos que eles não podiam controlar, esses antigos africanos ofereciam sacrifícios para aplacar a fúria dessas forças, doando a própria comida como tributo que selava um pacto de submissão e proteção e que sedimentava as relações de lealdade e filiação entre os homens e os espíritos da natureza.

Muitos desses espíritos da natureza passaram a ser cultuados como divindades, mais tarde designadas orixás, detentoras do poder de governar aspectos do mundo natural, como o trovão, o raio e a fertilidade da terra, enquanto outros foram cultuados como guardiões de montanhas, cursos d'água, árvores e florestas. Cada rio, assim, tinha seu espírito próprio, com o qual se confundia, construindo-se em suas margens os locais de adoração, nada mais que o sítio onde eram deixadas as oferendas. Um rio pode correr calmamente pelas planícies ou precipitar-se em quedas e corredeiras, oferecer calma travessia a vau, mas também mostrar-se pleno de traiçoeiras armadilhas, ser uma benfazeja fonte de alimentação piscosa, mas igualmente afogar em suas águas os que nelas se banham. Esses atributos do rio, que o tornam ao mesmo tempo provedor e destruidor, passaram a ser também os de sua divindade guardiã. Da mesma forma que um rio é diferente do outro, seu espírito, sua alma, também tem características específicas. Muitos dos espíritos dos rios são homenageados até hoje, tanto na África, em território iorubá, como nas Américas, para onde o culto foi trazido pelos negros durante a escravidão e num curto período após a Abolição, embora tenham, com o passar do tempo, se tornado independentes de sua base original na natureza. Foram perdendo a característica animista e assumindo aspectos de pessoas divinas, cada orixá com uma mitologia. Como Iemanjá, divindade do rio Ogum (que não deve ser confundido com o orixá Ogum), Oiá ou Iansã, deusa do rio Níger, assim como Oxum, Obá, Euá, Logum Edé, Erinlé e Otim, cujos rios conservam ainda hoje o mesmo nome de suas divindades. No Brasil, assim como em Cuba, Iemanjá ganhou o patronato do mar, que na África pertencia a Olocum, enquanto os demais orixás de rio deixaram de estar referidos a seus cursos d'água originais, ganhando novos domínios, cabendo a Oxum o governo dos rios em geral e de todas as águas doces. A referência animista foi ficando para trás.

A economia desses povos desenvolveu-se com base na agricultura, caça, pesca e artesanato, com intensa e importante atividade comercial concentrada nos mercados das cidades, para onde acorria a produção das diferentes aldeias e cidades. Podemos ver nessa sociedade em formação um deslocamento dos orixás: do plano dos fenômenos da natureza para o plano da divisão social do trabalho, assumindo os orixás a característica de guardiões de atividades essenciais para a vida em sociedade. O culto às divindades continuou sendo local, podendo a mesma atividade, em diferentes cidades, ser guardada por deuses locais distintos. Só muito mais tarde alguns orixás foram elevados à categoria de orixás nacionais. Assim, na agricultura encontramos o culto a Ogum e a Orixá Ocô, enquanto as atividades de caça estavam guardadas por Oxóssi, Logum Edé, Erinlé, e muitos outros orixás caçadores conhecidos genericamente pelo nome de Odé, palavra que em iorubá significa caçador. No Brasil, onde a geografia africana deixou de ter sentido, alguns orixás de rio, como Logum e Erinlé, ficaram restritos à caça, embora se faça referência também a seus atributos de pescadores, especialmente no caso de Logum Edé.

Em se tratando de Ogum, há uma relação direta entre a agricultura e o artesanato do ferro, que permitiu a produção das ferramentas agrícolas, o mesmo ferro com que se fazem as armas de guerra, faca, facão, espada, e que transformou Ogum no deus da metalurgia e da guerra, numa emblemática expansão de um culto que teve seu início em referência ao plano da natureza (o ferro) para depois se fixar no domínio das atividades humanas (agricultura, metalurgia, guerra). A importância do minério extraído da natureza define-se por sua aplicação na cultura e leva à constituição de um culto que ao mesmo tempo deseja propiciar as forças sobrenaturais para garantir o acesso ao minério e o sucesso nas atividades que usam artefatos com ele produzidos. Quanto mais o trabalho se especializava, mais o orixá se libertava do mundo natural e mais próximo se situava do mundo do trabalho, isto é, do mundo da cultura, das atividades sociais, do mundo do homem, enfim.

A antiga religião de caráter animista, ou seja, de crença de que cada objeto do mundo em que vivemos é dotado de um espírito, em algum momento primordial fundiu-se com o culto dos antepassados. Podemos definir o culto dos antepassados como o conjunto de crenças, mitos e ritos que regulam os vínculos de uma comunidade com um número grande de mortos que viveram nessa comunidade, e que estão ligados a ela por parentesco, segundo linhagens familiares. Acredita-se que os mortos têm o poder de interferir na vida humana, devendo então ser propiciados, aplacados por meio das práticas sacrificiais para o bem-estar da comunidade. Através do sacrifício, o antepassado participa da vida dos viventes, compartilhando com eles o fruto do sucesso das colheitas, das caçadas, da guerra e assim por diante. Embora todo morto mereça respeito e sacrifício, são os mortos ilustres os que se colocam no centro do culto: os fundadores das antigas linhagens familiares, os heróis conquistadores, fundadores de cidades, o que inclui os falecidos pertencentes à família real, especialmente o rei. Alguns antepassados, sobretudo os de famílias e cidades que lograram expandir seu poder e domínio além de seus muros, acabaram sendo evemerizados, isto é, deificados, ocupando no universo religioso o mesmo status de um orixá da natureza, muitas vezes confundindo-se com eles. Assim, Xangô é ao mesmo tempo o orixá do trovão, que rege as intempéries, e o antepassado mítico evemerizado que um dia teria sido o quarto rei da cidade de Oió. A mitologia trata de juntar as duas coisas, contando que o rei dominou o trovão. Como rei, é o regulador das atividades ligadas ao governo do mundo profano, do qual é o magistrado supremo, assumindo assim o patronato da justiça. Muitos reis, míticos ou não, foram alçados à dignidade de orixá. Por outro lado, muitos orixás que já mereciam culto ganharam também a conotação de antepassado, especialmente como reis. Como ocorreu com Ogum, lembrado como rei de Irê, e Oxaguiã, rei de Ejibô, entre outros. Ainda hoje, no Brasil, essas cidades são lembradas nas cantigas de candomblé que falam de Ogun Onirê, o rei de Irê, e Oxaguiã Elejibô, o rei de Ejibô.

Confrarias de sacerdotes especializados também se organizaram em função de divindades relacionadas a atividades mágico-religiosas específicas, como os adivinhadores ou babalaôs, reunidos no culto de Orunmilá ou Ifá, o deus do oráculo, e os curadores herboristas, ou *olossains*, dedicados a Ossaim, o orixá que detém o poder curativo das plantas. Tanto Orunmilá como Ossaim tiveram culto nacional em território iorubá, uma vez que seus sacerdotes ofereciam seus serviços a todos os que deles precisassem, não estando suas atividades circunscritas aos cultos familiares ou de cidades. Exu, orixá do mercado e da comunicação entre os deuses e entre eles e os humanos, também ganhou culto sem fronteiras familiares ou citadinas.

Com a expansão política de algumas cidades e a incorporação de outros territórios, deuses locais passaram a ter um culto mais generalizado, o que transformou Xangô num deus cultuado em todo o território controlado por Oió, que teve o maior dos impérios iorubás. Iemanjá, originalmente uma divindade egbá de rio, cultuada em território de Abeocutá, transformou-se em objeto do culto às ancestrais femininas, as temidas Iá Mi Oxorongá, sendo homenageada no início dos festejos dedicados às grandes mães ancestrais no festival Gueledé, cuja celebração envolve várias cidades. Transformou-se numa divindade de todos os iorubás. Iemanjá foi inicialmente o espírito de um pequeno afluente do rio Ogum, ganhou depois o patronato desse grande rio, foi cultuada na foz e chegou ao mar. Atravessou o oceano e aportou na América, onde é reverenciada como orixá do mar, da água salgada. Protetora dos pescadores, é a grande mãe africana do Brasil e a responsável pelo equilíbrio emocional dos seres humanos (Vallado, 2002: 25). Mudou muito no percurso, ganhou poder.

Através da instituição do culto aos antepassados, os antigos iorubás estabeleceram as bases míticas de sua própria origem como povo, deificando seus mais antigos heróis, fundadores de cidades e impérios, aos quais se atribuiu a criação não somente do povo iorubá como de toda a humanidade. Dá-se, assim, a gênese do orixá Odudua, rei e guerreiro, considerado o criador da Terra, e de Obatalá, também chamado Orixanlá e Oxalá, o criador da humanidade, além de muitos outros deuses que com eles fazem parte do panteão da Criação, como Ajalá e Oxaguiã.

O contato entre os povos africanos, tanto em razão de intercâmbio comercial como por causa de guerras e domínio de uns sobre outros, propiciou a incorporação pelos iorubás de divindades de povos vizinhos, como os voduns dos povos fons, chamados jejes no Brasil, entre os quais se destacam Nanã, antiga divindade da terra, e Oxumarê, divindade do arco-íris. O deus da peste, que recebe os nomes de Omulu, Olu Odo, Obaluaê, Ainon, Sapatá e Xamponã ou Xapanã, resultou da fusão da devoção a inúmeros deuses cultuados em territórios iorubá, fon e nupe. As transformações sofridas pelo deus da varíola, descritas por Claude Lépine (1998, 2000), até sua incorporação ao panteão contemporâneo dos orixás, mostram a importância das migrações e das guerras de dominação na vida desses povos africanos e seu papel na constituição de cultos e conformação de divindades.

Quanto mais os orixás se afastavam da natureza, mais ganhavam forma antropomórfica. Os mitos falam de deuses que pensam e agem como os humanos, com os quais partilham sentimentos, propósitos, comportamentos e emoções. Seus patronatos especializaram-se em aspectos da cultura e da vida em sociedade que melhor atendem às necessidades individuais dos devotos, embora possam manter referências ao original mundo natural.

2

Com a vinda para as Américas, ao processo de antropomorfização e mudança ou diversificação do patronato adicionou-se a unificação do panteão, passando orixás de diferentes localidades a ser venerados juntos nos mesmos locais de culto, no caso do Brasil, os terreiros de candomblé, ocorrendo maior especialização na divisão do trabalho dos deuses guardiões. Assim, Iemanjá, agora rainha do mar, é a protetora da maternidade e do equilíbrio mental; Oxum ganha as águas doces e a prerrogativa de governar a fertilidade humana e o amor; Ogum governa o ferro e a guerra, mas também é aquele que abre todos os caminhos e propicia o acesso às oportunidades sociais; Xangô, orixá do trovão, é o dono da justiça, regulando tudo o que se relaciona a empregos e contratos, burocracia e administração. E assim por diante.

Como a religião dos orixás foi refeita no Brasil por africanos ou descendentes que, no século XIX, viviam nas grandes cidades costeiras, ocupando-se em atividades urbanas, fossem eles escravizados ou livres, a preocupação com atividades agrícolas era muito secundária, de sorte que os orixás do campo foram esquecidos ou tiveram seus governos reorganizados. O culto a Orixá Ocô se perdeu e hoje raramente alguém se lembra de Ogum como orixá do campo. Também os orixás da caça perderam com a nova sociedade. Oxóssi ganhou a responsabilidade de zelar pela fartura de alimentos, mas não há mais caçadores para cultuá-lo e muitos Odés foram reagrupados no culto de Oxóssi, como ocorreu com Erinlé e Otim. O grande papel de Oxóssi no Brasil, na verdade, decorre de sua condição de patrono da nação queto, instituída com a fundação dos candomblés baianos Casa Branca do Engenho Velho, Gantois e Axé Opô Afonjá, e que é uma referência à cidade africana de Queto, hoje situada no Benin, da qual Oxóssi era o orixá da casa real e onde atualmente está praticamente esquecido. Mudanças recentes nas condições de vida, inclusive em termos de saúde pública, fizeram de Omulu o médico dos pobres brasileiros, mas hoje ele está longe de ser cultuado por causa da varíola, seu domínio original, praticamente eliminada em nossa sociedade.

No Brasil, com a concentração do culto de todos os orixás num mesmo terreiro, sob a autoridade suprema do pai ou mãe de santo, antigas confrarias africanas especializadas desapareceram, uma vez que o pai de santo passou a controlar toda e qualquer atividade religiosa desenvolvida nos limites de sua comunidade de culto. Os orixás dessas confrarias foram esquecidos ou se transformaram.

Com a extinção dos babalaôs, os sacerdotes do oráculo, o culto a Orunmilá praticamente desapareceu, subsistindo marginalmente em alguns poucos terreiros pernambucanos, tendo sido recentemente reintroduzido em terreiros africanizados em busca de segredos guardados. O oráculo, agora prerrogativa do chefe de cada terreiro na forma de jogo de búzios, passou a ser guardado por Exu e Oxum, que na África já eram estreitamente ligados às atividades da adivinhação.

Também não se manteve nos moldes africanos a confraria dos curadores herboristas, os *olossains*, que ficaram restritos às atribuições de colher folhas e cantar para sua sacralização, tendo perdido para o pai de santo as prerrogativas do curador. Em decorrência, o culto de Ossaim ganhou novas feições e ficou mais assemelhado ao culto dos outros orixás celebrados nos terreiros, podendo inclusive manifestar-se em transe como os demais, o que não acontecia na África. Espíritos das velhas árvores foram antropomorfizados e iroco, que na África é simplesmente o nome de uma grande árvore, aqui se transformou no orixá Iroco, que recebe oferendas na gameleira-branca e manifesta-se em transe, ganhando, cada vez mais, independência em relação à árvore, situando-se, por conseguinte, mais longe da natureza.

O desenvolvimento científico e tecnológico promoveu a expansão do controle da natureza pelo homem, controle que vai desde a previsão das intempéries e catástrofes naturais até a obtenção da fecundação in vitro, passando pela cura da maioria das moléstias. Garantiu a redução das taxas de mortalidade infantil, afastou endemias e epidemias, e aumentou a esperança de vida. Tudo isso foi desviando cada vez mais o olhar do homem religioso para longe da natureza, com a qual hoje se preocupa muito menos. O mundo natural representa nos dias de hoje menos riscos, menos perigo. Por exemplo, o para-raios roubou grande parte do poder protetor de Iansã, reorientando-se seu patronato em direção à sexualidade.

Diferentes povos tiveram diferentes preocupações com a natureza. Os iorubás, como povo da floresta, pouco se interessaram pelos astros, que ocuparam posição importante nos sistemas religiosos de povos que viviam em lugares abertos e altos. Para os iorubás, as florestas e os rios eram mais importantes que a Lua ou as estrelas. Sua semana de quatro dias não tem relação com as fases da Lua, que em muitos povos originou a semana de sete dias. Habitando o interior, longe do mar, faltou-lhes certamente a observação da maré associada às fases da Lua para estabelecer um calendário lunar. Emblematicamente, o *Orum*, a morada dos orixás e dos espíritos, não fica no firmamento, mas sob a superfície da terra.

As referências à natureza foram, contudo, simbolicamente mantidas nos altares sacrificiais, os assentamentos dos orixás, e em muitos outros elementos rituais e míticos. Desse modo, como ocorre na África, seixos provenientes de algum curso d'água não podem faltar no assentamento dos orixás de rio. Pedaços de supostos meteoritos, as pedras de raio do assento de Xangô, lembram a identificação deste orixá com o raio e o trovão. Objetos de ferro são usados para o assentamento de Ogum. E assim por diante. O candomblé também conserva a ideia de que as plantas são fonte de axé, a força vital sem a qual não existe vida ou movimento e sem a qual o culto não pode ser realizado. A máxima iorubá "kosi ewê kosi orixá", que pode ser traduzida por "não se pode cultuar orixás sem usar as folhas", define bem o papel das plantas nos ritos. As plantas, trituradas em água, são usadas para lavar e sacralizar os objetos rituais, para purificar a cabeça e o corpo dos sacerdotes nas etapas iniciáticas, para curar as doenças e afastar males de todas as origens. No entanto, a folha ritual não é simplesmente a que está na natureza, mas aquela que sofre o poder transformador operado pela intervenção de Ossaim, cujas rezas e encantamentos proferidos pelo devoto propiciam a liberação do axé nelas contido (Verger, 1995).

Até algumas poucas décadas atrás, o mato ainda fazia parte do cenário do terreiro de candomblé e as folhas estavam todas disponíveis para colheita e sacralização. Com a urbanização, o mato rareou nas cidades e os devotos foram obrigados a manter pequenos jardins e hortas para o cultivo das ervas sagradas ou então a se deslocar para sítios afastados, onde as plantas podem crescer livremente. Com o passar do tempo, novas especializações foram surgindo no âmbito da religião, e hoje as plantas rituais podem ser adquiridas em feiras comuns de abastecimento e nos estabelecimentos que comercializam material de culto. Exemplo maior: no Mercadão de Madureira, no subúrbio do Rio de Janeiro, pródigo na oferta de objetos rituais, vestimentas e ingredientes para o culto dos orixás, mais de vinte estabelecimentos vendem, exclusivamente, toda e qualquer folha necessária aos ritos de Ossaim. Bem longe da natureza.

Embora a concepção de orixá esteja hoje bem distante da natureza, muitas celebrações se fazem em locais que lembram as antigas ligações, como as festas de Iemanjá junto ao mar, como os despachos feitos na água corrente, na lagoa, no mato, na pedreira, na estrada etc., de acordo com o orixá a que se destinam. Com a recente preocupação com o meio ambiente, o candomblé tem sido muito lembrado como religião da natureza, apontando-se muitos terreiros como modelares na preservação ambiental. Alguns líderes, de fato, têm procurado se engajar em movimentos preservacionistas, alertando os seguidores dos orixás da necessidade de defender da poluição ambiental os locais usados pela religião, como cachoeiras e fontes, lagos e bosques. Alguns também defendem a necessidade de o próprio candomblé deixar de usar material não biodegradável nas oferendas feitas fora do terreiro e nos despachos.

3

Nesse clima de "retorno ao mundo natural", de preocupação com a ecologia, um orixá quase inteiramente esquecido no Brasil vem sendo recuperado aos poucos. Trata-se de Onilé, a Dona da Terra, o orixá que representa nosso planeta como um todo, o mundo em que vivemos. O mito de Onilé pode ser encontrado em vários poemas do oráculo de Ifá, estando vivo ainda hoje, no Brasil, na memória de seguidores do candomblé iniciados há muitas décadas. Assim a mitologia dos orixás nos conta como Onilé ganhou o governo do planeta Terra:

> Onilé era a filha mais recatada e discreta de Olodumare.
> Vivia trancada em casa do pai e quase ninguém a via.
> Quase nem se sabia de sua existência.
> Quando os orixás seus irmãos se reuniam no palácio do grande pai
> para as grandes audiências
> em que Olodumare comunicava suas decisões,
> Onilé fazia um buraco no chão e se escondia,
> pois sabia que as reuniões sempre terminavam em festa,
> com muita música e dança ao ritmo dos atabaques.
> Onilé não se sentia bem no meio dos outros.
>
> Um dia o grande deus mandou os seus arautos avisarem:
> haveria uma grande reunião no palácio
> e os orixás deviam comparecer ricamente vestidos,
> pois ele iria distribuir entre os filhos as riquezas do mundo
> e depois haveria muita comida, música e dança.

Por todos os lugares os mensageiros gritaram essa ordem
e todos se prepararam com esmero para o grande acontecimento.

Quando chegou por fim o grande dia,
cada orixá dirigiu-se ao palácio na maior ostentação,
cada um mais belamente vestido que o outro,
pois esse era o desejo de Olodumare.
Iemanjá chegou vestida com a espuma do mar,
os braços ornados de pulseiras de algas marinhas,
a cabeça cingida por um diadema de corais e pérolas,
o pescoço emoldurado por uma cascata de madrepérola.
Oxóssi escolheu uma túnica de ramos macios,
enfeitada de peles e plumas dos mais exóticos animais.
Ossaim vestiu-se com um manto de folhas perfumadas.
Ogum preferiu uma couraça de aço brilhante,
enfeitada com tenras folhas de palmeira.
Oxum escolheu cobrir-se de ouro,
trazendo nos cabelos as águas verdes dos rios.
As roupas de Oxumarê mostravam todas as cores,
trazendo nas mãos os pingos frescos da chuva.
Iansã escolheu para vestir-se um sibilante vento
e adornou os cabelos com raios que colheu da tempestade.
Xangô não fez por menos e cobriu-se com o trovão.
Oxalá trazia o corpo envolto em fibras alvíssimas de algodão
e a testa ostentando uma nobre pena vermelha de papagaio.
E assim por diante.
Não houve quem não usasse toda a criatividade
para apresentar-se ao grande pai com a roupa mais bonita.
Nunca se vira antes tanta ostentação, tanta beleza, tanto luxo.
Cada orixá que chegava ao palácio de Olodumare
provocava um clamor de admiração,
que se ouvia por todas as terras existentes.

Os orixás encantaram o mundo com suas vestes.
Menos Onilé.
Onilé não se preocupou em vestir-se bem.
Onilé não se interessou por nada.
Onilé não se mostrou para ninguém.
Onilé recolheu-se a uma funda cova que cavou no chão.

Quando todos os orixás haviam chegado,
Olodumare mandou que fossem acomodados confortavelmente,
sentados em esteiras dispostas ao redor do trono.
Ele disse então à assembleia que todos eram bem-vindos.
Que todos os filhos haviam cumprido seu desejo
e que estavam tão bonitos que ele não saberia
escolher entre eles qual seria o mais vistoso e belo.
Tinha todas as riquezas do mundo para dar a eles,
mas nem sabia como começar a distribuição.

Olorum refletiu por um bom tempo e disse
que seus próprios filhos tinham feito suas escolhas.
Ao escolherem o que achavam o melhor da natureza,
para com aquela riqueza se apresentar perante o pai,
eles mesmos já tinham feito a divisão do mundo.
Então Iemanjá ficava com o mar,
Oxum com o ouro e os rios.
A Oxóssi deu as matas e todos os seus bichos,
reservando as folhas para Ossaim.
Deu a Iansã o raio e a Xangô o trovão.
Fez Oxalá dono de tudo que é branco e puro,
de tudo que é o princípio, deu-lhe a criação.
Destinou a Oxumarê o arco-íris e a chuva.
A Ogum deu o ferro e tudo o que se faz com ele,
inclusive a guerra.

E assim por diante.
Confirmou Exu no cargo de mensageiro dos deuses,
pois nenhum outro era capaz de se movimentar como ele.
Mas como Exu se cobrira todo com búzios para a reunião,
e como búzio era dinheiro, Olodumare também dava a ele
o patronato dos mercados e o governo das trocas.

Olodumare deu assim a cada orixá um pedaço do mundo,
uma parte da natureza, um governo particular.
Dividiu de acordo com o gosto de cada um.
E disse que a partir de então cada um seria o dono
e governador daquela parte da natureza.
Assim, sempre que um humano tivesse alguma necessidade
relacionada com uma daquelas partes da natureza,
deveria pagar uma prenda ao orixá que a possuísse.
Pagaria em oferendas de comida, bebida ou outra coisa
que fosse da predileção do orixá.
Os orixás, que tudo tinham ouvido em silêncio,
começaram a comemorar, cantando e dançando de júbilo.
Era grande o alarido na corte, a festa começava.
Mas Olorum-Olodumare levantou-se e pediu silêncio,
pois a divisão do mundo ainda não estava concluída.
Disse que faltava ainda a mais importante das atribuições.
Que era preciso dar a um dos filhos o governo da Terra,
o mundo no qual os humanos viviam
e onde produziam as comidas, bebidas e tudo o mais
que deveriam ofertar aos orixás.
Disse que dava a Terra a quem se vestia da própria Terra.
Quem seria?, perguntavam-se todos.
"Onilé", respondeu Olodumare.
"Onilé?", todos se espantaram.

Como, se ela nem sequer viera à grande reunião?
Nenhum dos presentes a vira até então.
Nenhum sequer notara sua ausência.
"Pois Onilé está entre nós", disse Olodumare,
e mandou que todos olhassem no fundo da cova,
onde se abrigava, vestida de terra, a discreta e recatada filha.
Ali estava Onilé, em sua roupa de terra.
Onilé, a que também foi chamada Ilê, o país, o planeta.
Olodumare disse que cada um que habitava a Terra
pagasse tributo a Onilé,
pois ela era a mãe de todos, o abrigo, a casa.
A humanidade não sobreviveria sem Onilé.
Afinal, onde ficava cada uma das riquezas
que Olodumare partilhara com filhos orixás?
"Tudo está na Terra", disse Olodumare.
"O mar e os rios, o ferro e o ouro,
os animais e as plantas, tudo", continuou.
"Até mesmo o ar e o vento, a chuva e o arco-íris,
tudo existe porque a Terra existe,
assim como as coisas criadas para controlar os homens
e os outros seres vivos que habitam o planeta,
como a vida, a saúde, a doença e mesmo a morte."
Pois então, que cada um pagasse tributo a Onilé,
foi a sentença final de Olodumare.

Onilé, orixá da Terra, receberia mais presentes que os outros.
Deveria ter oferendas dos vivos e dos mortos,
pois na Terra também repousam os corpos dos que já não vivem.
Onilé, também chamada Aiê, a Terra
deveria ser propiciada sempre,
para que o mundo dos humanos nunca fosse destruído.
Todos os presentes aplaudiram as palavras de Olodumare.

Todos os orixás aclamaram Onilé.
Todos os humanos propiciaram a mãe Terra.
E então Olodumare retirou-se do mundo para sempre
e deixou o governo de tudo por conta de seus filhos orixás.

(Prandi, 2001 a: 410-15)

Cultuada discretamente em terreiros antigos da Bahia e em candomblés africanizados, a Mãe Terra desperta curiosidade e interesse entre os seguidores dos orixás, sobretudo entre aqueles que compõem os seguimentos mais intelectualizados da religião. Onilé é assentada num montículo de terra vermelha e acredita--se que guarda o planeta e tudo que há sobre ele, protegendo o mundo em que vivemos e possibilitando a própria vida. Na África também é chamada Aiê e Ilé, recebendo em sacrifício galinhas, caracóis e tartarugas (Abimbola, 1977: 111). Onilé, isto é, a Terra, tem muitos inimigos que a exploram e podem destruí-la. Para muitos seguidores da religião dos orixás, interessados em recuperar a relação orixá-natureza, o culto de Onilé representaria, assim, a preocupação com a preservação da própria humanidade e de tudo que há em seu mundo. Nesse movimento, Oxóssi também passa a ser relacionado ao meio ambiente e à preservação das florestas e da fauna selvagem, proclamado como orixá da ecologia.

4

O panteão do candomblé está hoje bastante unificado no Brasil todo. Os orixás principais são Exu, Ogum, Oxóssi, Logum Edé, Ossaim, Omulu ou Obaluaê, Oxumarê, Euá, Nanã, Xangô, Obá, Iansã ou Oiá, Oxum, Iemanjá, Oxaguiã e Oxalá, sendo que em muitos terreiros Oxaguiã é cultuado como um Oxalá jovem, e Oxalufã como o Oxalá velho, também chamado Obatalá ou Orixanlá. Odudua também é comumente conhecido como um Oxalá, mas seu culto como orixá independente parece estar ganhando novos adeptos. A esses orixás juntam-se os Ibeji, os gêmeos muito festejados por sua relação com as crianças; o orixá da gameleira, Iroco; e, mais raramente, Orunmilá ou Ifá. Otim aparece tanto como orixá independente, sobretudo no batuque do Rio Grande do Sul, onde é feminino, quanto como qualidade de Oxóssi. Do grupo dos orixás caçadores, os Odés, também faz parte Erinlé, que é tomado, igualmente, ora como orixá independente, ora como qualidade de Oxóssi. De outros antigos orixás africanos são conhecidos mitos e cantigas, mas sua presença é rara nas celebrações, como acontece com Orixá Ocô.

Todo orixá multiplica-se em muitos outros. Cada um é cultuado em diversas qualidades, avatares ou invocações, cada nação de candomblé cultuando qualidades próprias daquela nação. O contato entre nações propicia novas trocas e adaptações, numa diversificação que se amplia ainda mais nos dias de hoje, devido ao contato recente com a santeria cubana e ao acesso facilitado aos escritos sobre a religião dos orixás na África.

Até mesmo oferendas mudam com os novos tempos. A consciência preservacionista atual constrange, por exemplo, a oferta de tartaruga a Xangô, assim como é inconcebível o sacrifício de cães para Ogunjá, qualidade de Ogum, cujo nome significa Ogum Comedor de Cachorro. E os orixás vão mudando seus paladares, da mesma maneira que, ao chegar no Brasil, tiveram que aceitar a oferta de comidas preparadas com ingredientes diferentes daqueles usados na África, ainda com variações regionais. Só para dar mais um exemplo, o amalá de Xangô se prepara em grande parte do Brasil com quiabo, mas no Rio Grande do Sul se usa folha de mostarda.

Evidentemente, muitas inovações acabam por introduzir

elementos estranhos aos costumes do candomblé. As Iá Mi Oxorongá, as mães ancestrais, temidas pelo feitiço de que eram capazes para proteger os interesses de seus filhos no contexto da família poligínica africana (Lawal, 1996), são lembradas na cerimônia do padê em candomblés tradicionais. Passaram a ser cultuadas em alguns candomblés como se fossem orixás. Para isso, cânticos e objetos rituais tiveram que ser buscados e criados. Em lojas de objetos de candomblé e umbanda pode-se comprar um assento para Iá Mi, representada em ferro por uma bruxa medieval com um chapéu cônico de abas largas e, evidentemente, uma vassoura voadora. Mas isso certamente representa um desvio na rota da mudança, não o curso mais geral.

5. Os espíritos caboclos na religião dos orixás

1

Nem só de orixás se constitui o panteão das religiões africanas no Brasil. A estratégia banta de adoção dos espíritos da terra brasileira em substituição aos inquices africanos, que não podiam ser transferidos ao Brasil pelo fato de estarem presos ao território em que originalmente eram cultuados, ampliou e diversificou muito o leque de divindades e entidades cultuadas nos terreiros.

O caboclo, que nada mais é do que o espírito de um indígena ancestral brasileiro, foi originalmente o centro do culto dos mais tarde chamados candomblés de caboclo, de origem banta. Foi adotado depois pela umbanda, quando então sofreu transformações, mantendo-se, contudo, a mitologia da origem indígena e o uso do tabaco e de artefatos indígenas.

Os negros bantos eram procedentes da África Meridional, região de centenas de etnias e línguas aparentadas. Alguns desses povos foram fundamentais na formação das religiões afro-brasileiras, como os de língua quimbundo, quicongo e umbundo, e sua importância não se restringe, evidentemente, à religião. A contribuição dos grupos falantes dessas três línguas na formação do Brasil pode ser também aferida pela quantidade de termos que a língua portuguesa aqui falada deles recebeu (Castro, 2001), além de outras participações nada desprezíveis, como no campo da própria música popular brasileira.

Os bantos criaram duas modalidades religiosas afro-brasileiras. O candomblé ou gira de caboclo, que é cantado em português e cultua os espíritos dos antepassados da terra brasileira, os indígenas, que eram chamados de caboclos na Bahia. E o candomblé de inquice, com mais de uma versão ritual, sobressaindo os chamados candomblé angola e candomblé congo, que são cantados em língua ritual de origem banta e nos quais são cultuados os inquices bantos e os orixás de origem iorubá.

Mais tarde, o candomblé de caboclo foi quase integralmente assimilado pelo candomblé angola e congo. Hoje praticamente não há candomblé de orixás e inquices de nações bantas sem a parte de culto ao caboclo. Muitos terreiros do candomblé de orixás das nações iorubanas (queto, alaqueto, efã, egbá), senão sua maioria, também acabaram por incluir o caboclo do rito banto no panteão, embora a legitimidade do caboclo nesse candomblé nagô ou iorubá seja ainda continuamente questionada, sobretudo porque os terreiros mais antigos e tradicionais seguem cultuando exclusivamente os orixás, mantendo separadamente um culto de antepassados que não inclui os indígenas. É frequente chamar esses candomblés de "umbandomblé", ou então "candomblé queto-caboclo", denominações consideradas pelo povo de santo nada elogiosas. Mas a ialorixá Olga do Alaketo, uma das grandes damas do candomblé tradicional da Bahia, mãe do terreiro do Alaketo, iorubano e tão antigo quanto a Casa Branca do Engenho Velho (Silveira, 2003), realiza com grande pompa e orgulho a cerimônia anual em que incorpora seu caboclo Jundiara (Bernardo, 2003).

O que se vê nas religiões afro-brasileiras mostra que somos ao mesmo tempo brancos, indígenas e negros. São essas as raízes brasileiras, às quais mais tarde vieram se juntar outros europeus e povos de outros continentes. Negros e indígenas: impossível pensar o Brasil sem essas duas origens. Suas marcas estão na constituição física do brasileiro e na sua cultura. Mas é por intermédio do negro banto que o indígena entra como elemento decisivo no quadro das religiões afro-brasileiras. Mais que isso, ao engendrar o candomblé de caboclo, o negro banto põe o indígena no topo do edifício das figuras devocionais que povoam a alma brasileira. Os santos podem, então, ser feitos de outras virtudes, selvagens e rudes, certamente, que marcam um brasileiro original antes de mais nada bravo, belicoso e simples.

2

Os bantos chegaram antes dos sudaneses, cujos grupos mais importantes na formação da cultura brasileira foram os iorubás e os fons, ou nagôs e jejes, respectivamente, dos quais o Brasil herdou o candomblé. Antes mesmo da presença predominante dos sudaneses, os bantos já tinham se adaptado aos costumes majoritários no país, falavam a língua portuguesa e tinham assimilado o catolicismo. Entretanto, vivendo num país de escravizados, ainda eram considerados africanos, como todo e qualquer negro ou mestiço, e seu lugar na sociedade, por isso, era à margem; sua identidade ainda era africana. Em outras palavras, eram contraditoriamente brasileiros e africanos ao mesmo tempo. Como africanos meridionais que eram, suas tradições remanescentes os orientavam no sentido de cultuar os antepassados, que, na África banta, estavam fixados na terra, de modo que cada aldeia tinha seus próprios ancestrais como parte daquele território geográfico cujo culto não se transferia para outros lugares. Como brasileiros que também já eram, tinham consciência de uma ancestralidade genuinamente brasileira, o indígena. Da necessidade de cultuar o antepassado e do sentimento de que havia uma ancestralidade territorial própria do novo solo que habitavam, os bantos e seus descendentes criaram uma religião que veio a ser chamada gira de caboclo ou candomblé de caboclo, que celebrava espíritos dos indígenas ancestrais (Santos, J. T., 1995; Prandi, Vallado e Souza, 2001).

Em Salvador, no século XIX, grupos formados sobretudo por iorubás e fons, reunidos em irmandades religiosas que aglutinavam os africanos e descendentes, cada uma dirigida a negros de uma mesma origem étnica, recriaram cultos religiosos que reproduziam não somente a religião africana, mas também outros aspectos da cultura na África. É emblemático o surgimento de um seminal candomblé fundado por negros nagôs e jejes reunidos na irmandade do Senhor Bom Jesus dos Martírios, na Barroquinha. Dois candomblés fundantes das religiões afro-brasileiras teriam se originado desse grupo: a Casa Branca do Engenho Velho e o Alaketo (Silveira, 2000, 2003).

Por iniciativa de negros bantos, além do já referido candomblé de caboclo, surgiu também na Bahia uma religião equivalente à dos jejes e nagôs, hoje conhecida pelos nomes de candomblé angola e candomblé congo. Essa modalidade banta lembra muito mais uma transposição das religiões sudanesas para as línguas e ritmos bantos do que propriamente cultos bantos da África Meridional, tanto em relação ao panteão de divindades e seus mitos como no que respeita às cerimônias, à organização sacerdotal e aos procedimentos iniciáticos. Apesar de os bantos estarem no Brasil havia muito mais tempo que os sudaneses, parece que é tardia a formação de um candomblé banto de culto a divindades africanas, os inquices, tal como hoje o conhecemos. Teria surgido apenas quando os candomblés de orixá e de voduns já estavam organizados ou se organizando, e depois do candomblé de caboclo. Embora todos os negros e mestiços fossem considerados como iguais, na medida em que ocupavam na sociedade branca posição oficialmente subalterna e marginalizada, as identidades étnicas estavam preservadas nas irmandades religiosas católicas, que reuniam em igrejas e associações específicas os diferentes grupos africanos étnico-linguísticos. Pois quando nagôs e jejes reunidos nas irmandades católicas refizeram no Brasil suas religiões africanas de origem, os bantos os acompanharam. Pelas razões apontadas, sua religião de inquices teve uma reconstituição muito mais problemática, obrigando-se a empréstimos sudaneses nos planos do panteão, dos ritos e dos mitos.

Foi, assim, dupla a contribuição banta: o candomblé de caboclo e o candomblé de inquices, mais comumente referidos como candomblé angola e candomblé congo. Essas duas modalidades, caboclo e inquice, logo se casariam num único complexo afro-indígena-brasileiro, que não somente foi matriz formadora da umbanda no começo do século XX, como povoou, a partir da década de 1960, praticamente o Brasil todo de terreiros de candomblé angola-congo-caboclo. Nos ritos bantos encontram-se os deuses africanos e os antepassados indígenas brasileiros, encontro que hoje, por influência dos candomblés bantos, também pode ser observado em muitos terreiros do candomblé nagô.

3

Não foi, entretanto, só na Bahia que surgiram os cultos das entidades caboclas. Onde quer que tenham se formado grupos religiosos organizados em torno de divindades africanas, podiam também ser reconhecidos agrupamentos locais que buscavam refúgio na adoração de espíritos de humanos. Esses cultos de espíritos ganharam, evidentemente, feições locais dependentes de tradições míticas ali enraizadas, podendo essas ser mais acentuadamente indígenas ou de caráter mais marcado pelo universo cultural da escravidão, ou mesmo mais próximas da mitologia ibérica transplantada para o Brasil colonial. Em cada lugar surgiram cultos a espíritos de indígenas, de negros e de brancos. Essa tendência foi muito reforçada pela chegada ao Brasil, no finalzinho do século XIX, de uma religião europeia de transe de imediata e larga aceitação no Brasil: o espiritismo kardecista.

Em cada uma dessas denominações religiosas caboclas, a concepção dos espíritos cultuados também variou bastante. Na Bahia, por exemplo, o caboclo é o indígena que viveu num tempo mítico anterior à chegada do homem branco, mas um indígena que conheceu a religião católica e se afeiçoou a Jesus, a Maria e a outros santos; um indígena que viveu e morreu neste país — esse é o personagem principal do candomblé de caboclo, que com o tempo agregou outros tipos sociais, sobretudo os mestiços boiadeiros do sertão. A proximidade com religiões indígenas é atestada pela presença ritual do tabaco, tabaco que, antes da chegada das multinacionais do fumo, foi uma das grandes riquezas da Bahia, antigo centro nacional da indústria fumageira e importante produtor de charutos. O charuto é até hoje um símbolo indispensável dos espíritos caboclos.

Na Paraíba e em Pernambuco, os espíritos, que ali se chamam mestres, podiam ser espíritos de indígenas, de brasileiros mestiços ou brancos, entre os quais se destacavam antigos líderes da própria religião já falecidos: os mestres, designação essa que acabou prevalecendo para indicar todo e qualquer espírito desencarnado cultuado nas cerimônias religiosas. Essas manifestações também herdaram das religiões indígenas o uso do tabaco, ali fumado com o cachimbo, igualmente usado nos ritos curativos, além da ingestão cerimonial de uma beberagem mágica preparada com a planta da jurema. Catimbó e jurema, os nomes pelos quais essa modalidade religiosa é conhecida, resultam desses dois elementos. Catimbó é provavelmente uma deturpação da palavra cachimbo, e jurema, o nome da planta e da sua beberagem sagrada (Bastide, 2001 b; Brandão e Rios, 2001).

Mais ao norte, no Maranhão e no Pará, os espíritos cultuados são personagens lendários que um dia teriam vivido na Terra mas que, por alguma razão, não conheceram a morte, tendo passado da vida terrena ao plano espiritual por meio de algum encantamento: são os encantados (Ferretti, M., 1993, 2001). Essa tradição de encantamento estava e está presente na cultura ocidental (lembremo-nos das histórias de fadas, com tantos príncipes e princesas encantados), bem como na mitologia indígena. Os encantados são de muitas origens: indígenas, africanos, mestiços, portugueses, turcos, ciganos etc. Lendas portuguesas de encantaria, como a história do rei português dom Sebastião, que desapareceu com sua caravela na batalha de Alcácer-Quibir em 1578, em luta contra os mouros, e que os portugueses acreditavam que um dia voltaria, estão vivas nessa religião (Meyer, 1995). A luta dos cristãos contra os mouros, tão cara ao imaginário português, transformou-se em mitologia religiosa, mas os turcos da encantaria são agora aliados, não inimigos. Elementos da encantaria amazônica, como as histórias de botos que viram gente e vice-versa, lendas de pássaros fantásticos e peixes miraculosos, tudo isso foi compondo, ao longo do tempo, a religião que se convencionou chamar *encantaria* ou *encantaria do tambor de mina*, no Maranhão (Prandi e Souza, 2001), e sua vertente paraense (Leacock e Leacock, 1975).

Todas essas formas de culto nascidas no Brasil, que podemos

genericamente chamar de religião dos encantados ou religião cabocla, são religiões de transe. As entidades cultuadas manifestam-se em transe no corpo de devotos devidamente preparados para isso, tal como ocorre nos cultos dos orixás, voduns e inquices. Como também se dá no conjunto das religiões afro-brasileiras, todas desenvolvem ampla atividade mágico-curativa e de aconselhamento oracular. Todas são dançantes e sua música é acompanhada por tambores e ritmos de origem africana, embora no catimbó a dança tenha sido mais adotada numa época mais recente, talvez por influência do xangô. Diferentemente das religiões de divindades africanas, as religiões caboclas são, contudo, cantadas em português, o que confirma seu caráter brasileiro e mestiço. Em nenhum momento fica escondida a mistura básica que compõe cada uma delas: América, África e Europa, indígena, negro e branco, são essas as fontes indispensáveis da sua constituição. E todas elas são sincréticas com o catolicismo, resultado de um momento histórico, o de sua formação no século XIX, em que ninguém podia ser brasileiro se não fosse igualmente católico. O catolicismo era a religião hegemônica, oficial e a única tolerada em solo brasileiro.

Essas três manifestações afro-indígenas-brasileiras de culto dos ancestrais da terra — candomblé de caboclo, catimbó-jurema e encantaria de mina — não foram evidentemente as únicas. Muitas outras formas locais foram registradas nas diferentes partes do Brasil, tendo sido algumas delas absorvidas por uma das formas que lograram melhor se expandir e se perpetuar, ou pela umbanda, que se formou mais tarde (Senna, 2001). Outras tantas, embora se mantendo com certa autonomia, ajudaram a compor cosmovisões e panteões de religiões-irmãs, como no caso da contribuição da pajelança amazônica (Maués e Villacorta, 2001) à encantaria de mina. Por todo lado, diferentes expressões locais da religiosidade cabocla encontraram-se, influenciaram-se, fundiram-se e se espalharam.

Não se pode deixar de notar que essas práticas religiosas acabaram por se justapor aos cultos das divindades africanas, estabelecendo com eles relações de simbiose. O candomblé de caboclo acabou se tornando tributário de candomblé angola e congo; a jurema passou a compor com o xangô; e a encantaria associou-se ao tambor de mina nagô. Os grupos religiosos de culto a orixás e voduns mais comprometidos com raízes sudanesas se mantiveram, pelo menos até um determinado momento e em algumas casas de tradição mais ortodoxa, alheios ao culto caboclo.

4

Por muito tempo, tanto os candomblés de divindades africanas quanto os cultos que giravam em torno de espíritos brasileiros e europeus (candomblé de caboclo, encantaria, catimbó) permaneceram mais ou menos confinados a seus locais de origem. Mas logo no início de sua constituição, com o fim da escravidão, muitos negros haviam migrado da Bahia para o Rio de Janeiro, levando consigo as religiões de orixás, voduns e inquices, assim como a de caboclos, de modo que na então capital do país reproduziu-se um vigoroso candomblé de origem baiana, que se misturou com formas de religiosidade negra locais, todas eivadas de sincretismos católicos e kardecistas, para originar a chamada macumba carioca, e pouco mais tarde, nos anos 20 e 30 do século passado, a umbanda. A umbanda e o samba, símbolo maior da nacionalidade mestiça, constituíram-se mais ou menos na mesma época, ambos frutos do mesmo processo, que caracterizou aqueles anos, de valorização da mestiçagem e de construção de uma identidade mestiça para o Brasil, que então se pretendia projetar como país moderno, grande e homogêneo, e por isso mesmo mestiço, o "Brasil Mestiço, onde a música samba ocupava lugar de destaque como elemento definidor da nacionalidade", nas palavras de Hermano Vianna (1995: 20) e de Barba (2004).

A migração para o Rio de Janeiro, que a partir dos anos 1950 e 1960 seria deslocada para São Paulo com a nova industrialização, não se resumiu, evidentemente, aos baianos, embora inicialmente eles tenham sido em maior número. Chegava ao Rio gente de todo o Nordeste e do Norte, cada um trazendo seus costumes, crenças, deuses e espíritos. Cultos de mestres e encantados acabaram desaguando fartamente nos terreiros dos caboclos e dos pretos velhos da chamada macumba carioca, que ia gestando a umbanda numa grande síntese, ali na capital federal da república recém-nascida, para onde convergiam as mais diversas manifestações culturais de âmbito regional, e onde essas diferenças regionais e locais foram se amalgamando para formar um conjunto único capaz de representar simbolicamente o Brasil como um todo, como uma só nação, envolvendo todos os seus matizes raciais e as diversas fontes culturais que animavam a construção da brasilidade.

Mais tarde, no final da década de 1960 e começo da seguinte, teve início junto às classes médias do Sudeste a recuperação das raízes de nossa civilização, reflexo de um movimento cultural muito mais amplo, denominado contracultura. Forte revitalização das origens culturais brasileiras, sobretudo as africanas preservadas nos velhos templos dirigidos pelas mães e pais de santo, alimentou a renovação das artes e redefiniu sentidos de antigos valores estéticos, filosóficos e religiosos. Abriu-se para o Brasil como um todo uma espécie de baú cultural pleno de ingredientes originais para novas criações e inventos, segredos guardados nos velhos candomblés da Bahia. No processo, o candomblé se esparramou muito rapidamente por todo o país, deixando de ser uma religião exclusiva de negros. Além disso, a música baiana de inspiração negra fez-se consumo nacional, a comida baiana, nada mais que comida votiva dos terreiros, foi para todas a mesas, e assim por diante.

Mas o candomblé somente se disseminou pelo Brasil muito tempo depois da difusão da umbanda. Primeiro o Brasil conheceu e se familiarizou com o culto dos caboclos e outras entidades "humanas" da umbanda, em que os orixás ocupavam uma posição simbólica importante porém menos decisiva no dia a dia da religião. Somente mais tarde o candomblé introduziu os brasileiros de todos os lugares numa religião propriamente de deuses africanos. Mesmo assim, os caboclos nunca perderam o lugar que já tinham conquistado. Unidade e diversidade foram preenchendo a tessitura nacional da cultura afro-brasileira de âmbito religioso e profano.

Em todos os lugares onde se constituiu o culto ao caboclo, alguns tipos sociais regionais importantes foram incluídos. Foi assim que surgiu, por exemplo, para compor com o tradicional e destemido indígena da terra e com o sábio e paciente escravizado preto velho, o caboclo boiadeiro. O boiadeiro é a representação mítica do sertanejo nordestino, o mestiço valente do sertão. É o bravo homem acostumado a lidar com o gado e enfrentar as agruras da seca, símbolo de resistência e determinação. Outro tipo social elevado à categoria de entidade de culto foi o marinheiro. Num país em que as viagens de longa distância, sobretudo entre as capitais da costa, eram feitas por navegação de cabotagem, sendo que todas as novidades eram trazidas pelos navios, o marinheiro era figura muito conhecida e de inegável valor. O marinheiro podia representar ideais de mobilidade e inovação, capacidade de adaptação a cenários múltiplos, e amor pela aventura de conhecer novas cidades e outras gentes.

Cada tipo um estilo de vida, cada personagem um modelo de

conduta. São exemplos de um vasto repertório de tipos populares brasileiros, emblemas de nossa origem plural, máscaras de nossa identidade mestiça. As entidades sobrenaturais da umbanda não são deuses distantes e inacessíveis, mas sim tipos populares como a gente, espíritos do homem comum numa variedade que expressa a diversidade cultural do próprio país. Uma vez escrevi que a "umbanda não é só uma religião, ela é um palco do Brasil" (Prandi, 1991: 88). Não estava errado.

5

A aproximação com o kardecismo foi vital para a formação da umbanda em termos ideológicos (Negrão, 1996). Veio do espiritismo de Kardec a concepção de mundo que proporcionou a remodelação das bases éticas, ou aéticas, da religião afro-brasileira, fosse ela africana ou cabocla. Era o nascimento da umbanda, de feições brancas, porém mestiça, uma nova forma de organizar e unificar nacionalmente as tradições caboclas das religiões afro-brasileiras.

Surgida na cidade do Rio de Janeiro, o primeiro cenário da modernização cultural brasileira e contexto de acelerada mudança e diversificação social, a umbanda foi ao mesmo tempo plural e uniforme, uma espécie de linguagem comum num diversificado meio social urbano, integrando negros pobres iletrados e brancos escolarizados de classe média baixa. Sua capacidade de reunir em um só panteão entidades espirituais de diversas origens tornou-a representante da diversidade, ao mesmo tempo que homogeneizava os espíritos caboclos em função de seus papéis rituais. A umbanda manteve da matriz africana o culto aos orixás, o transe de possessão e o rito dançado, mas suas cerimônias, oficiadas em português, são bem mais simples e acessíveis. Diferente do modelo africano, sua concepção de mundo é fortemente marcada pela valorização da caridade, ou seja, o trabalho desinteressado em prol do outro, muito característico do kardecismo, religião de inspiração cristã no plano dos valores. O controle moral na umbanda se estende sobre a atividade religiosa de tal modo que as entidades espirituais, os espíritos dos mortos, devem praticar a caridade, ajudando os fiéis e clientes a resolverem toda sorte de problemas. A noção de que os espíritos vêm à Terra para trabalhar é basilar no kardecismo. Igualmente, as práticas de ajuda mágica vão constituir o centro do ritual umbandista.

A incorporação da noção cristã de um mundo cindido entre o bem e o mal, associada à necessidade de praticar a caridade, fez com que a umbanda se afirmasse como religião voltada precipuamente para a prática do bem. Todas as forças religiosas deveriam ser canalizadas na prática da caridade. Isso não impediu, no entanto, que junto à prática do bem pelas entidades do chamado panteão do bem ou da direita, surgisse, desde o início, ainda que de modo escondido, uma "face inconfessa" do culto umbandista: uma espécie de universo paralelo em que as práticas mágicas de intervenção no mundo não sofrem o constrangimento da exigência ética, em que todos os desejos podem ser atendidos. Afinal, a herança africana foi mais forte que a moralidade kardecista e impôs a ideia de que cada um de nós tem o direito de ser realizado e feliz neste mundo, acima do bem e do mal.

Foi nesse espaço, em que a questão do bem e do mal está suspensa, que a umbanda construiu um novo modelo de entidade espiritual denominado exu, frequentemente associado ao diabo dos cristãos. Os exus-diabos da quimbanda na verdade nem são o demônio cristão nem o orixá Exu do candomblé africano. São espíritos de seres humanos cujas biografias terrenas foram plenas de práticas antissociais. É nesse modelo que todos os personagens de moralidade questionável, como as prostitutas e os marginais, são acomodados. Para resumir, o bem conta com entidades do bem, que são os caboclos, os pretos velhos e outros personagens cuja mitologia fala de uma vida de conduta moralmente exemplar (Concone, 2001). São as entidades da direita. Os de má biografia pertencem à esquerda, não se constrangem em trabalhar para o mal, quando o mal é considerado incontornável, o chamado mal necessário. Formam as fileiras dos exus e suas contrapartidas femininas, as pombagiras (Prandi, 1996). Compõem com outros tipos sociais já referidos uma espécie de mostruário plural das facetas possíveis do brasileiro comum. Para não integrar os exus e pombagiras no mesmo espaço das entidades da direita, em que se movimentam os praticantes do bem, a umbanda os reuniu num espaço à parte, num culto que por muitas décadas foi mantido subterrâneo, escondido e negado, a chamada quimbanda. Tipos antissociais e indesejáveis sim, mas excluídos não — afinal, cada um com sua espiritualidade e sua força mágica nada desprezível. A umbanda não exclui ninguém; na busca de uma síntese para o Brasil nada pode ser deixado de fora.

No panteão das entidades da esquerda, as mulheres ganharam um lugar especial. As religiões tradicionais sempre trataram as mulheres como seres perigosos, voltados para o feitiço, para o desencaminhamento dos homens, fontes de pecado e perdição. É o que nos conta o mito bíblico judaico-cristão de Eva e toda a tradição iorubá das velhas mães feiticeiras, as Iá Mi Oxorongá. As pombagiras teriam sido mulheres de má vida; elas desconhecem limites para a ação e são capazes, a fim de atender aos desejos de seus devotos e de sua vasta clientela, de fazer o mal sem medir as consequências. As famosas pombagiras, os exus femininos, foram em vida mulheres pecadoras que ganharam a vida no exercício de papéis que a sociedade hipócrita prefere ignorar e esconder. A elas coube sobretudo a fatia da magia relacionada a assuntos amorosos. No fundo, o culto ao panteão dos exus e pombagiras aponta para a redenção de tipos sociais usualmente rejeitados, com a assunção de perversões da alma que se enredam na vida real e na fantasia do homem e da mulher comuns. Como já disse, a umbanda é resultante de um processo de síntese, de uniformização. A inclusão em seu panteão de personagens dos cultos caboclos regionais teve que obedecer ao modelo dicotômico de direita e esquerda, e isso provocou transformações radicais em muitas entidades que migraram para a umbanda. Assim Zé Pelintra, por exemplo, que na origem é um mestre do catimbó, foi, no Rio de Janeiro, transmutado em exu, trabalhando para a esquerda. Igualmente Maria Padilha, originalmente também mestra da jurema, foi feita pombagira de renome e sucesso (Meyer, 1993). Até mesmo a encantada Cabocla Mariana, filha do Rei da Turquia, figura famosa da encantaria do tambor de mina, muito festejada tanto no Maranhão quanto no Pará (Leacock e Leacock, 1975; Prandi, 1998), viu-se em São Paulo quase transformada em pombagira. O mesmo aconteceu com muitos outros guias espirituais.

Uma vez que a umbanda foi se alastrando pelo Brasil inteiro, os cultos caboclos regionais, que se mantiveram vivos em seus locais de origem, começaram a passar por um processo de umbandização. Hoje, no sertão do Nordeste, quiçá no Brasil todo, é difícil ver um culto de jurema que não seja no interior de um terreiro de umbanda. Até na Bahia, exus da quimbanda dançam em velhos terreiros do candomblé de caboclo (Assunção, 2001; Caroso e Rodrigues, 2001; Shapanan, 2001). Com o grande trânsito que hoje existe em todo o universo religioso afro-brasileiro, personagens como os referidos Zé Pelintra e Maria Padilha retornam a seus locais de origem completamente transformados.

6

Mas essa história ainda não terminou. Há algum tempo o pluralismo religioso brasileiro vem se desenvolvendo amplamente, possibilitando a criação de um mercado mágico-religioso em que as escolhas religiosas são cada vez mais livres e menos permanentes, e as ofertas religiosas, mais ampliadas. As religiões buscam adequar-se aos novos tempos, novas demandas, novos gostos religiosos; por todo lado há novos credos, novos santos, novos deuses. A sociedade em permanente mudança impõe crescente valorização da diversidade cultural; a religião tem que se atualizar para poder competir com as outras.

No âmbito das religiões afro-brasileiras, como no de outras, sempre há mudança pela frente, verdades antigas a recuperar, verdades novas a legitimar, sempre há a intenção de buscar um passado em parte perdido, um passado idílico, mitificado e valorizado como fonte possível de restauração do que é certo, fonte inesgotável e quase sempre inatingível de segredos guardados. Caminhos se refazem, personagens se reconstituem. Os antigos cultos caboclos de caráter regional vão também se tornando conhecidos nos mais diferentes rincões do país e suas entidades ganham o status de objetos de culto de âmbito nacional. Não é mais tempo de buscar uma identidade brasileira que seja única, homogênea, capaz de representar a nacionalidade num só símbolo, como ocorreu nas décadas de 20 e 30 do século passado. No final do século XX, alvorecer do XXI, quando a umbanda já é quase centenária, importa enfatizar as diferenças, manter as especificidades, festejar o pluralismo.

Nossos personagens sagrados, nossos mestiços espíritos caboclos da umbanda também ganham novas feições nesse processo de busca da diversidade, pois é preciso sempre se atualizar. O caboclo e o preto velho são as entidades fundantes da umbanda e continuam sendo as mais cultuadas. Indígena e negro são matrizes tanto do povo brasileiro como dessa religião, mas, num contexto em que o catolicismo já perdeu cerca de um quarto dos seguidores e seu modelo de moralidade dual perde força nos cultos afro-brasileiros mais sincréticos, outro tipo social vem ganhando cada vez mais adeptos no universo umbandista: o baiano (Souza, 2001 a).

Surgido nas últimas décadas, o baiano já ganhou significativa popularidade. Sua origem mítica remete aos velhos pais de santo da Bahia, aos homens negros e mulatos das cidades litorâneas do Brasil, sobretudo migrantes residentes no Rio de Janeiro. São em grande parte personagens da chamada malandragem carioca, pouco afeitos às convenções sociais, mas que não chegam a ser interesseiros e de mau-caráter, nem arruaceiros e perigosos como os exus da quimbanda. Tampouco são exímios curandeiros como os caboclos ou sábios conselheiros como os pretos velhos. Estão exatamente na fronteira entre o bem e o mal, apagando essa distinção dicotômica moral. E rapidamente a umbanda vai deixando de fazer distinção entre esses dois lados, o do bem e o do mal, reassumindo a visão africana de que tudo anda junto, tudo é ambíguo e contraditório. Talvez por isso os baianos vêm sendo tão valorizados. Eles são símbolos exemplares do novo caráter de síntese moral umbandista que vai abandonando a dualidade cristã. Assim, apaga-se a fronteira entre a direita e a esquerda, e os exus e as pombagiras vão deixando de ser vistos como entidades perigosas, suspeitas e socialmente indesejáveis, cujo culto devia ser mantido secreto, escondido (Souza, 2001 a). Zé Pelintra e Maria Padilha, nossos emblemáticos migrantes, já podem voltar a ser mestres da jurema, simplesmente. Na encantaria do tambor de mina, a encantada Mariana pode continuar a ser a Bela Turca.

A flexibilidade e a enorme capacidade de adaptação da religião mestiça afro-brasileira já estava, evidentemente, inscrita no seu nascedouro: é essa a herança dos bantos escravizados no Brasil e de seus descendentes. Os seguidores dessa religião, nos dias de hoje, não são mais necessariamente nem bantos nem negros, mas brasileiros de todas as origens raciais que partilham desse universo religioso mestiço. São adeptos dos encantados caboclos, que se reúnem em milhares de terreiros para reafirmar a crença em sua religião. Os fiéis creem que seus caboclos, mestres e encantados, de todas as origens, seguem em sua dança de transe, abrindo-lhes o caminho na religação deste mundo material e passageiro dos humanos ao mundo eterno e espiritual habitado pelos deuses, entidades e espíritos.

PARTE II
NOS TERREIROS E NO MUNDO

6. Hipertrofia ritual e falência moral

1

As religiões afro-brasileiras podem ser caracterizadas como religiões rituais cuja dimensão mágica supera em muito a dimensão que diz respeito aos aspectos morais, tanto que, num outro estudo, referi-me ao candomblé como uma religião aética, propriedade que, de certa forma, explica seu sucesso no mercado religioso de hoje. O candomblé e outras modalidades religiosas de origem africana não estão sozinhos quando atribuímos sua expansão recente ao caráter de agência prestadora de serviços mágicos. O pentecostalismo e o neopentecostalismo congregam inúmeras denominações mais interessadas em resolver problemas pessoais por meio dos poderes sobrenaturais do que propriamente em internalizar valores éticos (Mariano, 1999; Pierucci e Prandi, 1996). O catolicismo, em sua bem-sucedida versão da Renovação Carismática, no percurso inverso ao do catolicismo das comunidades eclesiais de base, deixou de lado o interesse pelas questões sociais e preocupações de ordem solidária para centrar-se no indivíduo e resolver, pela via mágica, suas eventuais aflições terrenas (Prandi, 1997). A imensa gama de variantes esotéricas à disposição no mercado de serviços mágicos completa esse quadro em que a religião é cada vez menos ética, mais ritual e mais mágica, em que a religião é menos religião e mais magia, em que a religião é menos instituição agregadora e mais serviço, menos formação e mais consumo (Pierucci, 2001). As religiões e seus templos de hoje são agências de ajuda sobrenatural e espaços de espetáculo e lazer baseados, ambos, na expansão da emoção e na fruição coletiva de sensações. São, sobretudo, instituições de filiação temporária, que disputam entre si clientes e adeptos que, agora também como clientes, devem igualmente pagar pelos favores religiosos, transformando as religiões naquilo que chamei de religião paga (Pierucci e Prandi, 1996).

Nesse quadro de falência ética das religiões no Brasil, quero situar as religiões afro-brasileiras, mais especificamente o candomblé, buscando identificar alguns fatores que teriam contribuído para sua hipertrofia ritual e supervalorização do individualismo.

2

As religiões afro-brasileiras reproduzem em muitos aspectos as religiões originais dos deuses africanos. Delas herdaram panteão, línguas rituais, ritos, concepções e valores míticos. A dimensão da religião mais ligada ao controle da moralidade, na África atendida pela celebração dos ancestrais, embora parcialmente reproduzido em cultos isolados e de certo modo independentes, perdeu no Brasil muito de sua importância original. Os valores que orientam o comportamento dos seguidores na vida cotidiana não pressupõem o bem-estar comum do grupo, da sociedade ou da humanidade como categoria genérica. As denominações mais recentes, como a umbanda, reelaboraram toda a parte ritual das religiões afro-brasileiras de que se originaram e incorporaram muito dos valores cristãos do kardecismo, religião especialmente ética. Adotaram certa visão maniqueísta do mundo, não tendo desenvolvido nunca, contudo, um código de ética voltado para a orientação da moralidade dos fiéis em termos coletivos, ficando no meio do caminho entre o candomblé e o kardecismo (Negrão, 1996). De modo geral, tanto as religiões afro-brasileiras tradicionais como as variantes modernas parecem desinteressadas do controle ético de seus membros.

As religiões afro-brasileiras reconstituíram simbolicamente, no Brasil do século XIX, a África que os negros perderam com a escravidão, conforme já nos mostrou Bastide (1971), mas, embora fossem na origem religiões de negros, a sociedade já era a brasileira, com instituições totalmente outras, sobretudo a família, que contava com o catolicismo como fonte decisiva de identidade e sociabilidade. Assim, a religião africana no Brasil constitui-se como religião de negros católicos que já haviam perdido a família africana, com seus clãs, genealogias e antepassados. Embora em sua estrutura organizacional e postos sacerdotais o candomblé tenha reconstituído as hierarquias de poder e as regras de administração características da família e dos reinos africanos, uma parte decisiva da religião foi deixada para trás, especialmente instituições de culto aos antepassados e outras entidades sobrenaturais que na África respondiam diretamente pelo controle moral dos homens e das mulheres, além de outros aspectos.

Entre os povos sudaneses que deram às religiões afro-brasileiras os principais elementos formadores, o rei de cada cidade era o magistrado supremo, a quem cabia a administração da justiça. Mas eram várias as instituições que zelavam pela manutenção da moralidade, desde os conselhos familiares e dos clãs até as sociedades secretas de cunho religioso. Entre os iorubás, pelo menos três dessas sociedades eram muito importantes, e ainda hoje lá sobrevivem, cobrindo cada uma extensos e diferentes territórios iorubanos: a sociedade Egungum, a sociedade Ogboni e a sociedade Orô, sendo as três exclusivamente masculinas. Os egunguns são os antepassados da cidade, espíritos de antigos fundadores de troncos familiares, vilas e cidades (Babayemi, 1980). Anualmente recebem oferendas e são celebrados num festival de mascarados que os representam e dançam pelas ruas da cidade, julgando pendências, resolvendo disputas, apontando infratores da ordem familiar e pública, condenando criminosos. Diz Abraham que o egungum é "um inquisidor sobrenatural que vem para julgar a conduta doméstica do povo, especialmente as mulheres e os criminosos" (Abraham, 1962: 149-51). O antepassado também julgava os acusados de feitiçaria, que podiam ser condenados à pena capital. A sociedade Ogboni, muito enfraquecida pela administração colonial, era formada por chefes locais encarregados de resolver questões políticas e morais. A sociedade de Orô, temida entidade que habitava o interior de uma caverna mítica e cuja voz troava como o terrível rugido de um boi enfurecido, julgava feiticeiros, mulheres adúlteras, ladrões etc. Os condenados eram levados durante a noite para um bosque e ali executados pelos sacerdotes de Orô.

O culto aos antepassados egunguns reproduziu-se na ilha de Itaparica, na Bahia (Braga, 1992), mas como modalidade religiosa circunscrita aos limites do terreiro, perdendo completamente suas características de instituição ética. Não dispondo de base territorial e muito menos comunitária em que pudesse exercer qualquer tipo de poder, formou-se nos moldes dos candomblés de orixás como grupo de culto particular e independente dos demais candomblés, da população negra e da sociedade local, embora se mantivesse como culto secreto e estritamente masculino, preservando ritos e indumentária. Os raros terreiros de egungum de Itaparica tiveram uma ou outra ramificação em Salvador, Rio de Janeiro e São Paulo, mas jamais alcançaram a importância dos candomblés de orixás e não têm sobre esses qualquer poder real de controle moral.

Sobre o culto de Orô temos vagas notícias registradas no final do século passado (Rodrigues, 1935). Confundido com Gonocô, entidade possivelmente de origem tapa, acreditava-se que Orô vivia nas matas da periferia de Salvador e seu castigo era impiedoso, mas com o passar do tempo acabou completamente esquecido. A sociedade Ogboni, que implicava a existência do controle da administração de diferentes cidades, sobreviveu apenas na memória de poucos e em mitos de seus orixás patronos.

A sociedade Gueledé, outra importante sociedade iorubá de mascarados, esta controlada pelas mulheres, também não teve futuro no Brasil. A sociedade Gueledé de mulheres encarrega-se na África do culto às ancestrais femininas, assim como a sociedade Egungum celebra os ancestrais masculinos (Lawal, 1996), organizando festivais anuais com danças de mascarados nas ruas. Mulheres de antigos candomblés da Bahia tentaram instituir entre nós a sociedade Gueledé, mas parece que disputas entre diferentes terreiros impediram a iniciativa de ir adiante. Restaram algumas máscaras dessa época, que podem ser vistas em museus e coleções particulares. Embora a sociedade Gueledé não tivesse a importância das que citei anteriormente em termos de controle da moralidade, sua não instituição completa o quadro de falência da reconstituição em solo brasileiro das instituições religiosas iorubás de organização coletiva encarregadas de agregar toda a população, zelar pelos bons costumes e punir os que se desviavam das normas, fossem eles ladrões, assassinos, perjuros, incestuosos, adúlteros, traidores, desonestos, feiticeiros ou outros indesejáveis sociais.

Na formação do candomblé também foi esquecida, na maior parte, a literatura oral de Ifá dos povos iorubás, composta de vasto repertório de versos que transmitem mitos e ritos, preceitos religiosos e prescrições mágicas, além de regras de convivência social e valores morais (Sàlámì, 1999), literatura que é a base do conhecimento religioso dos babalaôs, os sacerdotes do oráculo de Orunmilá, que não sobreviveram no Brasil e cuja prerrogativa de adivinhação foi assumida pelos pais e mães de santo. Esses se utilizam de um tipo de oráculo simplificado, o jogo de búzios, no qual o antigo corpo literário dos babalaôs africanos ficou reduzido a um pequeno número de fórmulas divinatórias que não fazem referência a aspectos da moralidade.

3

Quando aqui se constituiu a religião africana, o controle da moralidade pública dizia respeito às instituições policiais e jurídicas e ao catolicismo, que era a fonte axiológica máxima para o comportamento e tribunal supremo da intimidade e da consciência. Como católicos e brasileiros, os negros que se reuniam nos candomblés de orixás, voduns, inquices e caboclos tinham suas ações em sociedade vigiadas e punidas pela Igreja e pelo Estado. Em contrapartida, coube ao candomblé regular as relações de cada fiel com sua divindade, relações que são particulares, uma vez que cada humano está ligado por descendência mítica a uma divindade específica, numa pluralidade delas. Ao sacerdote supremo do terreiro cabe então desvendar a filiação divina do fiel, oficiar os ritos que permitem estabelecer o pacto de interdependência entre o fiel e seu deus ou deusa, identificar os tabus do iniciado e prescrever periodicamente as oferendas que o fiel deve propiciar à sua divindade para que ela o recompense com saúde, vida longa, conforto material, sucesso profissional, reconhecimento social, felicidade familiar, amorosa e sexual. Nessas atividades vale-se do oráculo do jogo de búzios, que é sua prerrogativa exclusiva. Direitos e deveres, assim como lealdades e reciprocidades, são estabelecidos e cobrados na relação fiel-divindade, com as necessárias lealdades e pagamentos ao sacerdote-chefe e seu corpo hierárquico-institucional, ou seja, a mãe de santo e seu terreiro, já que sem essa intermediação o acesso ao mundo sobrenatural não se realiza.

Embora atendendo a uma comunidade de culto, os candomblés formaram-se como empreendimentos individuais, dirigidos segundo a vontade dos chefes fundadores e fazendo parte de seu patrimônio particular. A mãe de santo, ou o pai, sempre foi a autoridade máxima do terreiro, e todas as suas decisões, que, segundo a crença do candomblé expressam a vontade do orixá dono do terreiro, que é o mesmo da mãe ou pai de santo, são incontestáveis. A mãe de santo é a mãe da família espiritual, a família de santo (Lima, 2003), e proprietária legal da casa de culto. Embora todo o grupo se estruture em hierarquias e cargos que dependem do tempo de iniciação e de relações de parentesco e obrigações iniciáticas já cumpridas, a designação de filhos para postos de prestígio e a nomeação para funções rituais que implicam compartilhar do poder da mãe dependem única e exclusivamente da vontade da mãe de santo, que pode quebrar regras e expectativas e nomear pessoa de sua relação mais íntima, relegando outros que poderiam estar mais bem preparados para o cargo em questão. Tudo é muito pessoal, tudo deve atender aos interesses de quem manda, e sem esforço se observa a facilidade com que relações afetivas suplantam direitos formais. Quem não gostar, que vá embora. Desde a origem, o candomblé é uma religião personalista e individualista.

4

O adepto do candomblé somente presta contas de suas ações à sua divindade particular, com a qual ele pode contar para ter uma vida livre de desgraças, perdas e frustrações. Basta que ele cuide bem do orixá, fazendo oferendas nas épocas regulamentares, oferecendo-se a ele em transe nas cerimônias em que os orixás comparecem para dançar com sua comunidade de humanos e respeitando os tabus rituais. São os tabus que definem o que o fiel não pode fazer e eles não são os mesmos para todos, dependendo do orixá da pessoa e de seu odu, uma espécie de regência mítica que acompanha o iniciado por toda a vida. Os tabus são sobretudo proibições alimentares, mas também restringem certos comportamentos que não incluem significativamente a relação com os outros, como, por exemplo, não tomar banho de mar, não subir em árvore, não usar roupa alheia, não raspar panela com faca. Tudo o que não é tabu do orixá ou do odu é permitido, de modo que há muita flexibilidade, podendo os tabus serem substituídos por outros e mesmo pouco cobrados.

As noções de certo e errado, as pautas de direitos e deveres, as interdições, assim como as regras de lealdade e reciprocidade, são moldadas na relação entre o seguidor e seu orixá, entre o filho humano e o pai divino. Essa relação está acima de qualquer outra coisa, e acredita-se que a personalidade do filho reflete a personalidade do orixá que é seu pai ou mãe no plano mítico, o que lhe atribui por herança uma gama de comportamentos e atitudes aceitos e justificados pelos mitos dos orixás e que podem contrastar muito com os modelos de conduta cristãos. Mais uma vez, não há um modelo geral válido para todos, pois tudo depende da origem mítica de cada um; são múltiplas as origens possíveis; são muitos os orixás dos quais os homens e mulheres descendem. Na lógica politeísta do candomblé, não se pode esperar que filhos de orixás diferentes tenham os mesmos comportamentos, qualidades morais, desejos e aspirações.

Por outro lado, os mitos dos orixás "naturalizam" e aceitam comportamentos que implicam o envolvimento em atos como disputa, guerra, desavença, traição, suborno, corrupção, usurpação, falsificação, rapto, incesto, sedução, estupro, assédio sexual, roubo, destruição, assassinato, logro, fraude, fingimento, falsidade etc. Em qualquer desses atos, o ideal é sair-se como o ganhador, igualmente quando se é a vítima ou algoz, o que valoriza qualidades como coragem, determinação e astúcia. Isso pode ser observado também no candomblé do começo do século XX por meio de antigos mitos oraculares que fundamentavam a orientação da conduta dada pelo jogo de búzios e que estão registrados em livro (Rocha, 2001). Estar sempre atento e preparado para o possível e iminente ataque que vem do outro é uma condição necessária para a vida neste mundo, naturalmente concebido como um território competitivo e conflituoso. Mesmo no terreiro o cotidiano é encarado como espaço de disputa, no qual a afirmação das qualidades míticas herdadas é constantemente incentivada. As contendas dentro dos terreiros e entre eles não somente são vividas, mas são apontadas como inteiramente esperadas (Vallado, 2003).

Embora grande parte dos mitos tenha se perdido, muito de seu conteúdo foi preservado nos ritos que representam a saga dos orixás, sobretudo nas cerimônias públicas realizadas no barracão sob o olhar de uma plateia de devotos visitantes, curiosos e simpatizantes. Assim, atitudes beligerantes, bem como as que indicam a sensualidade da conquista amorosa, por exemplo, são enfaticamente expressas nos gestos das danças dos orixás, quando o rito revive o mito.

5

Com o passar das gerações, o significado das línguas rituais do candomblé foi em grande parte esquecido. Embora todos os ritos sejam cantados (são centenas de cantigas e rezas), somente palavras avulsas têm significado conhecido e ninguém mais pode se comunicar na língua do candomblé, seja ela de origem iorubá, fon, quimbundo, quicongo etc., conquanto alguns grupos venham se esforçando no sentido de reaprender, na escola, a língua esquecida, assim como mitos e ritos desaprendidos. Acreditam muitos sempre ser possível redescobrir e fazer valer outra vez velhos segredos guardados, que muitos outros creem estar irrecuperavelmente perdidos.

O etnólogo e babalaô nigeriano Wande Abimbola (1997: 114), não sem razão, atribui ao esquecimento da língua a ênfase ritual excessiva, que ele chama de *over-ritualization*, observada nos países da diáspora, especialmente Brasil e Cuba. A perda do sentido das palavras e o consequente esquecimento da literatura oral teriam sido compensados pela complicação e elaboração excessiva dos ritos. Como as inovações são da iniciativa de cada terreiro, foi se formando um enorme repertório que não é compartilhado por todos, aumentando os pontos de tensão entre as diferentes casas.

A ênfase crescente nos ritos foi acompanhada sempre de muita criatividade e certos exageros. Um desses exageros pode ser observado na prescrição de sacrifícios, como também sublinha Abimbola. Assim, nos casos em que na Nigéria se costuma oferecer uma ave a um determinado orixá, aqui o número de animais pode chegar a uma dezena ou mais, pois além de oferecer a prenda àquele orixá, o devoto vê-se obrigado também a fazer oferenda ao orixá mensageiro, ao orixá do pai de santo, aos orixás patronos da casa etc., devendo pois sustentar com seus recursos um rito extremamente dispendioso e quase sempre fora do alcance de seu bolso, um luxo que um africano não pode sustentar (Abimbola, 1997: 115). O iniciado passa grande parte do tempo preocupado com a obtenção dos recursos materiais necessários à sua obrigação, o que inclui também os gastos com roupas, utensílios sagrados do orixá, dinheiro para a festa e para pagamento do pai ou mãe de santo, a chamada mão de chão, já que na maioria dos casos o chefe do terreiro vive da atividade sacerdotal. Quando a obrigação se concretizar e o fruto de sua dedicação, sobretudo na obrigação de senioridade, for exposto ao público na festa do barracão, todos os olhos estarão voltados para o apuro estético e o fausto da apresentação. Ninguém estará preocupado com virtudes e sentimentos religiosos, pois a religiosidade aqui se expressa pela exterioridade, a forma embotando o conteúdo.

Com a crescente importância do rito, expandiu-se uma verdadeira indústria de artefatos sacros e constituiu-se um diversificado conjunto de produtores e vendedores de artigos religiosos, nacionais e importados. Objetos antes feitos por artesãos que pertenciam às comunidades de culto foram sendo substituídos por artigos produzidos industrialmente; comerciantes especializaram-se na importação de tecidos e roupas e na produção e distribuição de rendas e bordados. Há verdadeiros shopping centers que reúnem dezenas de lojas especializadas onde tudo pode ser comprado: tecidos, roupas, objetos de assentamento, contas, búzios, favas e sementes, velas, adereços, artigos de palha, louça, cerâmica e ferro, ingredientes para os pratos da cozinha dos orixás, folhas e até livros e discos. Nesses grandes espaços de comércio, há oficinas que fazem em ferro, na hora, ferramentas de orixá de acordo com o gosto e o desenho do freguês. Lojas anexas vendem todo tipo de animal votivo.

Com lojas espalhadas por todos os cantos das cidades, esse mercado de artigos religiosos põe à disposição do seguidor do candomblé uma oferta que se renova a cada onda da moda e faz dele um consumidor contumaz. Os paramentos dos orixás, compostos de saias, calçolões, laços e faixas, mais as coroas, capacetes, braceletes, peitorais, tornozeleiras, além das insígnias de mão, como espadas, arcos e flechas, cetros, bastões, leques, espelhos, espanta-moscas, tudo isso é produzido de acordo com a moda da época. Notadamente no Rio de Janeiro e em São Paulo, onde os profissionais que ditam a moda no candomblé são, em geral, os mesmos produtores estéticos das escolas de samba, não é difícil perceber como o desfile de carnaval antecipa as preferências em desenho e material que vestirão e adornarão os orixás em transe nos barracões de candomblé naquele ano.

A relação de interdependência entre religião, mercado consumidor e espetáculo limita cada vez mais a atenção, o interesse e a concepção de religião do devoto do orixá, orientando o foco de sua percepção para o rito, que aparece como sinônimo pleno de religião. De fato, quando algo na vida do devoto não dá certo, quando incidentes inesperados lhe trazem sofrimento e dor, quando suas expectativas não se realizam, acredita ele que algum erro foi cometido na realização do rito, frequentemente atribuindo a culpa à mãe de santo que, por ignorância ou má-fé, não teria sabido aplicar as fórmulas corretas. Não lhe ocorre imputar a desdita a seu merecimento, à qualidade de sua intenção, fé e esperança, como se dá, em contraposição, em religiões em que a dimensão moral é preponderante. A oferenda, a obrigação, o rito funcionam *ex opere operato*. Uma vez realizado corretamente, o ritual deve proporcionar os fins pretendidos, independentemente de intenções e atitudes envolvidas no rito, seja da parte do ofertante seja da parte do oficiante. É preciso, pois, conhecer e realizar corretamente o rito. Se não der certo, deve ser corrigido.

A hipertrofia ritual reflete-se na supervalorização da representação cênica das assim chamadas cerimônias de barracão, quando os seguidores, em transe de seus orixás e outras divindades e entidades, dançam, caracteristicamente paramentados, ao som dos cânticos sagrados no ritmo dos atabaques, agogôs e xequerês, para uma plateia de crentes, clientes e curiosos. Dançam ao som de cânticos, cujas palavras tiveram seu significado perdido nos caminhos da diáspora, para uma plateia de curiosos que ali estão para usufruir da celebração religiosa como espetáculo de exótica estética, bem como para uma plateia de crentes pertencentes a outros terreiros e famílias de santo que estão ali para avaliar, criticar e muito raramente elogiar a organização cerimonial e a beleza das danças, roupas e adereços. Que estão ali também para usufruir do candomblé como lazer. Há um lema que diz que aquele que oferece festa deve oferecer a melhor festa, reunião que se conclui com um quase sempre muito generoso e concorrido banquete comunial preparado com o produto do sacrifício, mas no qual também se servem, não raramente, churrascos e feijoadas fartamente "regados a cerveja", como se pode ler em muitos convites ricamente impressos que terreiros enviam a seus convidados.

Tudo isso supõe, certamente, competição, imitação e exercício da capacidade de invenção e criatividade. Frequentar um local como o mercadão de Madureira, o que para muitos representa momentos de lazer e sociabilidade, propicia o contato com a moda e seus sugestivos objetos recém-criados, com novas matérias-primas e novas tendências, de modo que qualquer um pode elaborar pessoalmente seus próprios artefatos e arranjos, num exercício infindável de reelaboração e enriquecimento material e estético do rito.

6

Ao reproduzir originalmente no terreiro a estrutura da família poligínica africana, o candomblé adotou padrões de incesto severos, impedindo casamento e relações sexuais entre os membros de um terreiro, que na verdade representa uma família extensa. Também a mãe de santo estava impedida de iniciar, por exemplo, seus filhos carnais, o que obrigava o terreiro a estabelecer laços iniciáticos com outros terreiros, reforçando as relações de reciprocidade entre as diferentes casas de culto. Igualmente, o cônjuge de um iniciado deveria ser iniciado pela mãe ou pai de outra casa, já que no plano religioso, se ambos fossem iniciados pela mesma mãe, passariam a ser irmãos. A disputa ferrenha entre as casas de santo, a falta de confiança entre os líderes, a ambição dos chefes no sentido de ter cada vez mais e mais filhos de santo enfraqueceram e mudaram os tabus de parentesco, passando-se, por exemplo, a considerar irmãos apenas aqueles cuja cabeça pertence ao mesmo orixá, mesmo assim podendo-se mudar um deles para evitar relações entre irmãos. As regras do tabu, hoje, não representam impedimento categórico, havendo muita flexibilidade para alterá-las caso a caso, de acordo com os interesses do terreiro e de seu chefe. Praticamente todas as relações são admitidas dentro de um mesmo grupo de culto, sendo muitos os artifícios aceitos para burlar as interdições.

O candomblé costuma ser apresentado como religião tolerante, sobretudo no que diz respeito à sexualidade. Já no final dos anos 1930, os relatos de campo da antropóloga americana Ruth Landes (1967) sublinhavam as liberdades de escolha sexual de homens e mulheres dos terreiros de Salvador, não parecendo haver restrições à conduta sexual, seja ela referida à preferência hetero ou homossexual. Num segmento social caracterizado pela grande presença de famílias parciais ou incompletas, em que a mulher era a chefe e provedora, as relações conjugais estáveis não eram a norma e a preocupação com valores morais associados à manutenção da família monogâmica estável estava longe da realidade. Numa época em que os valores sociais que regulavam a vida em família e a vida sexual eram muito estritos, valores como vida sexual exclusivamente no casamento não faziam sentido para a população que se ligava ao candomblé. O alargamento da possibilidade de escolha de parceiros sexuais, inclusive homossexuais, deve ter minado completamente os tabus do incesto que, originalmente, proibiam relações entre os filhos de santo de uma mesma casa, entre pais e seus iniciados etc. Logo, os tabus religiosos estavam reduzidos a ingestão de alimentos e pequenas ações.

Embora se faça muita crítica ao comportamento moral do outro, sempre na forma de fofoca e maledicência, o candomblé não dispõe de nenhum mecanismo formal de censura, aceitando em seu corpo de iniciados qualquer pessoa, mesmo quando se trata de indivíduos cuja conduta moral, sexual ou não, os torna indesejáveis para outras religiões, que só os aceitam quando são capazes de mudá-los. Exemplo emblemático está estampado numa reportagem da *Revista da Folha* de 29 de agosto de 1999, em que sete pais de santo, fotografados em grupo com suas roupas litúrgicas afro-brasileiras, vêm a público para expor sua homossexualidade e falar da liberdade sexual no candomblé, liberdade que se justifica por meio de comparações, nem sempre fiéis, com ações e atitudes das próprias divindades narradas pelos mitos dos orixás, às vezes de fonte duvidosa. De fato, o candomblé é capaz de justificar as opções e condutas não somente de ordem sexual, mas qualquer outra. Não se cultiva, de todo modo, um modelo de conduta geral recomendado para todos; a diferença é aceita plenamente e cada um responde por aquilo que é. A pauta de ações a ser cumprida obriga o filho de santo a cuidar do seu orixá, a quem deve alimentar, vestir e apresentar em festa. Se tais ações estritamente rituais forem cumpridas nos períodos das obrigações devidas ao orixá, cada um é livre para ser e fazer o que quiser.

Chama a atenção a grande presença de homossexuais nos terreiros, certamente atraídos pela própria liberalidade do candomblé quanto às escolhas sexuais. Os chamados *adés* podem conviver nos terreiros sem ter que esconder sua condição, como ocorre na quase totalidade das demais religiões. No candomblé sua opção é aceita e valorizada (Birman, 1995; Teixeira, 1987). Cada um pode ser o que quiser, quem quiser, desde que cumpra as obrigações para com os orixás.

7

Em meados do século xx, quando deixou de ser uma religião exclusiva de negros e se abriu para todos, o candomblé já se mostrava como religião ritual e mágica, em parte dependente, em termos financeiros e de prestígio social, de um mercado de serviços mágicos para uma clientela sem laços religiosos com a comunidade de culto. A abertura para os segmentos não negros da população e sua expansão para o Sudeste e posterior propagação por todo o país só fizeram acentuar essa faceta do candomblé. O pai de santo passou definitivamente a se apresentar como o feiticeiro competente, capaz de fazer e desfazer qualquer magia em benefício do cliente pagante. A carreira sacerdotal transformou-se numa perspectiva profissional aberta a muitos jovens pobres e sem escolaridade em busca de mobilidade social, uma vez que, com sete anos de iniciação (às vezes menos e muito menos), qualquer pessoa pode legitimamente se estabelecer como mãe ou pai de santo, iniciar filhos e angariar clientela. A aceitação plena do homossexualismo fez do candomblé talvez a única opção religiosa possível para muitos jovens discriminados pelas outras religiões e demais instituições sociais, sobretudo no caso do pobre sem perspectiva de mobilidade. A história de muitos pais de santo revela terem alcançado um sucesso ocupacional com um grau de ascensão social que dificilmente teriam logrado se não fossem as oportunidades oferecidas pela religião dos orixás, constituindo-se para os jovens seguidores como modelos de sacerdotes bem-sucedidos, independentemente de serem ou não modelos de virtude. O valor da ostentação, que parece tão caro a muitas culturas africanas, ganha relevo especial, devendo o pai de santo apresentar-se em público com roupas vistosas e caras, preferencialmente importadas de países africanos, com a cabeça envolta em torços de tecidos espalhafatosos, trazendo na mão emblemas da realeza tradicional, num conjunto de estética própria que o identifica imediatamente com o candomblé a partir de estereótipos fartamente explorados pela televisão.

Podendo contar com uma sólida oferta de produtos rituais que ampliam a riqueza e a diversidade do rito como espetáculo que busca o reconhecimento alheio, o pai de santo dispõe ainda, no mercado interno dos serviços religiosos, de músicos aptos à realização dos toques e cantos indispensáveis às celebrações públicas, os quais trabalham por remuneração. O pai de santo não está sozinho à frente de sua comunidade, mas conta com a ajuda importante dessas ofertas, que podem ser mais ou menos demandadas, dependendo da capacidade do pai de prover seus próprios ritos sem a presença de auxiliares contratados.

Além do fato de o tempo iniciático mínimo mostrar-se curto para um aprendizado mais detido dos fundamentos e práticas religiosas, mesmo porque em geral um iniciado divide seu tempo de iniciação com seu tempo de trabalho na vida profana, a maioria das atividades do aprendizado sacerdotal concentra-se na produção e na realização da festa. E o período de treinamento regulamentar de sete anos em muitos casos é reduzido em favor dos interesses de iniciados ansiosos em se estabelecer por conta própria como chefes de terreiro. As casas de santo raramente realizam atividades de desenvolvimento intelectual e moral de seus quadros, mantendo-se sempre um falso clima de mistério, segredo e reserva sobre questões de doutrina. Esta é pouco ensinada e discutida, e fartamente ignorada por pais e mães que não tiveram tempo, interesse ou oportunidade de aprender, desconhecendo-se, por exemplo, as concepções de nascimento, morte e reencarnação que foram fundamentais na religião dos orixás.

Aos fatores que favorecem a hipertrofia ritual junta-se, pois, a concepção corrente que se tem da profissão de pai de santo como sendo um feiticeiro agora socialmente legitimado pelo consumo esotérico e midiático, que trabalha por dinheiro para resolver os problemas de quem dele precisar, como qualquer outro profissional do bem-estar espiritual ou psíquico do indivíduo. Para se situar bem no mercado de muitos competidores, terá esse profissional que se fazer visível, bem visível. Nada melhor, para alcançar a publicidade, que se esmerar no rito, sobretudo quando não se tem o treino necessário para se impor pela presença intelectual nem o carisma para se afirmar como líder espiritual. É exatamente como acontece, em graus variados, também com os novos sacerdotes do catolicismo carismático, do neopentecostalismo e de tantos e tantos credos disponíveis no mercado religioso contemporâneo.

7. Cultura religiosa, memória e identidade

1

A cultura africana diluída na formação da cultura brasileira corresponde a um vasto elenco de itens que abrangem a língua, a culinária, a música e artes diversas, além de valores sociais, representações míticas e concepções religiosas, conservadas não a partir de uma matriz africana única, mas de várias, oriundas de diferentes povos africanos. Fora do campo religioso, nenhuma das instituições culturais africanas logrou, entretanto, sobreviver com suas estruturas próprias. Ao contrário, cada contribuição é resultante de um longo e lento processo de diluição e apagamento étnico a tal ponto que, diante de um determinado traço cultural, embora se possa reconhecer nele uma origem africana genérica, é difícil, quando não impossível, identificar o povo ou nação de que provém. Tudo é simplesmente África, perdidas as diferenças e especificidades. Mais que isso, os próprios afrodescendentes, por não conhecerem a própria origem nem saberem se seus antepassados eram bantos ou sudaneses — os dois grandes grupos étnico-linguísticos de nossa formação africana —, também não podem identificar as origens dos aspectos culturais, como se a cultura brasileira como um todo, ao se apropriar deles, tivesse apagado as fontes. A memória que se tem da África é vaga, genérica, indefinida.

Mesmo que se imagine uma África única, inespecífica, é possível, através da pesquisa, identificar estruturas e elementos herdados de culturas bem definidas. Assim, no caso do candomblé, podemos buscar sua estrutura hierárquica, divisão de trabalho sacerdotal e concepção de poder nos padrões familiares da antiga família iorubá, com empréstimos tomados de outros povos africanos.

Os iorubás tradicionais são poligínicos, com família extensa, e habitam residências coletivas formadas de quartos e apartamentos contíguos, os *compounds*. Cultuam orixás particulares para cada família, cidade e região (Fadipe, 1970). O chefe mora com a esposa principal e os filhos dela nos aposentos principais; as demais esposas moram com seus filhos, habitando cada uma quartos separados. As áreas comuns são reservadas para cozinha, lazer, trabalho artesanal e armazenamento. A família cultua o orixá do chefe masculino, divindade ancestral que ele herda patrilinearmente, e que é o orixá principal de todos os filhos. Cada esposa cultua também o orixá da família de seu pai, que é o segundo orixá de seus filhos. Assim, os irmãos devem culto ao orixá do pai, que é o mesmo para todos, e ao orixá da mãe, que pode ser diferente de acordo com a herança materna. Como os iorubás creem descender de seus orixás, a origem de cada indivíduo não é necessariamente a mesma. Um *compound* é assim uma reunião de diferentes cultos, cada um com seus mitos, tabus e cerimônias. Há um deus geral e deuses particulares louvados nas casas das diversas esposas. A família também tem como culto comum a devoção a Exu, orixá *trickster* que estabelece a comunicação entre

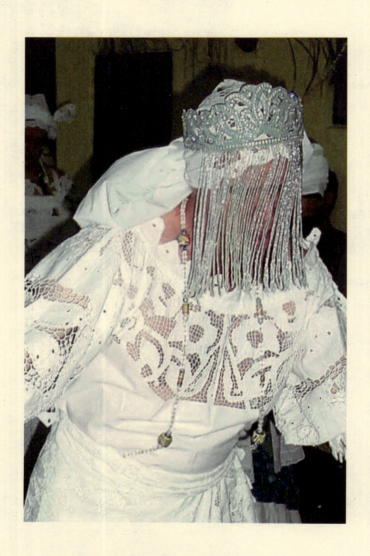

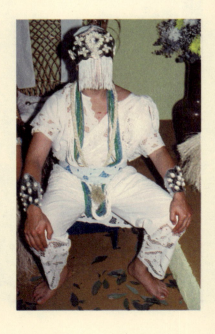

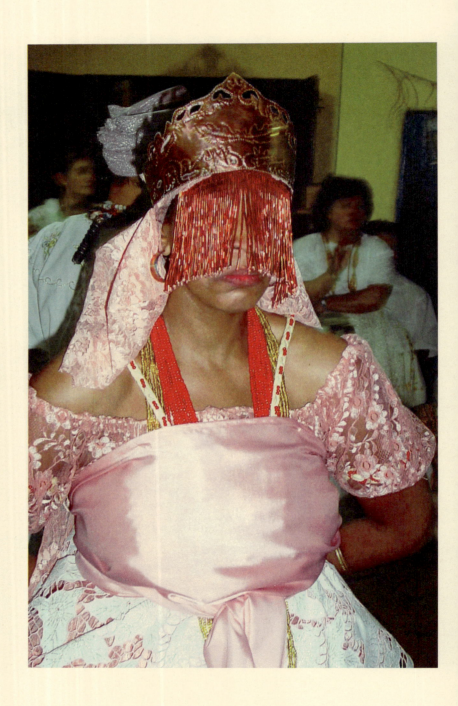

os diferentes planos e personagens deste mundo e do mundo paralelo dos deuses e espíritos. Também se cultuam os orixás que protegem a cidade, em geral orixás da família do rei, os orixás do mercado, centro econômico e de sociabilidade da cidade, e outros que podem ser adotados individualmente por livre escolha. O chefe da família é o chefe do culto do orixá principal; iniciam-se entre membros da família os sacerdotes que devem incorporar a divindade em transe ritual durante as grandes celebrações festivas. O mesmo se dá com respeito aos orixás secundários, os das esposas.

O culto ao orixá da adivinhação, chamado Orunmilá ou Ifá, é praticado fora do âmbito da família por uma confraria de sacerdotes chamados babalaôs, encarregados de, através de práticas divinatórias, ler e interpretar o futuro das pessoas, conhecer o desígnio dos deuses e prescrever os sacrifícios propiciatórios aos orixás. A adivinhação do babalaô é praticada através da interpretação de um enorme acervo de mitos (seus instrumentos divinatórios selecionam os mitos a serem interpretados em cada consulta oracular), mitos que ele aprende durante a iniciação e que explicam para o iorubá seu mundo, a vida, a morte, a ação dos deuses e tudo mais que existe, e que fornecem e inspiram os valores e normas da sociedade iorubana.

Uma outra sociedade que envolve toda a cidade, às vezes mais de uma, é a que se dedica ao culto dos ancestrais fundadores da cidade, os egunguns, culto estritamente masculino, responsável pela administração da justiça no plano das relações comunitárias. A essa organização religiosa de culto aos fundadores e heróis humanos contrapõe-se uma outra, a sociedade Gueledé, que celebra os ancestrais femininos, as grandes mães. A religião do dia a dia, de todo modo, é a religião familiar. Não se separa religião e família na vida cotidiana.

O candomblé, criação brasileira, estruturou-se como essa

família iorubá. O grupo de culto é dirigido por um chefe, masculino ou feminino, com autoridade máxima, e o orixá do fundador do grupo é o orixá comum daquela comunidade, para o qual é levantado o templo principal. Templos secundários, denominados casas ou quartos de santo, são construídos para cada um dos orixás ou famílias de orixás louvados pelo grupo. A hierarquia copia a da família iorubá: os membros mais jovens devem respeito e submissão aos mais velhos, aos pés dos quais se prostram em reverente saudação, como fazem os filhos iorubanos para com os pais e mais velhos, e como faz todo iorubá em respeito às autoridades. Supõe-se que os mais jovens devam aprender com os mais velhos e assimilar o conhecimento religioso pela palavra não escrita. A hierarquia agora é regulada não pela idade, mas pelo tempo de iniciação, já que a inclusão na família (religiosa) faz-se por livre adesão e não por nascimento. As mulheres mais velhas, isto é, iniciadas há mais tempo (e no Brasil o sétimo ano de iniciação ganhou o estatuto de ano que marca a senioridade) chamam-se entre si de ebômi, "minha irmã mais velha", tratamento que as esposas mais antigas do chefe, e por conseguinte mais importantes, usam entre si. A recém-iniciada é chamada iaô, ou jovem esposa, noiva, que é como as esposas mais velhas chamam as mais novas. Claro que, com o passar do tempo, essas designações reservadas às mulheres passaram também a ser usadas para os iniciados masculinos. Além das práticas iniciáticas, como a raspagem da cabeça que marca o ingresso das meninas na puberdade e o uso de escarificações indicativas de origem tribal e familiar (os *aberés* do candomblé), costumes do cotidiano familiar africano foram igualmente incorporados à religião no Brasil como fundamento sagrado que não deve ser mudado: dormir em esteira, comer com a mão, prostrar-se para cumprimentar os mais velhos, manter-se de cabeça baixa na frente de autoridades, dançar descalço etc.

Do governo das cidades o candomblé copiou postos de mando na religião. O conselho do rei de Oió, cidade de Xangô, inspirou a criação do conselho dos *obás* ou *mogbás* em terreiros desse orixá. O general *balogum* transformou-se em cargo de alta hierarquia no culto a Ogum. As mulheres encarregadas de administrar o provimento material da corte do rei inspiraram as *ialodês* dos candomblés. A mulher encarregada de zelar pelo culto a Xangô no palácio do rei de Oió, e por isso mesmo chamada Ekeji Orixá, que significa a segunda pessoa do orixá, foi certamente o modelo do cargo das equedes, mulheres que não entram em transe e que vestem os orixás e dançam com eles quando incorporados em suas sacerdotisas e sacerdotes.

Embora a identidade étnica de negros escravizados e negros livres tenha se preservado até o final do século XIX — sobretudo entre os que chegaram da África havia menos tempo e que estavam organizados em confrarias católicas, com a formação da sociedade de classes, já sob a República —, cada vez mais as organizações de corte estamental e étnico foram perdendo o sentido, e aspectos das culturas africanas foram igualmente sendo mais e mais absorvidos pela cultura nacional, que é primordialmente branca, europeia e cristã. Embora em muitos aspectos, sobretudo no campo das artes, possamos identificar, no final do século XIX e no início do século XX, manifestações culturais caracteristicamente negras, sua sobrevivência dependia da capacidade de serem absorvidas pela cultura branca. É o caso exemplar da música popular brasileira, em que os ritmos e estruturas melódicas de origem africana sobreviveram na medida em que passaram a interessar aos compositores brancos e aos consumidores da cultura branca. Assim, o lundu negro abria caminho para o choro branco; a música do candomblé dos negros pobres fornecia a matriz para o samba nacional das classes médias. Em outras palavras, a preservação daquilo que é africano requeria apagar ou disfarçar exatamente a origem e a marca negra, num processo de branqueamento e miscigenação que atingiu todas as áreas — a umbanda é o exemplo emblemático no âmbito da religião (Ortiz, 1978) — e que somente foi revertido de maneira limitada a partir da década de 1960, quando a diferença, o pluralismo cultural e a valorização das origens étnicas passaram a constituir a orientação dos produtores e consumidores culturais, num movimento que foi bastante expressivo no Brasil.

2

Por volta da metade do século XIX, com a presença de escravizados, negros libertos e seus descendentes nas grandes cidades, a população negra conheceu maiores possibilidades de integração entre si, com maior liberdade de movimento e maior capacidade de organização, uma vez que mesmo o escravizado já não estava preso ao domicílio do senhor — negro de ganho que era então — e podia agregar-se em residências coletivas concentradas em bairros urbanos onde estava seu mercado de trabalho. Vivia com seus iguais africanos, numa época em que tradições e línguas trazidas da África estavam vivas em razão de sua chegada recente ao país (Oliveira, M., 1996). Foi quando se criou o que talvez seja a reconstituição cultural mais bem acabada do negro no Brasil, capaz de preservar-se até os dias de hoje: o candomblé.

Nas diferentes grandes cidades do século XIX surgiram grupos que recriavam no Brasil cultos religiosos que reproduziam não somente a religião africana, mas também outros aspectos da cultura na África. Os criadores dessas religiões foram negros de etnias nagôs ou iorubás, especialmente os das cidades e regiões de Oió, Lagos, Queto, Ijexá e Egbá, e os dos povos fons, aqui chamados jejes, sobretudo os mahis e os daomeanos. Floresceram na

Bahia, em Pernambuco, Alagoas, no Maranhão, Rio Grande do Sul e, secundariamente, no Rio de Janeiro. Embora tenha também surgido e se mantido uma religião equivalente por iniciativa de negros bantos, a modalidade banta lembra muito mais uma adaptação das religiões sudanesas do que propriamente cultos da África meridional, tanto em relação ao panteão de divindades como em função das cerimônias e processos iniciáticos.

A religião negra, que na Bahia se chamou candomblé, em Pernambuco e Alagoas, xangô, no Maranhão, tambor de mina, e no Rio Grande do Sul, batuque, foi organizada em grupos de "nações", ou "nações de candomblé" (Lima, 1984). Em cada uma delas, a nação africana que a identifica é responsável pela maioria dos seus elementos, embora haja grande troca de elementos entre elas, resultado dos contatos entre nações no Brasil e mesmo anteriormente na África. Na Bahia surgiram os candomblés queto e ijexá — e mais recentemente o efã —, todos de origem acentuadamente nagô ou iorubá, além de um candomblé de culto aos ancestrais, o candomblé de egungum. Também da Bahia é o candomblé jeje ou jeje-mahim, enquanto no Maranhão o tambor denominado mina-jeje dependeu mais de tradições dos jejes daomeanos, ali também se criando uma denominação mina-nagô, de predominância iorubá. Em Pernambuco sobreviveu a recriação da nação egbá, também chamada nagô, e no Rio Grande do Sul, as nações iorubanas oió e ijexá. Em Alagoas criou-se um culto de nação xambá, igualmente nagô, hoje praticamente extinta. Na Bahia, como em outros lugares, tivemos a formação dos candomblés bantos, com três referências básicas: candomblé angola, congo e cabinda, mas apenas as dimensões da língua ritual e da música parecem ser sua marca de identidade, pois os deuses são os orixás dos nagôs e seus ritos seguem os dos candomblés nagôs e jejes.

Como disse antes, a religião negra que se refez na Bahia e

em outros lugares é uma reconstituição não apenas da religião africana, mas de muitos outros aspectos culturais da África original, numa espécie de reposição da memória do que ficou para trás. Tomemos o candomblé queto, que inclusive serve de modelo para os demais. Primeiro, refez-se no plano da religião a comunidade africana perdida na diáspora, criando-se no grupo religioso relações de hierarquia, subordinação e lealdade baseadas nos padrões familiares e de parentesco existentes na África. A família de santo, a comunidade de culto, tornou-se uma espécie de miniatura simbólica da família iorubá.

O candomblé que se formou no Brasil foi mais que a reconstituição da religião. Não sendo a religião africana uma esfera autônoma em relação às demais que formam a sociedade tradicional, para que ela fizesse sentido no Brasil, muitos outros aspectos da sociedade africana tiveram que ser aqui reconstituídos, pelo menos simbolicamente, uma vez que no Brasil as estruturas familiares e societárias africanas estavam completamente ausentes, substituídas, mesmo no caso do escravizado, pelos padrões ibero-brasileiros. Isso evidentemente implicou muitas acomodações. Com a destruição no Brasil da família africana, perdendo-se para sempre as linhagens e as estruturas de parentesco, a identidade sagrada não pôde mais ser baseada na ideia de que cada ser humano descende de uma divindade através de uma linhagem biológica. Essa herança, baseada na família de sangue, foi substituída por uma concepção de linhagens mítico-espirituais. Continuou-se a crer que cada indivíduo descende de um orixá, que é considerado seu pai ancestral e a quem deve culto, mas agora isso independe da família biológica, e o orixá de cada um só pode ser revelado através do oráculo do jogo de búzios, que no Brasil é prerrogativa dos chefes de culto, as mães e os pais de santo. Mas se manteve a ideia de um segundo orixá regendo o indivíduo, o adjunto ou *juntó*, que na África era o da mãe biológica e que aqui é identificado também pelo oráculo.

Através da religião, como mostrou Roger Bastide (1971), recriou-se no Brasil, com as inevitáveis adaptações, uma África simbólica que foi, durante pelo menos um século, a mais completa referência cultural para o negro brasileiro. Agora uma instituição da sociedade brasileira, passou a funcionar como uma espécie de ilha à qual o negro podia recolher-se periodicamente, num refúgio idílico capaz de atenuar, quem sabe?, as agruras da vida cotidiana na sociedade inclusiva, branca e cristã. Quando o tráfico negreiro cessou, e logo depois a escravidão chegou ao fim, iniciou-se o lento e inconcluso processo de integração do negro na sociedade de classes, então em formação. O candomblé como reunião de negros originários e descendentes de determinadas etnias ou nações africanas foi deixando de fazer sentido. As novas adesões dos negros, na maioria já nascidos brasileiros, às diferentes nações de candomblé deixaram de ser orientadas pela origem étnica e passaram a se constituir numa escolha pessoal, pesando na decisão as simpatias pelo chefe do grupo, o conhecimento e amizade dos adeptos, localização do terreiro etc. De todo modo, no começo do século xx, definitivamente o corte já não era mais étnico. Assim como o negro esqueceu sua origem e a língua dos pais e avós, o candomblé também esqueceu o significado das palavras e a sintaxe das línguas sagradas. Embora os cânticos e rezas tenham sido preservados nas línguas originais, modificadas e corrompidas, evidentemente, a cada geração, as diversas línguas do candomblé deixaram de ser línguas de comunicação para ser línguas rituais intraduzíveis. Os mitos de origem de que falam os cânticos sacros foram igualmente em grande parte esquecidos, a memória ancestral foi deixando de reafirmar as verdades originais antigas para dar luz a novas questões, impostas pelo imperativo de se viver num mundo contemporâneo em constante transformação.

O que restou da memória coletiva viva, que constantemente faz referência a um determinado povo, a uma etnia, transformou-se em fundamento religioso, cristalizou-se. A comunidade de culto no candomblé não é mais necessariamente uma comunidade afrodescendente, não é mais uma reunião de negros que cultiva uma origem comum, os próprios antepassados lembrados nos terreiros não são mais os heróis africanos das cidades e dos troncos familiares, mas os fundadores da religião dos orixás no Brasil e os velhos líderes dos terreiros. Apenas os mitos de interesse religioso serão lembrados; os costumes africanos somente sobrevivem quando reinterpretados e adotados como elementos e práticas da religião.

3

A reconstituição da cultura religiosa africana no Brasil foi orientada, não sem a ocorrência de mudanças, acréscimos e perdas, por um processo que vislumbrava dar sentido à memória e à identidade do negro na diáspora, num jogo que o povo de santo imagina apenas como pleno de mistérios perdidos e segredos guardados.

Antes do contato com a cultura europeia, os iorubás e outros povos africanos acreditavam, como vimos, que o tempo era cíclico, não linear, não histórico. Nada na vida é novidade, tudo se repete desde os tempos imemoriais. Acontecimentos do passado estão vivos nos mitos, que se refazem na vida de cada um de nós. E é no tempo mítico do passado remoto que se acredita estar a verdade do presente. O tempo do mito é o tempo das origens. O passado mítico, coletivo, compartilhado de geração a geração, fornece à sociedade o sentido geral da vida, orienta a conduta e fornece valores para nortear a vida. O tempo do mito é, portanto, o tempo da tradição, da permanência, da ancestralidade. As danças do candomblé, com os orixás manifestados nas filhas e filhos de santo em transe, trazem para o presente da comunidade de culto, por meio dos mitos representados nas coreografias, o passado remoto, imutável e verdadeiro das divindades. Que não é mais o passado real da comunidade do terreiro, hoje não mais formado exclusivamente por afrodescendentes.

O mito, agora no Brasil, como elemento constitutivo da religião afro-brasileira, deve fazer sentido não mais exclusivamente para o negro e todo afrodescendente, mas também para o branco que adere à religião dos orixás. Não está mais referido a um passado genealógico, consanguíneo, que identifica e legitima cada tronco familiar, como na África, mas liga espiritualmente cada membro da religião, independentemente de sua origem étnica, a um dos antepassados que formam o panteão das divindades cultuadas em solo brasileiro: os orixás Exu, Ogum, Oxóssi, Ossaim, Omulu, Nanã, Oxumarê, Euá, Xangô, Obá, Iansã, Oxum, Logum Edé, Iemanjá, Oxaguiã, Oxalá. O candomblé, que é brasileiro, ensina que cada ser humano descende de um desses deuses, independentemente de sua origem familiar, étnica, racial ou geográfica. Os orixás são agora divindades universais.

Assim o candomblé foi deixando de ser fonte de memória e identidade do negro, embora um ou outro terreiro possa, remando contra a corrente, buscar inserção no movimento negro. Ultrapassada a primeira metade do século XX, a possibilidade de escolher o candomblé como religião deixou de ser prerrogativa do negro, abrindo-se a religião afro-brasileira para todos os brasileiros de todas as origens étnicas e raciais. A sociedade branca, que já no início do século criara uma versão mais branqueada do candomblé — a umbanda —, capturou então, num outro movimento de inclusão, aquela que durante um século tinha sido a religião dos negros. Já estávamos na sociedade de massa e o candomblé seria o grande reservatório da cultura brasileira mais próxima da África.

Se aspectos de origem africana já compunham a cultura brasileira nas mais diversas áreas, a partir de 1960 ocorreu um redimensionamento da herança negra e aquilo que antes era tratado como exótico, diferente, primitivo, passou a ser incorporado como habitual, próximo, contemporâneo. A própria música popular agregou ao velho e sucessivamente branqueado samba novas batidas, mais próximas da percussão dos terreiros de candomblé. As escolas de samba do carnaval não se cansam de fazer desfilar os orixás na avenida. A televisão, na notícia e na ficção, sobretudo nas novelas, não consegue deixar de lado referências constantes aos deuses dos terreiros, ao jogo de búzios, aos pais e mães de santo, sejam eles apresentados como autênticos ou falsos. A cultura de uma minoria agora já é consumo de todos.

4

A valorização da cultura negra no Brasil ocorreu juntamente com a formação dos movimentos de minorias, entre os quais o movimento negro nas suas mais diferentes manifestações, avivando-se para os afrodescendentes a questão da origem e da identidade. Depois de séculos de integração, miscigenação e branqueamento físico e cultural, setores das populações negras e mestiças questionam e são questionados sobre sua origem africana e afrodescendente. Enquanto intelectuais e artistas não identificados com uma causa negra procuram, de modo geral, incorporar e dissolver a África brasileira numa arte e num discurso de corte universal, surgem aqueles interessados exatamente no contrário: delinear a origem negra como sua origem, fazendo da criação artística documento da própria identidade.

Mas o negro, obrigado a incorporar-se numa cultura nacional, europeia, branca e cristã, sem o que não era possível sobreviver — e o sincretismo católico das religiões afro-brasileiras é a demonstração nítida dessa obrigatoriedade de ser brasileiro e por conseguinte católico, mesmo quando se é africano e se cultuam orixás e outras divindades africanas —, pois bem, esse negro esqueceu sua origem. Já não é capaz de saber de onde vieram os ancestrais, se eram dessa ou daquela tribo ou cidade, que língua falavam, nem mesmo sabe se eram bantos ou sudaneses.

A superioridade numérica dos negros iorubás na Salvador do século XIX transformou sua língua, o iorubá, numa língua comum dos negros escravizados e libertos das mais diferentes origens étnicas que conviviam na cidade (Rodrigues, 1976). Quando os diferentes grupos organizaram sua religião na Bahia, foram candomblés nagôs, com muitas contribuições rituais dos jejes, que melhor conseguiram se impor como modelo de culto, de tal modo que os seus deuses, os orixás, acabaram ganhando relevo, primeiro local e depois nacional, encobrindo a presença dos voduns dos jejes e dos inquices dos bantos. Enquanto os orixás passaram a ser reconhecidos como as autênticas divindades africanas, sobretudo com o surgimento da umbanda, que os disseminou por todo o país, os voduns ficaram limitados a uns poucos templos de Salvador e cidades do Recôncavo e completamente escondidos do resto do país nos templos do Maranhão, até que a migração os trouxesse para o Sudeste (Prandi, 1998). Os inquices bantos desde longa data haviam sido substituídos pelos orixás e encantados caboclos. Como se tudo que é negro remetesse aos povos nagôs, como se todos os deuses africanos fossem orixás (Prandi, 2001 b).

O ensaísta e poeta norte-americano Steven White, analisando a poesia produzida nos últimos quinze anos por poetas brasileiros negros, como Estevão Maya-Maya, Oliveira Silveira, Edimilson de Almeida Pereira, Ricardo Aleixo e Lepe Correia, entre outros, mostra exatamente como a procura de uma identidade negra, africana de origem, acaba remetendo à necessidade de reinventar um passado através da religião que se professa hoje, e que é a fonte brasileira por excelência da "memória" das origens africanas (White, 1999). A religião tradicional, reconstituída do lado de cá do Atlântico, passa a ser fonte de memória criada do presente para o passado, num caminho inverso. O processo de elaboração desse passado mítico e idílico vai beber nas próprias tradições preservadas como fundamento das instituições religiosas negras mais presentes no cenário cultural do país, e a identidade define-se a partir de uma origem idealizada, que o poeta adota como sendo a dele. A reconstituição do passado que orienta a construção da identidade se faz, assim, a partir da cultura brasileira e não da verdadeira e perdida origem étnica, familiar e, em última instância, racial.

Mesmo quando o negro se expressa para afirmar a negritude, a condição africana, não resta a ele fazê-lo senão como brasileiro. Ainda que o passado ancestral perdido seja a África pluriétnica, multicultural, o passado recuperável é aquele que o Brasil logrou incorporar na construção de uma nova civilização, passado que só pode ser reinventado, memória recriada. Entre o Brasil contemporâneo e a velha África, bem como entre a antiga Europa e as perdidas civilizações indígenas, situa-se a nossa própria história, que nos impede ou auxilia no reencontro do nosso ponto de partida, nos meandros da civilização que ela mesma engendrou. Do Brasil de hoje se faz a África de ontem, África simbólica que é memória e identidade possíveis dos afro-brasileiros. O candomblé, nesse processo, deixa de ser religião e passa a funcionar apenas como fonte idealizada de identidade, mesmo porque o candomblé não tem a menor disposição de se enfileirar com o movimento de afirmação do negro; pais e mães de santo, muitos deles brancos ou mestiços, querem ser apenas líderes religiosos, longe de qualquer outra instituição que possa interferir na comunidade que eles formam e dirigem com mão de ferro. Do outro lado, embora alguma parcela do movimento negro possa escolher o candomblé como símbolo de identidade africana, dificilmente o conjunto todo estará disposto a assumir uma religião e submeter-se às suas orientações. Candomblé e movimento negro têm a mesma origem, mas já não podem ser juntados. O candomblé tornou-se religião universal, já não pertence a raça ou etnias definidas, é religião "para todos nós", para todos os brasileiros.

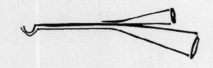

8. Música sacra e música popular

1

Para os negros africanos, a música tem talvez um sentido mais amplo do que aquele que lhe é atribuído no Ocidente. Não é simplesmente consumo estético para a fruição de sentimentos e emoções. É isso também, mas muito mais. O antropólogo Kasadi wa Mukuna explica que, para o africano, o som é movimento, comunicação:

> A música fornece um canal de comunicação entre o mundo dos vivos e o dos espíritos e serve como meio didático para transmitir o conhecimento sobre o grupo étnico de uma geração para outra. (Mukuna, *apud* Barbàra, 2001: 125)

A música africana é ritmo, ritmo de tambor, é som provido de sentido. Susanna Barbàra explica que, no candomblé, o som que resulta da interação dinâmica entre as vibrações que se propagam do tambor percutido pelos alabês, os sacerdotes-músicos, e o movimento dos orixás incorporados pode ser entendido como uma espécie de condutor de axé, a força sagrada. Os próprios tambores são considerados sagrados, pois são fonte de movimento, energia, axé; têm força própria e, por isso, recebem anualmente sacrifício votivo. O som da África negra faz parte de percepções estéticas diferentes das do Ocidente. Enquanto o ritmo e sua transformação em movimento são concebidos no Ocidente como dimensões autônomas da música ou da poesia, na cultura africana o ritmo significa "impulso" que cria movimento (Barbàra, 2001: 125-27).

A música de candomblé, que é música africana aclimatada no Brasil, é basicamente ritmo. Ritmos intensos produzidos por tambores que há muito extravasaram os portões dos terreiros santos para invadir ruas e avenidas da cidade profana, no carnaval e fora dele. Diz o senegalês Leopold Senghor:

> O ritmo é a arquitetura do ser humano, a dinâmica interna que lhe dá forma. O ritmo se expressa através de meios os mais materiais, através de linhas, cores, superfícies e formas de pintura, nas artes plásticas e na arquitetura. Através dos acentos na poesia e na música, através dos movimentos da dança. Com esses meios o ritmo reconduz tudo no plano espiritual: na medida em que ele sensivelmente se encarna, o ritmo ilumina o espírito. (Senghor, 1956: 60)

O componente essencial da música africana e, por conseguinte, da afro-brasileira, é sem dúvida a percussão rítmica. Nos terreiros de candomblé de tradição iorubá, fon e banta, toda música se conduz por meio de três atabaques, tambores de uma só pele e de três tamanhos, chamados na maioria dos terreiros pela designação em língua fon: rum (tambor), rumpi (segundo tambor) e lé (pequeno). A "orquestra" do candomblé se completa com o agogô, campainha metálica dupla, e o *xequerê*, chocalho formado de uma teia de contas cobrindo uma cabaça. Os ritmos tocados nas cerimônias chegam a vinte modalidades, cada um dedicado a uma divindade ou a uma situação ritual específica. Para invocar os deuses e os agradar é preciso, antes de mais nada, conhecer os ritmos próprios de cada um. A música também é parte da identidade dos orixás, além das cores, comidas, colares de contas, ferramentas e outros objetos. O ritmo da música de Iansã, deusa dos ventos, só pode ser o espalhafato da tempestade que se aproxima; o de Xangô nos dá a ideia da fúria dos trovões; o ritmo de Iemanjá, a senhora do mar, traduz o vai e vem ininterrupto das ondas do mar; o de Ogum, orixá da guerra, deve reproduzir o mesmo arrepio provocado pelo avançar dos exércitos; o de Oxum, divindade da beleza, do amor e da vaidade, só pode transmitir sensualidade e as sensações da sedução, e assim por diante. Cada deus, uma dimensão da vida; cada deus, um ritmo. Não poucos autores, como Susanna Barbàra, consideram o ritmo dessa música, que, lembremos, serve em grande parte para controlar o transe nas danças rituais, uma espécie de energia que capta e propulsiona a vibração do movimento (Barbàra, 2001: 127).

2

O mito que fala da criação da religião dos orixás ensina que louvar os deuses é cantar para eles e fazê-los dançar junto aos humanos. A união dos homens com os deuses se realiza ritualmente numa assembleia de confraternização presidida pelos toques dos tambores, em que ritmos, melodias e letras, sobretudo ritmos, servem para chamar as divindades e fazer com que elas possam ao menos momentaneamente conviver com os homens e mulheres, dos quais foram separados desde os tempos primordiais da

Criação. Para a mitologia iorubana preservada no Brasil na cultura religiosa dos terreiros de orixás, houve um tempo em que homens e deuses viviam em mundos não separados. Na versão de *Mitologia dos orixás* assim diz esse mito:

> No começo não havia separação entre
> o Orum, o Céu dos orixás,
> e o Aiê, a Terra dos humanos.
> Homens e divindades iam e vinham,
> coabitando e dividindo vidas e aventuras.
> Conta-se que, quando o Orum fazia limite com o Aiê,
> um ser humano tocou o Orum com as mãos sujas.
> O céu imaculado do Orixá fora conspurcado.
> O branco imaculado de Obatalá se perdera.
> Oxalá foi reclamar a Olorum.
> Olorum, Senhor do Céu, Deus Supremo,
> irado com a sujeira, o desperdício e a displicência dos mortais,
> soprou enfurecido seu sopro divino
> e separou para sempre o Céu da Terra.
> Assim, o Orum separou-se do mundo dos homens
> e nenhum homem poderia ir ao Orum e retornar de lá com vida.
> E os orixás também não podiam vir à Terra com seus corpos.
> Agora havia o mundo dos homens e o dos orixás, separados.
> Isoladas dos humanos habitantes do Aiê,
> as divindades entristeceram.
> Os orixás tinham saudades de suas peripécias entre os humanos
> e andavam tristes e amuados.
> Foram queixar-se com Olodumare, que acabou consentindo
> que os orixás pudessem vez por outra retornar à Terra.
> Para isso, entretanto,
> teriam que tomar o corpo material de seus devotos.
> Foi a condição imposta por Olodumare

Oxum, que antes gostava de vir à Terra brincar com as mulheres,
dividindo com elas sua formosura e vaidade,
ensinando-lhes feitiços de adorável sedução e irresistível encanto,
recebeu de Olorum um novo encargo:
preparar os mortais para receberem em seus corpos os orixás.
Oxum fez oferendas a Exu para propiciar sua delicada missão.
De seu sucesso dependia a alegria dos seus irmãos e amigos orixás.
Veio ao Aiê e juntou as mulheres à sua volta,
banhou seus corpos com ervas preciosas,
cortou seus cabelos, raspou suas cabeças,
pintou seus corpos.
Pintou suas cabeças com pintinhas brancas,
como as penas da galinha-d'angola.
Vestiu-as com belíssimos panos e fartos laços,
enfeitou-as com joias e coroas.
O ori, a cabeça, ela adornou ainda com a pena ecodidé,
pluma vermelha, rara e misteriosa do papagaio-da-costa.
Nas mãos as fez levar abebés, espadas, cetros,
e nos pulsos, dúzias de dourados indés.
O colo cobriu com voltas e voltas de coloridas contas
e múltiplas fieiras de búzios, cerâmicas e corais.
Na cabeça pôs um cone feito de manteiga de ori,
finas ervas e obi mascado,
com todo condimento de que gostam os orixás.
Esse oxo atrairia o orixá ao ori da iniciada e
o orixá não tinha como se enganar em seu retorno ao Aiê.
Finalmente as pequenas esposas estavam feitas,
estavam prontas, e estavam odara.
As iaôs eram a noivas mais bonitas
que a vaidade de Oxum conseguia imaginar.
Estavam prontas para os deuses.

Os orixás agora tinham seus cavalos,
podiam retornar com segurança ao Aiê,
podiam cavalgar o corpo das devotas.
Os humanos faziam oferendas aos orixás,
convidando-os à Terra, aos corpos das iaôs.
Então os orixás vinham e tomavam seus cavalos.
E, enquanto os homens tocavam seus tambores,
vibrando os batás e agogôs, soando os xequerês e adjás,
enquanto os homens cantavam e davam vivas e aplaudiam,
convidando todos os humanos iniciados para a roda do xirê,
os orixás dançavam e dançavam e dançavam.
Os orixás podiam de novo conviver com os mortais.
Os orixás estavam felizes.
Na roda das feitas, no corpo das iaôs,
eles dançavam e dançavam e dançavam.
Estava inventado o candomblé.

(Prandi, 2001 a: 526-28)

O mito justifica o candomblé como religião que se faz com música e dança. Justifica por que o candomblé é uma religião dançante. Descreve uma cerimônia de iniciação e enfatiza a importância da música, dos ritmos, dos tocadores. Nessa religião, oferece-se aos deuses tudo o que sustenta a vida dos humanos e lhes dá prazer: comida, bebida, música, dança. Mas a música preside todos os atos religiosos e não somente a dança. O gesto da oferenda, seja sacrifício sangrento de animais, seja a comida preparada com vegetais, se anuncia, se prepara e se completa ao som da música ritual (Motta, 1991). Acorda-se cantando, saúdam-se os vivos e os mortos cantando, passa-se pela iniciação sacerdotal, em suas múltiplas e complexas etapas, ao som das cantigas sagradas. Nada se faz sem se cantar. Canta-se para tudo no candomblé (Lühning, 2000). É grande e variado o repertório musical numa comunidade de candomblé, formado por não menos de 3 mil cânticos, tudo aprendido de cor como manda a tradição, embora já estejam disponíveis em livros várias coletâneas de hinos sacros, de diferentes nações, organizadas tanto por pesquisadores como por religiosos, como os livros de José Flávio Pessoa de Barros (1999, 2000), José Jorge de Carvalho (1993), Reginaldo Gil Braga (1998) e Altair B. de Oliveira (1993), entre outros.

3

Um dos componentes mais importantes do saber religioso no candomblé consiste no conhecimento e domínio do seu vastíssimo repertório musical. Poderíamos dizer que para cada gesto há no candomblé uma correspondente cantiga. Para tudo se canta. Para acordar, para dormir. Para tomar banho, para comer. Para ir à rua e chegar à casa. Canta-se para colher as folhas sagradas no mato, folhas tão essenciais para a manipulação mágica do axé, a força sagrada da vida, e para cada folha uma cantiga específica. Canta-se para benzer o enfermo e nos trabalhos de limpeza ritual do corpo e da alma. Para invocar os benfazejos ancestrais e para afastar os maus espíritos. Para realizar os sacrifícios, para oferecer as comidas. Canta-se para a faca que mata o animal votivo, para a canjica que se deposita ao pé do altar, para o fogo que alumia os santos. Para a luz do dia e o escuro da noite, para que o amanhã sempre volte a acontecer. Para a terra, para a chuva e para o vento, para que a vida seja menos dura. Canta-se aos caminhos, para que se abram. Aos feitiços, para que funcionem. Ao oráculo, para que deixe os deuses falarem na caída dos búzios. Na iniciação, ou feitura de santo, canta-se para banhar o iniciado, para raspar seus cabelos, para abrir as incisões no crânio, tronco e membros; canta-se para pintar o corpo do filho de santo, para colocar seus colares, para depositar na cabeça o cone mágico que desperta o orixá, para enfeitar sua testa com a pena do papagaio vermelho; canta-se para sacrificar ao orixá daquele filho que está nascendo. Cada coisa com uma cantiga própria, o repertório parece interminável. Nas cerimônias públicas, canta--se para que os deuses venham conviver com os mortais durante os toques no barracão dos terreiros. Canta-se para que os orixás em transe sejam levados do barracão a fim de serem vestidos com seus paramentos e canta-se para trazê-los de volta ao público. No barracão festivo, canta-se para que os orixás dancem, cada qual com seu ritmo, cada um com seu hinário próprio e coreografia característica. Canta-se depois, quando eles vão embora, deixando o corpo das filhas de santo, exaustas, acordadas do transe dançante. Depois, quando os ritos estão concluídos, quando a fome aperta e o cansaço domina as pernas das dançantes, quando já doem os braços dos tocadores e as gargantas já estão roucas de tanto cantar, é hora do *ajeum*, da comida, da festa profana. Cada um se farta com a comida dos deuses, as forças se refazem e a música sacra dá lugar à música profana, porque é hora de relaxar, hora de diversão, tempo de missão cumprida. Os deuses já se foram, satisfeitos; a distração agora é dos humanos, nada melhor que o lazer feito de música.

No candomblé, como na África ancestral, canta-se para a vida e para a morte, para os vivos e para os mortos. Canta-se para o trabalho e para a comida que vence a fome. Canta-se para reafirmar a fé, porque cantar é celebração, é reiteração da identidade. Mas também se canta pelo simples ócio. Canta-se pela liberdade. E porque isso merece sempre ser cantado, canta-se para que se mantenha sempre vivo o sonho.

Conforme a etnomusicóloga Angela Lühning (1990), a música do candomblé tem uma posição-chave no ritual, que envolve dança, mito e rito. No sistema tradicional de desenvolvimento de uma festa, cada momento específico é acompanhado por uma cantiga própria, como vimos. A função primordial da música é fazer os orixás se apresentarem aos descendentes, manifestando-se em seus corpos para dançar, sendo que a música preliminar não dançada serve como preparação para esse acontecimento da presença das divindades. A música, contudo, não é apenas essencial nas cerimônias religiosas, mas faz parte da vida cotidiana dos seguidores dos orixás, além do momento da cerimônia religiosa, ligando o ritual sagrado ao profano.

Música e dança, ritmo e movimento — impossível conceber o candomblé sem esses componentes, que se juntam ao transe e ao sacrifício votivo para propiciar e criar os próprios deuses venerados nos terreiros. Saber dançar, ter bom ritmo, "ter pé de dança", como se diz, é atributo decisivo para ser um bom filho ou uma boa filha de santo, pois é na dança que se manifesta a beleza, o esplendor e o axé do orixá.

4

No alvorecer do século XX, sem esconder seu profundo preconceito, o jornalista João do Rio mostrou que havia muitos candomblés funcionando na cidade do Rio de Janeiro, registrando muitos nomes de pais e mães de santo provenientes da Bahia e da África (Rio, 1906). Entre eles, João do Rio fala de uma mãe de santo baiana que veio a se tornar figura emblemática da história não do candomblé, mas do samba, a tia Ciata. Já durante as três primeiras décadas do século passado, a presença no Rio de sacerdotes do candomblé baiano era tão grande que a maioria dos terreiros importantes da Bahia mantinha na capital federal alguma espécie de filial, como podemos saber pelos relatos que Ruth Landes (1967) nos oferece de suas visitas aos candomblés de Salvador, na década de 1930.

Desde o final do século XIX havia grande concentração de negros em toda a região do porto do Rio de Janeiro: praça Quinze, Saúde, Gamboa, Santo Cristo. Migrantes baianos foram se concentrando no morro da Conceição e, posteriormente, na Cidade Nova, formando-se o que Roberto Moura (1983) chamou de Pequena África (Lopes, 1992: 7-10; Carvalho, 2000). Lá pela década de 1920, tia Ciata (Hilária Batista de Almeida) reunia em sua casa na rua da Alfândega, e posteriormente na Cidade Nova, grande número de músicos negros, muitos deles ligados ao candomblé, como ela. A música que ali se fazia nada mais era que o desenrolar profano da música sacra dos inúmeros terreiros frequentados por esses músicos, dos quais alguns, pais-fundadores do samba, tomavam parte ativa como dignitários e tocadores. Sambistas como Donga e João da Baiana, ambos filhos de baianas, além de Pixinguinha, fazem parte dessa história. Outra figura importante dos primeiros anos da indústria de discos foi o baiano Getúlio Marinho da Silva, mais conhecido pelo nome Amor, que juntamente com Mano Elói e o Conjunto Africano gravou em 1930, na Odeon, um disco de músicas de macumba, o candomblé-umbanda da época. Nascido em Salvador, Amor vivia no Rio de Janeiro desde os seis anos de idade. Produtor de discos, era grande tocador de omelê, a antiga cuíca, frequentador de terreiros de candomblé e personalidade conhecida nos desfiles dos ranchos carnavalescos, os precursores das atuais escolas de samba (Santos, A., 1982, v. 1; *Enciclopédia da música brasileira*, 1977, v. 1, p. 711).

Candomblé, samba e carnaval, tudo girava num eixo comum da cultura afro-brasileira: a música. Em casas como a de Ciata conviviam: a música sacra dos toques de candomblé, o gênero musical conhecido como choro — tocado com flauta, violão e cavaquinho — e, no quintal, o samba de roda trazido da Bahia. Com as reformas urbanas do começo do século e a destruição dos antigos bairros negros do Rio, os negros já tinham em boa parte ido para os morros, levando com eles o samba nascente. "Foi nesse contexto", diz José Jorge de Carvalho, "que Donga e outros músicos viveram, realizando uma fusão do samba de roda com a tradição ibérica de harmonia e arranjo instrumental já desenvolvidos no choro e outros gêneros de ascendência portuguesa mais evidente" (Carvalho, 2000: 37).

Até a década de 1920, o samba carioca ainda era considerado música de negros, embora a adoção de instrumentos do jazz por músicos como Pixinguinha já o distanciasse ainda mais da música de terreiro. No final da década de 1930, jovens brancos de classe média, como Noel Rosa, Braguinha e Almirante, conhecidos como a turma de Vila Isabel, tiveram participação decisiva na transformação do samba no gênero capaz de servir como um dos símbolos mais marcantes da identidade nacional que então se forjava. As rádios do Rio de Janeiro e a indústria fonográfica local impunham a todo o Brasil um tipo de música que já nem era mais negra nem do morro carioca, mas a música da cidade, a música do Brasil.

Em 1916, Donga, da turma de Ciata, lançou "Pelo telefone", grande sucesso do carnaval de 1917, considerado o primeiro samba a ser gravado. Uma das estrofes desse samba primordial diz: *"Tomara que tu apanhes/ Pra não tornar a fazer isso/ Tirar amores dos outros/ Depois fazer teu feitiço".*

Músicos, cantores e compositores partilhavam um mesmo universo cultural, e falar de fazer feitiço para conquistar um amor não soava nada estranho. Mas parece que o apagamento da filiação do samba ao mundo dos terreiros foi uma preocupação de compositores que elaboravam um estilo de música mais voltado para a sociedade branca, mais livre das amarras das raízes negras, o samba urbano dos compositores da Vila Isabel, em oposição ao chamado samba de morro. A propósito, em 1933, Noel Rosa, no samba "Feitiço da Vila", com música do paulista Vadico, diz: "*A Vila [Vila Isabel] tem um feitiço sem farofa/ Sem vela e sem vintém/ Que nos faz bem/ Tendo o nome de princesa/ Transformou o samba/ Num feitiço decente/ Que prende a gente*". Ou seja, a letra enaltecia um tipo de samba sem referências ao universo dos feitiços que pressupõem o despacho característico das religiões afro-brasileiras (oferenda de farofa, velas, moedas). Tudo para dizer que: "*A Vila não quer abafar ninguém/ Só quer mostrar que faz samba também*", embora pretendesse fazer do samba uma música de feitiço decente (Zan, 1996: 60).

O samba então já existia por si mesmo, música brasileira genuína. Mudou muito desde os velhos tempos de Ciata, Donga, João da Baiana, Pixinguinha. Chegou a se transformar em música universal, música para todos os mercados do mundo, virou Bossa Nova e não parou por aí. Nos terreiros, a música dos orixás nunca deixou de ser tocada, cantada, dançada. Seu transbordamento para a cultura popular brasileira não arrefeceu o ritmo dos tambores sagrados. Por todo o Brasil, na roda de santo dos terreiros, nas celebrações públicas dos orixás, as filhas de santo momentaneamente transmutadas em seus orixás, pelo poder mágico do transe, continuam a seguir o ritmo frenético dos atabaques, a dançar, a dançar, a dançar.

9. Nas canções do rádio

1

A música popular brasileira deve muito às religiões dos orixás, mas logo alcançou sua autonomia; hoje não depende mais da contribuição dos terreiros, embora não raro volte a eles para se inspirar nos velhos motivos africanos e afro-brasileiros. Por outro lado, a presença dos orixás e de muitos elementos do candomblé e da umbanda em letras de músicas, divulgadas no rádio desde seu surgimento, tem servido, ao lado de outros meios culturais, para divulgar as religiões afro-brasileiras, tornar conhecidos seus deuses, espíritos e personagens, divulgar mitos e valores, popularizar suas práticas e seus mistérios. As letras das músicas, em sua maioria, fazem referência positiva às religiões afro-brasileiras, enquanto outras, como é de se esperar, reforçam preconceitos e reafirmam ideias desfavoráveis. No conjunto, as canções do rádio, de todos os ritmos e gêneros, têm ajudado favoravelmente o candomblé e a umbanda, além de outras denominações menos conhecidas, a encontrar o caminho do reconhecimento e da legitimidade social, sobretudo quando a música traz para a religião o prestígio dos compositores e intérpretes.

Para melhor delinear o quadro da presença dos orixás nas letras da música popular brasileira, foi necessária uma longa e demorada investigação. Realizada entre 1996 e 2003, a pesquisa tenta cobrir todo o século XX. Lançando mão de coleções particulares e acervos institucionais de discos, partituras, obras de referência, coleções de revistas e sites da internet, foi possível identificar quase mil títulos da música popular brasileira cujas letras fazem referências aos orixás, voduns, inquices e entidades espirituais afro-brasileiras, ou que se referem às próprias religiões ou a seus elementos, práticas rituais, sacerdotes e templos etc. A pesquisa valeu-se dos acervos da Discoteca Oneyda Alvarenga do Centro Cultural São Paulo, da Rádio USP, Rádio Gazeta e Rádio Bandeirantes, do Museu da Imagem e do Som do Rio de Janeiro, além de incontáveis coleções particulares, lojas de discos e sebos. A relação das músicas está anexada ao final deste volume, com os títulos, nomes dos autores e intérpretes, gravadora, ano da gravação e palavras-chave sobre o conteúdo das letras.

2

As primeiras citações de elementos das religiões afro-brasileiras em letras de músicas populares gravadas ocorrem já no início do século, quando se dava, no Rio de Janeiro, o nascimento da indústria fonográfica e a instalação do rádio no Brasil. A consolidação da indústria fonográfica e a popularização do rádio no país acontecem mais ou menos na mesma época da grande divulgação da religião dos orixás no formato da umbanda então nascente, mas devidamente precedida pela macumba, modalidade em que os orixás e caboclos já são louvados em cantigas em português, os chamados pontos de macumba.

Estávamos nas décadas de 1920 e 1930, período em que o samba se encontrava em formação, e muitos dos compositores e intérpretes da nova música popular brasileira, além de produtores de discos e radialistas, tinham contato muito estreito com a religião afro-brasileira então cultivada no Rio de Janeiro, sobretudo pela população negra e mulata originária da Bahia que habitava os morros cariocas.

Nomes importantes da história do samba estão ligados às primeiras gravações de músicas que falam dos terreiros, dos orixás e dos espíritos caboclos, do feitiço, da macumba e do candomblé da Bahia, constantemente referido nas letras. Nomes como Donga, Pixinguinha, Sinhô, João da Baiana, Bide, Bahiano, Amor e muitos outros estão ligados à história da música, do rádio e da macumba.

Uma das primeiras referências ao feitiço que popularmente se atribui às religiões afro-brasileiras está justamente em "Pelo telefone", o samba pioneiro de 1916, criação coletiva dos músicos que se reuniam na casa da mãe de santo Tia Ciata, com autoria registrada em nome de Donga (Ernesto Joaquim Maria dos Santos), e cuja letra fala do castigo merecido a quem faz feitiço para conquistar um amor. Já nos anos 1920, Bahiano gravou "Sai Exu", também de autoria de Donga, que assinou muitas músicas sobre orixás. Donga era filho de Tia Amélia Silvana da Silva, cantora de modinha e mãe de santo famosa pelas festas que organizava. Junto com as tias baianas Ciata, Prisciliana, Gracinda e Veridiana, notabilizou-se na promoção da música de morro e fundação de ranchos carnavalescos que precederam as escolas de samba. Donga, como outros compositores da época, foi acusado de registrar como de sua autoria composições de criação coletiva ou de domínio público, como cantigas de macumba. É impossível saber se os compositores da época registravam em seu nome cantigas dos terreiros ou se os terreiros adotavam músicas feitas em primeira mão para o disco, pois até hoje a umbanda também adota no hinário músicas compostas sem finalidade ritual.

Também dos anos 1920 é "Macumba de Antonica", de I. Kolman, gravada por Artur Castro, referente aos feitiços de amor que se faziam num conhecido terreiro da época, assim como "Macumba gegê", gravada pelo Grupo Escola Treze, com autoria de Sinhô.

Muitas vezes, desde a década de 1920 até os dias atuais, a referência às religiões afro-brasileiras tem sido usada como indicador da origem baiana de pessoas e coisas, como em "Carga de burro", também de Sinhô, gravada em 1929. Diz assim a letra:

Eu tenho um burro
Que me deram na Bahia
Num candomblé
Que se rezava noite e dia

Deus fez o homem
E disse num sussurro:
Tu serás burro de carga
E a mulher carga de burro

Não adianta
O homem se esconder
Quando a hora é chegada
O burro cansa sem querer

Na década seguinte, a tendência dos anos 1920 é confirmada, com muita música de terreiro e muita adaptação de motivos da macumba e da umbanda.

O caso do músico Amor, apelido de Getúlio Marinho da Silva, também é exemplar. Em 1930, Amor, juntamente com Mano Elói e o Conjunto Africano, gravou na Odeon um disco com duas músicas que eram pontos de macumba, o candomblé-umbanda da época: "Ponto de Exu" e "Ponto de Ogum". No mesmo ano, gravou outras músicas rituais de macumba Em 1931, Moreira da Silva gravou mais dois pontos a convite de Amor, que também era produtor de discos: "Ererê" e "Rei de umbanda" (*Enciclopédia da música brasileira*, 1977, v. 1, p. 33). Sugestivo lembrar que nesses anos 1930 o processo de formação da umbanda estava em fase final. O "Ponto de Ogum" é claramente música de terreiro e diz:

Vamos saravá nosso pai Ogum
Oi gente, comanda adu aiê
Oi gente, comanda adu ayá
Quem me chama
Comanda adu aiê
Que (apita) adu ayá

Quem me chama
Que (apita) adu ayá
Quem me chama
Comanda adu aiê

Oi gente, que (apita) adu ayá
Oi gente, que comanda adu aiê

A música "Meus orixás", com autoria de Gastão Viana, grande parceiro de Pixinguinha, gravada por Francisco Sena e o conjunto Diabos do Céu, em 1935, parece ser uma adaptação de música de terreiro, que diz:

Oxonilê, oraie-ê agô
Pede licença pra Oxalá, Babá
Kaô, é meu pai Xangô
Ossé iabá, é Iemanjá

Sereia que canta
É nossa santa
Rainha de trono
É dona do mar

No outro lado do disco, a música "Quem tá de ronda", com autoria de Príncipe Pretinho, traz todo um linguajar muito característico do início da umbanda:

Eaô, me diga quem tá de ronda
Aê aê aê aô
Eaô, quem ronda sempre rondou

No alto da derrubada
Quem manda na encruzilhada
É só Exu e Xangô

Caboclo que tá de ronda
Rondando sem descansar
Eu sou filho de umbanda
Eu sei bulir no congá
Um botijão de malaco
Eu trago pra nós tomá

Caboclo que tá de ronda
O dia já vai raiar
Eu venho de Aruanda

Daqui eu só vou voltar
Eu só trabalho pro bem
Iô iô Epa epa Oxalá

É grande a lista dos anos 1930. Por exemplo, "Meu congá", de Paraguassu, gravada por ele mesmo em 1937; "Aé bambá", de José Luiz da Costa, e "Balacobá", de domínio público, gravadas em 1930 por Patrício Teixeira; "Macumba", de Fernando Magalhães, gravada em 1931 por Pilé; "Macumba de Mangueira", de Almirante, gravada em 1930 por Januário de Oliveira.

Dessa mesma década há pelo menos três criações que merecem destaque: "Na Pavuna", de Candoca da Anunciação (Homero Dornelas) e Almirante (Henrique Foreis Domingues), gravada em 1929 por Almirante e o Bando de Tangarás, que incluía Carlos Alberto Ferreira Braga, o Braguinha, ou João de Barro, e Noel Rosa; "Feitiço da Vila", de Noel Rosa e Vadico (Osvaldo Gogliano), gravada em 1934 por João Petra de Barros e Orquestra Odeon; e "No tabuleiro da baiana", de Ary Barroso, gravada por Carmen Miranda e Luiz Barbosa em 1936. Diz "Na Pavuna":

Na Pavuna, bum, bum, bum
Na Pavuna, bum, bum, bum
Tem um samba, que só dá gente reiuna

O malandro que só canta com harmonia
Quando está metido em samba de arrelia
Faz batuque assim no seu tamborim
Com o seu time enfezando o batedor
E grita a negrada vem pra batucada
Que de samba na Pavuna tem doutor

Na Pavuna tem escola para o samba

Quem não passa pela escola não é bamba
Na Pavuna tem canjerê também
Tem macumba, tem mandinga e candomblé
Gente da Pavuna só nasce turuna
É por isso que lá não nasce "mulhé".

Essa música não era do morro, mas de artistas de classe média que de certa maneira foram responsáveis pelo novo direcionamento do samba. A letra parece afirmar que a Pavuna também era capaz de produzir bom samba, embora não fosse um bairro dos antigos bambas fundadores do samba. O apagamento da filiação do samba aos temas religiosos afro-brasileiros parece ter estado presente na preocupação de compositores que elaboravam um estilo de música mais voltado para a sociedade branca, mais livre das amarras das raízes negras: o samba urbano dos compositores da Vila Isabel, em oposição ao samba de morro dos compositores que frequentavam as casas das velhas mães de santo que haviam se transferido da Bahia para o Rio de Janeiro (Moura, 1983) — oposição expressa na letra de "Feitiço de Vila", de Noel e Vadico, como vimos no capítulo anterior.

Nas décadas de 1930 e 1940, elementos da religião dos orixás apareceram em composições que são parte de um tipo de música denominado "samba-exaltação", que fazia a apologia nacionalista das belezas e exotismos regionais do Brasil, dentro das quais se incluía a extravagância do candomblé da Bahia. Em "No tabuleiro da baiana", de Ary Barroso, são descritas cenas típicas da presença do candomblé na cidade de Salvador, inaugurando um estilo que fez sucesso por décadas:

No tabuleiro da baiana tem
Vatapá, ôi, caruru
Mungunzá, ôi, tem umbu

Pra ioiô
Se eu pedir você me dá...
Se dou!
O seu coração, seu amor de iaiá?
No coração da baiana tem...
Sedução, canjerê,
Ilusão, ôi, candomblé...
Pra você.
Juro por Deus
Pelo Senhor do Bonfim
Quero você
Baianinha, inteirinha pra mim.
Sim, mas depois
O que será de nós dois?
Seu amor é tão fugaz e enganador!
Mentirosa, mentirosa, mentirosa.
Tudo já fiz
Fui até num canjerê
Pra ser feliz
Meus trapinhos juntei com você.
Sim, mas depois vai ser uma ilusão.
E o amor quem governa é o coração.

Nesse samba, as palavras candomblé e canjerê (cerimônia religiosa dos negros, lugar de prática mágica) aparecem explicitamente — foi a um canjerê para conseguir o amor da mulher amada —, mas em outras composições de Ary Barroso muitos elementos do dia a dia dos terreiros são citados sem referências explícitas ao culto. Faz parte dessa mesma corrente musical de exaltação do Brasil "A Bahia te espera", de Herivelto Martins e Chianca de Garcia, sucesso da cantora Dalva de Oliveira, cuja letra menciona o candomblé entre as riquezas da Bahia: "*vem, em busca da Bahia/ cidade das tentações onde o feitiço impera...*".

Mas, certamente, Dorival Caymmi é o nome mais importante entre os precursores. O grande cantor do mar e pioneiro das histórias que falam de Iemanjá cantou esse orixá em 1939, em "Promessa de pescador", e em 1940, em "Quem vem pra beira do mar". Caymmi continua, até hoje, como influência muito presente entre os principais compositores e cantores que consolidaram o aproveitamento de elementos da cultura do candomblé na música popular. Mas era uma voz quase única e isolada.

Mais de trinta anos após o sucesso de "No tabuleiro da baiana", as primeiras manifestações musicais com referência explícita ao mundo dos orixás retomam a temática baiana dos pescadores, dos perigos do mar, da difícil arte de viver. Seguem a trilha aberta por Dorival Caymmi. Iemanjá, tema preferencial desde Caymmi até os compositores mais recentes, é o orixá do mar, a grande mãe, e aparece nas letras como aquela que protege o pescador, mas que também é capaz de perdê-lo e até de provocar sua morte. "Barravento", gravada em 1963 por seu compositor Sergio Ricardo, é muito representativa desse momento. Mais que isso, pode ser tomada como um dos marcos iniciais do período que consolidou a presença dos orixás e outros temas dos terreiros na música popular brasileira. Diz "Barravento":

> *Noite de breu sem luar*
> *Lá vai saveiro pelo mar*
> *Levando Bento e Chicão*
> *Na praia um pranto, uma oração*
> *Barravento*
> *Se barravento chegar*
> *Não vai ter peixe pra vender*
> *Filho sem pai pra criar*

Mulher viúva pra sofrer
Salve Mãe Iemanjá
Barravento
Não deixe ele chegar
Não leve o bom Chicão
Barravento
Salve Mãe Iemanjá
Não quero mais viver, Janaína
Se Bento não voltar
Meu coração vai ser barravento
Salve mãe Iemanjá.

Em 1964, no Primeiro Festival da Música Popular Brasileira, realizado no Guarujá pela antiga TV Excelsior, Elis Regina cantou "Arrastão", de Vinicius de Moraes e Edu Lobo. A canção foi eleita a melhor música do festival, embora sua temática fosse um tanto exótica para o público da época. Era praticamente o começo da carreira daquela que seria a maior cantora brasileira e que durante anos comandaria na TV Record o programa *O fino da bossa*, depois simplesmente *O fino*, o qual seria uma espécie de porta de entrada para a renovação da música popular brasileira pós-Bossa Nova, onde foram lançados autores e cantores que marcam decididamente a MPB até os dias de hoje, como Caetano Veloso, Gilberto Gil, Milton Nascimento. "Arrastão" retoma as histórias de pescadores e fala de Iemanjá, Janaína, Rainha do Mar, responsável pelo sucesso da pesca:

Ê tem jangada no mar
Ê eiê hoje tem arrastão
Ê todo mundo pescar
Chega de sombra João
J'ouviu

Olha o arrastão entrando no mar sem fim
Ê meu irmão me traz Iemanjá pra mim
Nha Santa Bárbara me abençoai
Quero me casar com Janaína
Ê puxa bem devagar
Ê ieê já vem vindo o arrastão
Ê é a Rainha do Mar
Vem vem na rede João pra mim
Valha meu Nosso Senhor do Bonfim
Nunca jamais se viu tanto peixe assim
Valha meu Nosso Senhor do Bonfim
Nunca jamais se viu tanto peixe assim

3

Da modernidade da Bossa Nova partia-se para a recuperação do conteúdo de uma brasilidade "legítima". Iemanjá, diga-se de passagem, já era muito conhecida no Rio de Janeiro e em São Paulo através da umbanda, mas, na medida em que a referência passou a ser a Bahia, o orixá passou também a ser referido como o da Bahia, ou seja, o do candomblé. De fato as concepções que se têm de um mesmo orixá na umbanda e no candomblé podem ser diversas, como ocorre com Iemanjá, que no culto umbandista está mais próxima da mãe assexuada e bondosa, a Nossa Senhora dos católicos, enquanto no candomblé é vista como mãe também, mas ao mesmo tempo como símbolo da libido (Augras, 2000; Vallado, 2002). São anos de produção de uma nova forma de cantar em que elementos da cultura do candomblé vão se firmando com legitimidade entre as classes médias, consumidoras do que se produz de mais avançado no país. Os temas baianos estavam na ponta da renovação da música popular brasileira, com o candomblé ocupando um lugar especial. Numa época em que o movimento da Bossa Nova já derivara para uma fase de contestação social, tendo abandonado seu característico romantismo intimista, os orixás começaram a aparecer nas letras de "músicas de protesto" que tratavam de questões sociais. "Esse mundo é meu", de Sergio Ricardo e Ruy Guerra, teatrólogo e cineasta, é bastante emblemática. Gravada em 1963 por Nara Leão, e depois por Elis Regina e outros, a letra diz:

> *Esse mundo é meu*
> *Esse mundo é meu.*
> *Escravo do reino estou*
> *Escravo do mundo em que estou*
> *Mas acorrentado ninguém pode amar*
> *Mas acorrentado ninguém pode amar*
>
> *Saravá, Ogum*
> *Mandinga da gente continua*
> *Cadê o despacho pra acabar?*
> *Santo Guerreiro da floresta,*
> *Se você não vem eu mesmo vou brigar*
> *Se você não vem eu mesmo vou brigar*

O movimento musical deste período é liderado por artistas de esquerda que estão engajados na crítica à exploração capitalista, em que o trabalhador se sente escravizado e até incapacitado de amar. Ogum, orixá da guerra, é conclamado a lutar junto com o homem comum pela sua liberdade. Para a conquista daquilo que se deseja, nesse caso a liberdade, a música ensina que é válido lançar mão do feitiço, da mandinga, do despacho, contradizendo tudo que até então se considerava eticamente correto.

Também de 1963, "Maria Moita", de Carlos Lyra e Vinicius de Moraes, é música de protesto. Fala da exploração do pobre pelo rico e da mulher pelo homem. Uma canção feminista bem antes dos movimentos pelos direitos da mulher. Gravada por Nara Leão e depois por Elis Regina e outros, "Maria Moita" recorre a Xangô, através do babalorixá, o pai de santo, para resolver as injustiças sociais, eliminando as diferenças entre rico e pobre e entre homem e mulher, uma vez que homem e rico não trabalham. A protagonista da letra é uma mulata, pois se diz filha de escravizada com feitor, o capataz branco. Xangô é o orixá do trovão e da justiça. O samba diz:

Nasci lá na Bahia
De mucama com feitor
Meu pai dormia em cama
Minha mãe, no pisador
Meu pai só dizia assim: venha cá
Minha mãe dizia sim sem falar
Mulher que fala muito
Perde logo seu amor
Deus fez primeiro o homem
A mulher nasceu depois
Por isso que a mulher
Trabalha sempre pelos dois
Homem acaba de chegar tá com fome
A mulher tem que olhar pelo homem
Mulher deitada em pé
Mulher tem é que trabalhar
O rico acorda tarde
Já começa rezingar
O pobre acorda cedo
Já começa trabalhar

> *Vou pedir ao meu babalorixá*
> *Pra fazer uma oração pra Xangô*
> *Pra pôr pra trabalhar*
> *Gente que nunca trabalhou*

Em "Samba do carioca", de Lyra e Vinicius, gravado em 1963 e regravado em 1965 por Elis Regina, recorre-se aos orixás pedindo prazeres. A São Jorge, que aqui é um nome sincrético para Ogum, pede-se aguardente; a Xangô, orixá que teve muitas esposas, entre elas Oxum, Iansã e Obá, pede-se "muitas mulheres para amar". Mais um exemplo emblemático de como uma nova concepção moral era validada pela mitologia dos orixás cultuados nos candomblés, e vice-versa.

> *Vamos, carioca*
> *Sai do teu sono devagar*
> *O dia já vem vindo aí*
> *e o sol já vai raiar*
> *São Jorge, teu padrinho*
> *te dê cana pra tomar*
> *Xangô, teu pai, te dê*
> *Muitas mulheres para amar*
> *Vamos, minha gente*
> *É hora da gente trabalhar*
> *Vamos, minha gente*

Em 1965 Gilberto Gil, ao apresentar-se pela primeira vez no programa *O fino da bossa*, na TV Record, cantou seu samba "Eu vim da Bahia", em que fala da proteção de Iemanjá ao povo da Bahia, que é pobre mas vive com alegria para cantar e dançar, reafirmando a associação muito frequente entre orixá e festa

(Amaral, 1998, 2002). Para o povo de santo, o Senhor do Bonfim é o mesmo que Oxalá.

> *Eu vim, eu vim da Bahia cantar*
> *Eu vim da Bahia contar*
> *Tanta coisa bonita que tem*
> *na Bahia que é meu lugar*
> *Tem meu chão, tem meu céu, tem meu mar*
> *A Bahia que vive pra dizer*
> *Como é que se faz pra viver*
> *Onde a gente não tem pra comer*
> *Mas de fome não morre porque*
> *Na Bahia tem Mãe Iemanjá*
> *De outro lado o Senhor do Bonfim*
> *Que ajuda o baiano a viver*
> *Pra sambar pra cantar pra valer*
> *Pra morrer de alegria na festa de rua*
> *No samba de roda*
> *Na noite de lua*
> *No canto do mar*
> *Eu vim da Bahia*
> *Mas eu volto pra lá*
> *Eu vim da Bahia*
> *Mas algum dia eu volto pra lá*

O "Canto de Ossanha" de Vinicius de Moraes e Baden Powell, cantado por Elis Regina em 1965, é novo marco. O orixá, no caso Ossanha, o deus das folhas, aquele que cura os males do corpo, é perigoso e traiçoeiro. Por isso é preciso tomar cuidado quando se faz um feitiço, porque tudo na vida é pleno de contradições, porque ninguém nunca diz somente a verdade. É Xangô, o orixá da justiça, quem chama a atenção para tantos desencontros de palavras e desejos:

O homem que diz "dou", não dá
Porque quem dá mesmo não diz
O homem que diz "vou", não vai
Porque quando foi já não quis
O homem que diz "sou", não é
Porque quem é mesmo é "não sou"
Coitado do homem que cai
No canto de Ossanha, traidor
Coitado do homem que vai
Atrás de mandinga de amor
Vai, vai, vai, não vou
Vai, vai, vai, não vou
Não vou, eu não sou ninguém de ir
Em conversa de esquecer
A tristeza de um amor que passou
Não, eu só vou se for pra ver
Uma estrela aparecer
Na manhã de um novo amor
Amigo, senhor saravá!
Xangô me mandou lhe dizer
Se é canto de Ossanha não vá
Que muito vai se arrepender
Pergunte ao seu orixá
Amor só é bom se doer
Vai, vai...

Em 1966, Vinicius de Moraes e Baden Powell, acompanhados pelo Quarteto em Cy, gravam o LP *Os afro-sambas*, com as músicas "Canto de Xangô", "Bocochê", "Canto de Iemanjá", "Canto do Caboclo Pedra Preta", "Tristeza e solidão", "Canto de Ossanha" e "Lamento de Exu".

Nos anos 1960, o mais importante letrista foi Vinicius de Moraes, mas logo vieram outros como Caetano Veloso e Gilberto Gil. Se os principais intérpretes dessa primeira fase foram Nara Leão e Elis Regina, adiante surgiram Gal Costa, Maria Bethânia, Clara Nunes, entre os mais importantes.

Nessa época de inovações profundas no gosto estético, quase tudo levava à Bahia e outras partes do Nordeste: por exemplo, o Cinema Novo e as artes cênicas. Com *O pagador de promessas*, filme de Anselmo Duarte da peça de Dias Gomes, o Brasil se reconheceu e se fez reconhecer nas telas de cinema do mundo inteiro. Iansã-Santa Bárbara estava no centro do enredo: o padre contra, o povo a favor. O filme conta a história de um lavrador do interior que fez uma promessa a Iansã para a cura de seu burro. O burro sarou e o dono, Zé do Burro, foi a Salvador carregando uma cruz nas costas para depositá-la na igreja de Santa Bárbara, que para o pagador de promessa é a própria Iansã. O padre rejeitou o sincretismo do pagador, e não o deixou entrar na igreja. Daí até o final da trama, uma enorme coleção de ingredientes culturais dos terreiros de candomblé é trazida à cena.

No começo dos anos 1970, o carnaval de Salvador suplantou o do Rio de Janeiro em termos do interesse despertado entre os foliões de todo o país. Todo mundo queria ir "atrás do trio elétrico".

Com a divulgação da cultura dos terreiros de candomblé, o paladar do país também experimentou o sabor do azeite de dendê. Aprendemos a gostar de acarajé, vatapá, bobó de camarão, acaçá, caruru...

Essa enorme publicidade e popularidade que a Bahia e a cultura negro-baiana foram alcançando, por intermédio também da literatura de Jorge Amado e de peças de teatro como *Zumbi*, nos apresentou às veneráveis mães de santo dos candomblés de Salvador: primeiro Olga do Alaketo, depois aquela que se tornaria a mais famosa ialorixá de todos os tempos, Mãe Menininha do Gantois. Nas vozes de Gal e Bethânia, e tantos outros, o Brasil inteiro aprendeu a cantar, de Dorival Caymmi, a "Oração a Mãe Menininha":

Ai! Minha Mãe
Minha Mãe Menininha
Ai! Minha Mãe
Menininha do Gantois
A estrela mais linda, heim?
Tá no Gantois
E o sol mais brilhante, heim?
Tá no Gantois
A beleza do mundo, heim?
Tá no Gantois
E a mão da doçura, heim?
Tá no Gantois
O consolo da gente, ai
Tá no Gantois
E a Oxum mais bonita, heim?
Tá no Gantois
Olorum quem mandou
Essa filha de Oxum
Tomar conta da gente
E de tudo cuidar
Olorum quem mandou, ê ô
Ora iêiê ô

Assim, por meio da música popular, os orixás, cujos nomes já eram conhecidos por causa da umbanda, foram se tornando mais populares, seu feitiço mais desejado. Mas era preciso ir à Bahia para pedir a bênção de Mãe Menininha do Gantois, para jogar os búzios e ler a sorte, para experimentar o sabor do mistério verdadeiro.

Esse consumo, que não era do pobre, mas do jovem universitário, do estudado, do branco de classe média, levou primeiro essa classe aos terreiros da Bahia: havia um novo universo no mercado religioso interno, à altura das formas mais originais e herméticas do Oriente. Mas a metrópole não iria pagar por muito tempo o preço de ir tão longe. Quando o candomblé chegou a São Paulo, sua clientela já estava de prontidão — uma clientela de classe média, aliás, indispensável para garantir a infraestrutura da religião, clientela que se ampliou rapidamente e se diversificou bastante em poucos anos. De toda sorte, já havia aí uma precondição importante para a absorção do candomblé: a existência da umbanda. O povo de santo desceu da Bahia para essa nova fronteira da metrópole do Sudeste, e em São Paulo abriu terreiros e iniciou filhos de santo; refez aqui a religião de lá, ofereceu aqui os feitiços e adivinhações lá aprendidos, e acompanhou de perto o prestígio que o candomblé conquistava também através da música popular e de outras manifestações artísticas. Todos desejaram ser um filho do Gantois, um filho de Mãe Menininha. Mas isso é outra história...

É infindável a relação de músicas que falam de orixás, de mães de santo, de feitiços, de mistérios e segredos do candomblé.

Ao longo dos anos 1970 e 1980, a sambista Clara Nunes dedicou, com muito sucesso, parte expressiva de seu repertório a sambas e canções que falam de orixás, embora numa concepção mais próxima da umbanda que do candomblé. São sambas gravados por Clara Nunes, entre outros: "Ijexá", de Edil Pacheco, "Guerreira", de João Nogueira e Paulo César Pinheiro, "Nação", de João Bosco, Aldir Blanc e Paulo Emílio, "Conto de Areia", de Romildo e Toninho.

Vinicius de Moraes, numa etapa de sua carreira marcada pela parceria com Toquinho, quando suas músicas foram consumidas pela grande massa, compôs uma dezena ou mais de canções populares que têm orixás como tema, como "A bênção, Bahia", "Tatamirô", "O canto de Oxum". Seu "Samba da bênção", feito com Baden Powell, antes da parceria com Toquinho, é uma homenagem aos grandes compositores da música popular brasileira. Nessa música, Vinicius se diz descendente de Xangô e saúda a mãe de santo do Ilê Opô Afonjá, Mãe Senhora, "a maior ialorixá da Bahia". A composição segue o modelo das louvações que se fazem no candomblé aos antepassados ilustres, dos mais velhos aos mais novos.

Passada a fase final da Bossa Nova com a música de protesto e depois do movimento do Tropicalismo, os orixás do candomblé continuaram presentes em músicas de Gilberto Gil, Caetano Veloso e outros compositores de prestígio. São do repertório de Caetano Veloso, entre outras músicas: "Milagres do povo", "Oração ao Tempo", "Iá omin bum", "São João", "Xangô Menino", "Cavaleiro de Jorge" e "Blues", esta de Péricles Cavalcanti.

Gilberto Gil gravou: "Ê menina", de João Donato e Guarabira e, de sua autoria, "Logunedé", "Filhos de Ghandi", "Eu vim da Bahia", "São João, Xangô Menino", esta em parceria com Caetano, "Afoxé é", "Opachorô" e "Água benta".

Maria Bethânia cantou "As ayabás", "Awô", "Iansã", "Ofá". Com Gal Costa gravou a histórica "Oração a Mãe Menininha". Gal gravou "É d'Oxum", "Ingena", "Saudação aos povos africanos", "Raiz", "Bahia minha preta", "Lavagem do Bonfim", "Milagres do povo".

Outros intérpretes e compositores podem ser acrescentados a esta lista: Clementina, Maria Creuza, Jorge Ben Jor, Chico Buarque, Luiz Ayrão, Wilson Simonal, Martinho da Vila, Lecy Brandão, Dona Ivone Lara, Aparecida, Antonio Carlos e Jocafi, Pepeu

Gomes, Zezé Motta, Banda Mel, Zeca Pagodinho, Fafá de Belém, Alcione, João Bosco, Moraes Moreira, Daniela Mercury, Timbalada e Carlinhos Brown.

Não podemos esquecer de duas contribuições de Ângela Maria: nos anos 1960 ela gravou a antológica versão da cubana "Babalu", oração ao orixá Babaluaiê ou Omulu, e, mais tarde, "Moça bonita", em que canta Pombagira. Embora não estejam diretamente associadas ao movimento aqui descrito, essas duas canções certamente contribuíram para povoar o imaginário popular com entidades do candomblé e da umbanda.

Na década de 1970 não se extinguiu o costume de gravar pontos de umbanda, muitas vezes adaptados e recriados, como "Cavaleiro de Aruanda", com autoria de Tony Osanah, gravada em 1973 por Ronnie Von, então um dos cantores de juventude de grande sucesso, e "Nem ouro, nem prata", de Ruy Maurity e José Jorge, gravada por Ruy Maurity em 1976.

Essas músicas que cantam os orixás falam da vida cotidiana, dos amores e prazeres, das traições e dos desejos, das dificuldades da vida num mundo socialmente injusto. Algumas cantam simplesmente a glória dos orixás, contam seus mitos, enaltecem-lhes o caráter e louvam seus poderes sobrenaturais. Não raro o artista grava uma cantiga do próprio candomblé, na língua ritual derivada do iorubá arcaico.

Em seu disco de estreia, de 1988, a cantora Marisa Monte, recebida como grande intérprete pela crítica e pelo público da classe média que gosta de cultivar sua imagem de consumidor de bom gosto, pagou tributo às origens africanas e à recorrente presença de Iemanjá, com "Lenda das sereias, rainhas do mar", de Vicente Mattos, Dionel e Arlindo Velloso, música originalmente gravada em 1975 por Roberto Ribeiro. Trata-se de um canto a Iemanjá, em que ela é chamada pelos diferentes nomes que as diferentes nações de candomblé lhe atribuem:

Ogunté, Marabô
Caiala e Sobá
Oloxum, Inaê
Janaína e Iemanjá

O mar, misterioso mar
Que vem do horizonte
É o berço das sereias
Lendário e fascinante

Olha o canto da sereia
Ialaô, Oquê, Ialoá
Em noite de lua cheia
Ouço a sereia cantar

E o luar sorrindo
Então se encanta
Com a doce melodia
Os madrigais vão despertar

Ela mora no mar
Ela brinca na areia
No balanço das ondas
A paz ela semeia
E que é?

Ogunté, Marabô
Caiala e Sobá
Oloxum, Inaê
Janaína e Iemanjá

No começo dos anos 1990, numa referência à cidade de Salvador, Gerônimo e Vevé Calazans compuseram a música "É d'Oxum", gravada por Gal Costa, Caetano Veloso e outros. A letra diz enfaticamente:

> *Nesta cidade todo mundo é d'Oxum*
> *Homem, menino, menina e mulher*
> *Toda cidade irradia magia*
> *Presente na água doce*
> *Presente na água salgada*
> *E toda a cidade brilha*
> *Seja tenente ou filho de pescador*
> *ou importante desembargador*
> *Se der presente é tudo uma coisa só*
> *A força que mora n'água*
> *Não faz distinção de cor*
> *E toda a cidade é d'Oxum*
> *É d'Oxum*
> *É d'Oxum*
> *Eu vou navegar nas ondas do mar*
> *Eu vou navegar nas ondas do mar*

Essa canção fala, assim, de uma cidade que parece estar inteiramente comprometida com o orixá da beleza e do amor, que é Oxum. Exatamente nesse período nasce em Salvador um tipo de música que faz até os dias de hoje enorme sucesso em todo o Brasil, a Axé Music, mas que não faz necessariamente referências ao candomblé, embora conserve dele muito dos seus ritmos. A palavra axé é de origem iorubá, de uso corrente nos terreiros, e significa força sagrada, energia dos orixás. Popularizou-se fora dos terreiros como expressão de votos de boa sorte, boa fortuna. Não pode mais ser empregada como indicador de referência exclusiva à religião dos orixás.

Em 1995, Caetano Veloso compôs "Milagres do povo" para

a trilha sonora da série de TV veiculada pela Rede Globo *Tenda dos milagres*, baseada na obra homônima de Jorge Amado. A música é uma ode à herança africana e ao negro que, ajudado pelos orixás, superou o preconceito racial e foi capaz de tantos milagres para sobreviver. Também é um canto à vida, ao sexo, à liberdade. Mesmo sendo ateu, diz Caetano, não se pode negar a existência desses tantos deuses que brotam sem cessar, festejando o clima politeísta tão presente na cultura afro-brasileira.

Quem é ateu
E viu milagres como eu
Sabe que os deuses sem Deus
Não cessam de brotar
Não cansam de esperar
E o coração
Que é soberano e que é senhor
Não cabe na escravidão
Não cabe no seu não
Não cabe em si de tanto sim
É pura dança e sexo e glória
E paira para além da história

Ojuobá ia lá e via
Ojuobahia
Xangô manda me mandar
Obatalá guia
Mamãe Oxum chora
Lágrima alegria
Pétala de Iemanjá
Iansã-Oiá-Iá
É no xaréu
Que brilha a prata luz do céu

E o povo negro entendeu
Que o grande vencedor
Se ergue além da dor
Tudo chegou
Sobrevivente num navio
Quem descobriu o Brasil
Foi o negro que viu
A crueldade bem de frente
E ainda produziu milagres
De fé no extremo Ocidente
Ojuobá ia lá e via.

Ojuobá, em iorubá "os olhos de Xangô", é o título de um sacerdote de Xangô que tem por tarefa ser o informante da mãe de santo, contando a ela tudo o que se passa na vida fora do terreiro. O Ojuobá dessa música foi um personagem popular famoso de Salvador. Ojuobahia, invenção do poeta, poderia significar "os olhos da Bahia".

4

Em anos recentes, as temáticas e ritmos do candomblé, e em menor escala da umbanda, esparramaram-se por todos os gêneros musicais. Estão presentes, por exemplo, na música tida pela crítica e por consumidores sofisticados como de mau gosto, consumida amplamente por segmentos de classes sociais menos privilegiadas, como os sambas e canções do compositor e cantor Wando, entre elas "Nega de Obaluaê", de 1975, e "Odoiá", dele e de Chico de Assis, gravada no ano seguinte.

Temas dos orixás estão, contudo, quase ausentes em uma modalidade recente de samba de grande consumo chamada grosseiramente de "pagode", voltada sobretudo para ouvintes de classe média baixa, produzida e cantada por grupos negros afinados sobretudo com temas românticos e com valores da sociedade branca. Mas inesperadamente marca presença na vertente denominada "música sertaneja", absolutamente distante das tradições afro-brasileiras, presença esta que pode ser atestada por várias composições da cantora e compositora Roberta Miranda, uma das mais festejadas artistas do gênero sertanejo. Em 1985, o sambista Jair Rodrigues, antigo parceiro de Elis Regina nos programas da Record e em discos de sucesso, após passar por um período ruim na carreira, gravou, com a participação de Chitãozinho e Xororó, "Majestade, o sabiá", de Roberta Miranda, música que inseriu o sambista no gênero sertanejo e projetou Roberta Miranda como compositora. Diz a letra de "Majestade, o sabiá":

Meus pensamentos tomam forma e eu viajo
Eu vou pra onde Deus quiser
Um videotape que dentro de mim retrata
Todo meu inconsciente de maneira natural

Ah! Tô indo agora pra um lugar todinho meu
Quero uma rede preguiçosa pra deitar
Em minha volta sinfonia de pardais
Cantando para a majestade, o sabiá
A majestade, o sabiá

Tô indo agora tomar banho de cascata
Quero adentrar nas matas onde Oxóssi é o deus
Aqui eu vejo plantas lindas e selvagens
Todas me dando passagem
Perfumando o corpo meu

Esta viagem dentro de mim foi tão linda
Vou voltar à realidade pra este mundo de Deus
Pois o meu eu, este tão desconhecido
Jamais serei traído
Este mundo sou eu

Três décadas após *Os afro-sambas*, os temas das religiões dos orixás ainda parecem estar perfeitamente casados com as mais variadas formas e estilos da música popular brasileira. Ao mesmo tempo em que a cultura dos terreiros têm fornecido à música popular um inesgotável manancial de elementos míticos, rituais e de concepção de mundo próprios das religiões dos orixás, o candomblé e outras modalidades das religiões afro-brasileiras têm sido popularizados através da música, num processo que sem dúvida aumenta seu reconhecimento e lhe dá maior legitimidade na sociedade brasileira. Num duplo movimento de conformação da identidade brasileira.

Nesse contexto econômico, social e cultural, o candomblé chegou e se instalou em São Paulo e outras regiões do país em que era nada ou pouco conhecido. Embora nas regiões de origem continue sendo majoritariamente de negros, já não é apenas uma religião de afrodescendentes; mas uma religião para todos, independentemente de raça e de cor.

10. Devotos, terreiros e igrejas

1

Na última década, muita coisa mudou também no âmbito das religiões no Brasil. O censo de 2000 nos diz que o país está hoje menos católico, mais evangélico e menos afro-brasileiro. Velhas tendências foram confirmadas, novas direções vão se impondo. Religiões recém-criadas enfrentam as mais antigas, velhas religiões assumem novas formas e veiculam renovados conteúdos para enfrentar a concorrência mais acirrada no mercado religioso. Desde logo uma pergunta se impõe: quantos são os adeptos do candomblé e das demais religiões afro-brasileiras?

Antes de mais nada é preciso observar que, no caso das religiões afro-brasileiras, o censo oferece sempre cifras subestimadas de seus seguidores. Isso se deve às circunstâncias históricas nas quais essas religiões se constituíram no Brasil e ao seu caráter sincrético daí decorrente. As religiões afro-brasileiras mais antigas foram formadas no século XIX, quando o catolicismo era a única religião tolerada no país e a fonte básica de legitimidade social. Para viver no Brasil, mesmo sendo escravizado, e principalmente depois, sendo negro livre, era indispensável antes de mais nada ser católico. Por isso, os negros que recriaram no Brasil as religiões africanas diziam-se católicos e se comportavam como tais. Além dos rituais de seus ancestrais, frequentavam também os ritos católicos. Continuaram sendo e se dizendo católicos, mesmo com o advento da República, quando o catolicismo perdeu a condição de religião oficial.

Desde o início as religiões afro-brasileiras se fizeram sincréticas. Estabeleceram paralelismos entre divindades africanas e santos católicos, adotaram o calendário de festas do catolicismo, valorizaram a frequência aos ritos e sacramentos da igreja. Assim aconteceu com o candomblé da Bahia, o xangô de Pernambuco, o tambor de mina do Maranhão, o batuque do Rio Grande do Sul e outras denominações, todas elas arroladas pelo censo do IBGE sob o nome único e mais conhecido: candomblé. Até recentemente essas religiões eram proibidas ou não toleradas e, por isso, duramente perseguidas por órgãos oficiais. Mesmo quando puderam contar com amparo legal, sua liberdade permaneceu restrita. Ainda hoje os adeptos dessas religiões continuam a sofrer agressões, menos da polícia e mais de seus rivais pentecostais, e seguem sob forte preconceito, o mesmo preconceito que se volta contra os negros, independentemente de religião.

Por tudo isso, é muito comum — mesmo atualmente, quando a liberdade de escolha religiosa já faz parte da vida brasileira — muitos seguidores das religiões afro-brasileiras ainda se declararem católicos, embora sempre exista uma boa parte que assume seguir a religião afro-brasileira que de fato professa. Isso faz com que as religiões afro-brasileiras apareçam subestimadas nos censos, em que o quesito religião só pode ser pesquisado de modo superficial.

Com o tempo, as religiões afro-brasileiras tradicionais se espalharam pelo Brasil todo e passaram por muitas inovações, mas quanto mais tradicionais os redutos pesquisados, mais os afro-brasileiros continuam a se declarar e a se sentir católicos. Mais perto da tradição, mais católico. Um mapeamento nas diferentes regiões do país mostra que os afro-brasileiros são em número relativamente pequeno no Nordeste, região em que a religião tradicional se formou, o que pode parecer paradoxal, e em número bem maior nas regiões em que se instalou mais recentemente, ou seja, já no século xx, e onde a mudança religiosa no campo afro-brasileiro tem se mostrado mais vigorosa, caso do Sudeste e do Sul. De todo modo, até hoje o catolicismo é uma máscara usada pelas religiões afro-brasileiras, máscara que evidentemente as esconde também dos recenseamentos.

Um outro ramo afro-brasileiro, a umbanda, formada no século xx no Sudeste, é igualmente problemática quando se trata de quantificar seus seguidores. Ela é uma síntese dos antigos candomblés bantos de orixás e de caboclos originários da Bahia, transplantados para o Rio de Janeiro na passagem do século xix para o xx, com o espiritismo kardecista, chegado da França no final do século xix. No início, a nova religião denominou-se espiritismo de umbanda, mais tarde, umbanda. Não é incomum, ainda atualmente, os umbandistas chamarem-se de espíritas. E de católicos. O próprio catolicismo, durante anos e anos de propaganda contra a umbanda, a chamava de baixo espiritismo para diferenciá-la do espiritismo kardecista, que combatia com o mesmo zelo. A umbanda conservou do candomblé o sincretismo católico; mais que isso, assimilou preces, devoções e valores católicos que não fazem parte do universo do candomblé. Na sua constituição interna, a umbanda é muito mais sincrética que o candomblé.

Assim, sempre que se usam dados dos censos, sabemos que boa parte dos afro-brasileiros está escondida nas rubricas "católico" e "espírita". Há muito os sociólogos conhecem essa dificuldade (Camargo, 1961). Era de se esperar, contudo, que o novo clima de liberdade religiosa que se respira cada vez mais entre nós, assim como inovações introduzidas por recentes movimentos de africanização e dessincretização das religiões afro-brasileiras, contribuíssem no sentido de tornar a dupla identidade religiosa sincrética menos frequente. Muitas lideranças afro-brasileiras têm de fato se empenhado em lutar pelo apagamento das vinculações identitárias do candomblé e da umbanda com o catolicismo e o espiritismo.

2

Os dados dos censos, como já disse, não são fidedignos para que se possa precisar quantos são exatamente os adeptos das religiões afro-brasileiras. Pesquisas feitas com metodologia mais acurada indicam valores maiores, da ordem de pelo menos o dobro das cifras encontradas pelo censo (Pierucci e Prandi, 1996). Assim, não se pode usar o censo para definir em que lugar é maior ou menor o número real de adeptos das religiões afro-brasileiras, pois as diferenças observadas podem simplesmente resultar do fato de que numa região os afro-brasileiros declaram mais frequentemente que noutras sua identidade religiosa sem o disfarce católico ou espírita.

O censo, entretanto, nos permite comparações globais para todo o Brasil ao longo do tempo, que são muito importantes para entendermos o que se passa com essas religiões. Devemos estar atentos para a situação em que, de um censo para outro, se registra um aumento no número de seguidores declarados. Esse crescimento pode ser atribuído a duas fontes de variação. Primeiro, os números refletiriam um aumento real no número de seguidores; segundo, seria consequência da expansão da liberdade de crença no Brasil, que faria com que mais adeptos do candomblé e da umbanda, antes disfarçados sob a rubrica de católicos e espíritas, se declarassem de religião afro-brasileira. Os números crescentes mostrariam que a religião cresce porque tem mais fiéis ou porque uma parcela maior dos antigos seguidores passou a se declarar abertamente.

Um decréscimo no número de fiéis, por sua vez, dificilmente refletiria maiores dificuldades de alguém se declarar adepto da umbanda ou do candomblé, uma vez que, como já foi enfatizado, tem crescido a legitimidade social da livre escolha da religião, sem os constrangimentos tradicionais. Neste caso, um decréscimo no número dos declarados deve mesmo significar uma queda demográfica real.

De todo modo, quando tomamos estatísticas para o Brasil como um todo e as comparamos em diferentes épocas, as distorções introduzidas pelos padrões culturais locais e regionais associados com a identidade religiosa acabam se compensando.

Feitas essas ressalvas, o que os dados disponíveis nos mostram é que o conjunto das religiões afro-brasileiras vem perdendo adeptos nos últimos vinte anos. Considerando que atualmente são menos imperativas as razões que têm levado os afro-brasileiros a se declararem católicos ou espíritas, a queda recentemente observada pode até mesmo ser maior, uma vez que em censos anteriores as taxas de "escondidos" podiam ser maiores que as de agora, já que estariam menos subestimadas.

Conforme mostra a Tabela 1, o pequeno contingente de adeptos declarados de religiões afro-brasileiras representava em 1980 apenas 0,6% da população brasileira residente. Em 1991 eram 0,4% e em 2000 são 0,3%. De 1980 a 1991 os afro-brasileiros perderam 30 mil seguidores declarados, perda que na década seguinte subiu para 71 mil. Ou seja, o segmento das religiões afro-brasileiras está em declínio.

Podem ser muitas as razões do descenso dos seguidores das religiões afro-brasileiras, mas certamente estão associadas às novas condições da expansão das religiões no Brasil no contexto do mercado religioso.

TABELA 1
Religiões declaradas nos censos do Brasil,
em 1980, 1991 e 2000 (população residente)

Religião	1980	1991	2000
Católica	89,2	83,3	73,7
Evangélica	6,6	9,0	15,4
Espírita	0,7	1,1	1,4
Afro-brasileiras	0,6	0,4	0,3
Outras religiões	1,3	1,4	1,8
Sem religião	1,6	4,8	7,4
Total(*)	100,0%	100,0%	100,0%

(*) Não inclui religião não declarada e não determinada.
Fonte: IBGE, Censos demográficos.

A oferta de serviços que a religião é capaz de propiciar aos consumidores religiosos e as estratégias de acessar os fiéis e criar novas necessidades religiosas impõem mudanças que nem sempre religiões mais ajustadas à tradição conseguem assumir. É preciso, sobretudo, enfrentar os concorrentes, atualizar-se. Para religiões antigas, podem ocorrer mudanças que mobilizam apenas um setor dos líderes e devotos, como, por exemplo, ontem, a fração das Comunidades Eclesiais de Base e, hoje, a parcela da Renovação

Carismática do catolicismo. No caso dos evangélicos, avançam os renovados pentecostais e neopentecostais, mas declinam algumas das denominações históricas, tradicionais.

Certamente, o sincretismo católico, que por quase um século serviu de guarida aos afro-brasileiros, não deve mais lhes ser tão confortável. Quando o próprio catolicismo está em declínio, a âncora sincrética católica pode estar pesando desfavoravelmente para os afro-brasileiros, fazendo-os naufragar. Por outro lado, é sabido que muitas igrejas neopentecostais têm crescido às custas das religiões afro-brasileiras, sendo que para uma de suas mais bem-sucedidas denominações, a Igreja Universal do Reino de Deus, o ataque sem trégua ao candomblé e à umbanda, e a seus deuses e entidades, é constitutivo de sua própria identidade (Mariano, 1999).

Os adeptos das religiões afro-brasileiras estão em declínio, mas não é simplesmente isso o que os dados do censo mostram. Se interrompêssemos aqui a análise, muito da dinâmica dessas religiões deixaria de ser entendido.

Para os censos de 1991 e 2000, podemos contar com dados que separam o candomblé e a umbanda, sendo que a classificação candomblé reúne as chamadas religiões afro-brasileiras tradicionais, isto é, as formadas no século XIX: candomblé, xangô, tambor de mina, batuque. Pelo menos desde a década de 1950, a umbanda tem sido majoritária no conjunto afro-brasileiro. Gerada no Sudeste do início do século XX, logo se espalhou pelo Brasil como religião universal sem limites de raça ou etnia, geografia e classe social. Até essa época, o candomblé e as demais denominações tradicionais continuavam circunscritos àquelas áreas urbanas em que se formaram em razão da concentração de populações negras, isto é, aglutinação de descendentes dos antigos escravizados africanos. Continuavam a ser religiões de negros. A umbanda, não: ela já nasceu num processo de branqueamento e ruptura com símbolos, línguas e outras características africanas, apresentando-se como uma religião para todos, capaz de se mostrar como símbolo de identidade de um país mestiço que então se forjava no Brasil das primeiríssimas décadas do século xx. Alastrou-se rapidamente.

Parecia que a umbanda seria a única grande religião afro-brasileira destinada a se impor como universal e presente em todo o país. E de fato não tardou a se espalhar também por países do Cone Sul e depois mais além (Frigerio e Carozzi, 1993; Oro, 1993). A umbanda é considerada a religião brasileira por excelência, num sincretismo que reúne o catolicismo branco, a tradição dos orixás da vertente negra e símbolos e espíritos de inspiração indígena, contemplando as três fontes básicas do Brasil mestiço (Concone, 1987).

Mas, a partir da década de 1960, muita coisa mudou nas religiões afro-brasileiras. O candomblé extravasou progressivamente suas fronteiras geográficas, abandonou os limites originais de raça e etnia dos fiéis e ampliou seu território. Espalhou-se pelo Brasil, conquistando para seus quadros até mesmo antigos seguidores da umbanda. Nas pegadas da umbanda, também chegou ao estrangeiro. Cada vez mais foi se fazendo visível através da imagem capturada pelas artes e costumes de uma sociedade consumista e multicultural, e marcou presença em esferas culturais não religiosas: literatura, cinema, teatro, música, carnaval, televisão, culinária etc.

No interior das religiões afro-brasileiras, o pequeno candomblé foi crescendo, conforme podemos ver nos dados apresentados na Tabela 2.

TABELA 2
As religiões afro-brasileiras nos censos de
1980, 1991 e 2000

Religião	1980	1991	2000	Incremento em % 1980-1991	Incremento em % 1991-2000
Afro-brasileiras (candomblé e umbanda)	678.714 0,57%	648.475 0,34%	571.329 0,34%	- 4,5	- 11,9
Candomblé	(*)	106.957 0,07%	139.328 0,08%	(*)	+ 31,3
Umbanda	(*)	541.518 0,37%	432.001 0,26%	(*)	- 20,2
População total do Brasil	119.011.052 100%	146.815.788 100%	169.799.170 100%	+ 23,4	+ 15,7
Candomblé sobre o total de fiéis das religiões afro-brasileiras	(*)	16,5%	24,4%		

(*) Dado não disponível.
Fonte: IBGE, Censos demográficos.

Em 1991, o candomblé já tinha conquistado 16,5% dos seguidores das diferentes denominações de origem africana. Em 2000, esse número passou a 24,4%. O candomblé cresceu para dentro e para fora do universo afro-brasileiro. Seus seguidores declarados eram cerca de 107 mil em 1991 e quase 140 mil em 2000, o que representa um crescimento de 31,3% num período em que a população brasileira cresceu 15,7%. Sem dúvida um belo crescimento.

Por outro lado, a umbanda, que contava com aproximadamente 542 mil devotos declarados em 1991, teve seu contingente reduzido para 432 mil em 2000. Uma perda enorme, de 20,2%.

E porque o peso da umbanda é maior que o do candomblé na composição das religiões afro-brasileiras, registrou-se para o conjunto todo um declínio de 11,9% numa só década. Na década anterior, fato para o qual Ricardo Mariano chamou a devida atenção, as religiões afro-brasileiras já tinham sofrido uma perda de 4,5% (Mariano, 2001), declínio que não somente se confirmou como se agravou na década seguinte. O conjunto encolheu, mas o candomblé cresceu.

3

Os resultados dos levantamentos censitários vêm corroborar também que uma das mais profundas mudanças observadas no candomblé, nas últimas décadas do século xx, foi sua universalização, quando passou de religião étnica a religião de todos, com a incorporação, entre os seguidores, de novos adeptos de classe média e de origem não africana, o que já era característico da umbanda.

Observando a Tabela 3, vemos que a religião que apresenta a maior porcentagem de adeptos declarados pretos é o candomblé, como é de se esperar, mas com a taxa de 22,8% — expressivamente pequena, se considerarmos sua origem como religião de escravizados africanos e descendentes. Segue-se a umbanda, com 16,7% de seguidores de cor preta. Essas cifras dão para o grupo afro-brasileiro como um todo a taxa de 18,2% de declarados de cor preta. Números bem distantes dos 6,2% de pretos observados para o conjunto da população brasileira. Candomblé e umbanda não são, contudo, religiões caracterizadas pelos que se declararam de cor parda. Enquanto o candomblé tem 37,6% de pardos e a umbanda, outros 27,3%, essa categoria está presente em 39,2% dos evangélicos como um todo e em 42,3% entre as igrejas evangélicas pentecostais. Os afro-brasileiros pardos são relativamente em número menor do que o observado para o Brasil como um todo.

TABELA 3
Cor declarada dos seguidores de vários grupos religiosos (Brasil, 2000)

Religião	Brancos	Pretos	Pardos	Amarelos	Total (*)
Católica romana	54,5	5,8	38,2	0,4	100%
Evangélicas	52,8	6,4	39,2	0,2	100%
Evangélicas históricas	61,2	4,9	32,3	0,3	100%
Evangélicas petencostais	49,3	7,0	42,3	0,2	100%
Espírita	75,6	4,6	18,5	0,5	100%
Afro-brasileiras	50,4	18,2	29,8	0,3	100%
Candomblé	37,4	22,8	37,6	0,3	100%
Umbanda	54,5	16,7	27,3	0,3	100%
Sem religião	44,5	9,3	44,0	0,6	100%
Total para o Brasil	53,7	6,2	38,5	0,4	100%

(*) O que falta para completar 100% deve-se a outra cor e cor não declarada.
Fonte: IBGE, Censos demográficos.

Considerando-se a categoria dos declarados de cor branca, vemos que o maior contingente de brancos está no espiritismo, com 75,6%, seguido dos evangélicos históricos, que reúnem as igrejas protestantes tradicionais, como a luterana, a batista, a presbiteriana, entre outras, com 61,2%. Os afro-brasileiros apresentam cifra próxima dos católicos e evangélicos como um todo, com taxas próximas aos 53,7% da população brasileira. A porcentagem de umbandistas brancos é a mesma que se tem para o Brasil e a dos seguidores do candomblé está em 37,4%. Mais de um terço dos adeptos do candomblé não se classificam como afrodescendentes; há muito o candomblé deixou de ser religião exclusiva de afrodescendentes.

Surpreendentemente, conforme mostra a Tabela 4, as religiões afro-brasileiras apresentaram, tanto no censo de 1991 como no de 2000, a segunda maior média de anos de escolaridade de seus seguidores declarados, ficando atrás apenas do espiritismo kardecista, religião sabidamente de classe média e de seguidores com escolaridade elevada. Os espíritas tiveram médias de 8,3 e 9,6 anos de estudos nos censos de 1991 e 2000, respectivamente, enquanto os afro-brasileiros obtiveram 6,3 e 7,4 anos.

Para o censo de 2000, os dados dos afro-brasileiros foram desagregados, permitindo-se conhecer essas cifras para candomblé e umbanda. Os números encontrados são 7,5 anos para o candomblé e 7,3 anos para a umbanda. São números muito superiores aos encontrados para o conjunto da população brasileira: 4,7 e 5,9 anos nos dois censos consecutivos, e bem acima dos evangélicos, com 4,7 e 5,8 anos. Os pentecostais apresentam as menores médias de anos de estudos, com 4,0 anos de estudos em 1991 e 5,3 anos em 2000.

São indicadores inequívocos da penetração da classe média branca escolarizada no candomblé. Certamente esse segmento, que não é a maioria, declara-se afro-brasileiro no quesito de religião do censo com maior frequência que os pobres, negros e pouco escolarizados.

TABELA 4
Média dos anos de estudos em diferentes
grupos religiosos. Brasil, 1991 e 2000

Religião	1991	2000
Católica romana	4,6	5,8
Evangélicas	4,7	5,8
Evangélicas históricas	5,8	6,9
Evangélicas petencostais	4,0	5,3
Espírita	8,3	9,6
Afro-brasileiras	6,3	7,4
Candomblé	(*)	7,5
Umbanda	(*)	7,3
Sem religião	5,1	5,7
Total para o Brasil	4,7	5,9

(*) Informação não disponível.
Fonte: IBGE, Censos demográficos.

A participação de um grande contingente de brancos de escolaridade alta deve ser também considerada como fator importante de mudança da religião. Esse segmento certamente leva ao candomblé maneiras diferentes de entender e valorizar aspectos essenciais da religião. Não há como deixar de lado que, na dinâmica da mudança religiosa no âmbito do candomblé, alguns embates dependem muito da origem social e cultural dos adeptos: a tradicional oralidade de marca africana em oposição à moderna transmissão escrita da cultura religiosa, a iniciativa da pesquisa para aprender em contraste com o aprendizado passivo baseado na repetição, a ideia de que o saber se efetiva pelo conhecimento realmente acumulado e não simplesmente pelo tempo decorrido, o sentimento de que os erros e lacunas em rituais, mitos e concepções teológicas, cristalizados ao longo do tempo, devem ser sanados, e não simplesmente valorizados como aspectos de uma tradição que assim se consolidou por força de dificuldades históricas, a começar da própria escravidão. Certamente, esses novos seguidores, instrumentalizados pela educação e por valores de classe média, não vacilam em procurar novas fontes de conhecimento religioso que imaginam disponíveis na literatura científica, na internet, em instituições fora do terreiro em que praticam a religião, em outra cidade, outro país, outro continente. Entre suas aspirações está a reconstituição de uma religião que imaginam como sendo a religião original, plena de conhecimento sagrado e poder mágico, falada numa língua compreensível, escrita no livro, com verdades que nenhum pai de santo, por egoísmo, ignorância ou zelo excessivo, pode esconder. Estarão sempre à procura dos imaginados segredos guardados da religião.

4

Como já sabemos, o termo candomblé, como rubrica censitária, inclui diferentes modalidades religiosas afro-brasileiras. Embora as chamemos todas de religiões tradicionais, para contrastar com a umbanda, que é de formação mais recente e mais desprendida de elementos culturais trazidos da África pelos escravizados, elas têm mudado. Mesmo uma religião tradicional muda com o tempo, ao enfrentar novas situações sociais, especialmente quando passa a fazer parte como concorrente do mercado religioso. O candomblé tem mudado muito.

No processo de transformação em religião universal, ou seja, religião que se oferece para todos, o candomblé conheceu o que chamei de movimento de africanização, que implica certas reformas de orientação fortemente intelectual, como o reaprendizado das línguas africanas esquecidas ao longo de um século, a recuperação da mitologia dos deuses africanos, que em parte também se perdeu nesses anos todos de Brasil, e a restauração de cerimoniais africanos. Um elemento importante do movimento de africanização do candomblé e sua constituição como religião autônoma inserida no mercado religioso é o processo de dessincretização, com o abandono de símbolos, práticas e crenças de origem católica. É a *descatolicização* do candomblé, que se descentra do catolicismo e se assume como religião autônoma. O processo de africanização do candomblé, evidentemente, é muito desigual e depende das diferentes situações com que se depara aqui e ali. Podemos, contudo, afirmar com segurança que o candomblé que mais se espalha pelo Brasil, o que mais cresce, é esse que vai cada vez mais deixando de lado as ligações com o catolicismo. Um seguidor desse candomblé pode, se quiser, frequentar ritos da Igreja católica, mas essa participação já não será mais vista como parte do preceito obrigatório a que estavam sujeitos os membros dos candomblés mais antigos; já não é mais um dever ritual. Não é mais necessário mostrar-se católico para poder louvar os deuses africanos, assim como não é mais necessário ser católico para ser brasileiro.

Um seguidor da umbanda está longe dessas preocupações. Ao contrário, em vez de fortalecer sua identidade religiosa, uma aspiração muito corrente entre os umbandistas é a de se iniciar também no candomblé. Muitos o fazem e, entre esses, não são poucos os que acabam abandonando a umbanda definitivamente para se dedicar aos orixás segundo o rito do candomblé. Assim se enfraquece a autonomia umbandista. Nos ritos da umbanda, as preces católicas e a invocação de Jesus, Maria e santos da Igreja nas letras dos cantos sagrados continuam indispensáveis. Num hipotético processo de dessincretização da umbanda, grande parte de seu hinário teria que ser abandonada, pois as referências às crenças católicas são muito explícitas.

Umbanda e candomblé são religiões mágicas. Ambas pressupõem o conhecimento e o uso de forças sobrenaturais para intervenção neste mundo, o que privilegia o rito e valoriza o segredo iniciático. Além do sacerdócio religioso, a magia é quase que uma atividade profissional paralela de pais e mães de santo, voltada para uma clientela religiosamente alheia à religião africana (Pierucci, 2001). Nesses termos, o candomblé é visto dentro do próprio segmento afro-brasileiro como fonte de maior poder mágico que a umbanda, o que atrai para o seio do candomblé muitos umbandistas. Segundo o candomblé, que está mais perto do pensamento africano que a umbanda, o bem e o mal não se separam, não são campos distintos. A umbanda, porém, quando se formou, imaginou-se também como religião ética, capaz de fazer a distinção entre o bem e o mal à moda ocidental, cristã. Mas acabou criando para si uma armadilha. Separou o campo do bem do campo do mal. Povoou o primeiro com seus guias de caridade, os caboclos, pretos velhos e outros espíritos considerados bons e virtuosos, à moda kardecista. Para controlar o segundo, arregimentou um panteão de exus-espíritos e pombagiras, entidades que não se acanham em trabalhar para o mal, quando o mal é considerado necessário. Ficou dividida entre dois campos opostos, como já assinalei, "entre a cruz e a encruzilhada" (Negrão, 1996). Tratado durante muito tempo com discrição e segredo, o culto dos exus e pombagiras, identificados erroneamente como figuras diabólicas — tanto por gente de fora como por gente de dentro da própria religião —, veio recentemente a ocupar na umbanda lugar aberto e de realce. Exus e pombagiras foram por muito tempo entidades exclusivas do panteão da quimbanda, o chamado "lado da esquerda", cuja existência a própria umbanda fazia questão de esconder. Depois foram abertamente incorporados aos rituais da umbanda e, mais adiante, passaram a ser cultuados também em terreiros de candomblé, sobretudo naqueles em que o líder tem um passado umbandista de convívio intenso com essas entidades da esquerda, formando-se um tipo misto de religião chamado de umbandomblé ou candomblé de quimbanda, como já disse. Com isso, praticamente todo o segmento das religiões afro-brasileiras foi povoado de exus e pombagiras, exus, convém ressaltar, bastante distintos do Exu mensageiro dos candomblés mais apegados às tradições africanas.

Era tudo de que precisava um certo pentecostalismo: agora o diabo estava ali bem à mão, nos terreiros adversários, visível e palpável, pronto para ser humilhado e vencido. O neopentecostalismo leva ao pé da letra a ideia de que o diabo está entre nós como ameaça permanente, que deve ser vencida a cada momento pelo bom religioso, e incita sem disfarce seus seguidores a divisá-lo nos transes rituais dos terreiros afro-brasileiros. Pastores da Igreja Universal do Reino de Deus, em cerimônias fartamente veiculadas pela televisão, submetem desertores da umbanda e do candomblé, em estado de transe, a rituais de exorcismo, que têm por fim humilhar e escorraçar as entidades espirituais afro-brasileiras incorporadas, que eles consideram manifestações do demônio (Almeida, 1996; Mariano, 1999).

5

A umbanda e o candomblé, cada qual a seu modo, são bastante valorizados no mercado de serviços mágicos. No entanto, embora sua clientela sempre tenha sido grande (e não necessariamente religiosa), ambos enfrentam hoje a concorrência de incontáveis agências de serviços mágicos e esotéricos de todo tipo e origem, sem falar de outras religiões e agências que inclusive se apropriam de suas técnicas, sobretudo as oraculares. Concorrem entre si e concorrem com os outros. Finalmente foram deixados em paz pela polícia — quase sempre —, mas ganharam inimigos muito mais decididos e dispostos a expulsá-los do cenário religioso, contendores que fazem da perseguição às crenças afro-brasileiras um ato de fé, reiterado o tempo todo, tanto no recinto fechado dos templos como no ilimitado e público espaço da televisão e do rádio. Seu projeto de recristianizar o país à sua moda não fica apenas no âmbito da religião: o desejo maior é apagar o orixá da alma brasileira, limpar a cultura de seus componentes africanos. Não foi um ato isolado e gratuito o discurso do pastor fluminense Samuel Gonçalves, da Assembleia de Deus, um dos apoiadores do candidato evangélico Anthony Garotinho à presidência da República, em 2002, em que afirmou que uma das "três maldições" do Brasil é a religião africana (*Folha de S.Paulo*, 30/07/2002, p. A6). E esse é apenas um exemplo de um largo leque de agressões. Nos tempos atuais, a perseguição sofrida pelas religiões afro-brasileiras passou de órgãos do Estado para instituições da sociedade civil. Pode bem voltar ao Estado, se os governos caírem em mãos religiosas intolerantes.

Candomblé e umbanda, antes de mais nada, são religiões de pequenos grupos que se congregam em torno de uma mãe ou pai de santo, denominando-se terreiro cada um desses grupos. Embora se cultivem relações protocolares de parentesco iniciático entre terreiros, cada um deles é autônomo e autossuficiente, e não há nenhuma organização institucional eficaz que os unifique ou que permita uma ordenação mínima capaz de estabelecer planos e estratégias comuns na relação da religião afro-brasileira com as outras religiões e o resto da sociedade. As federações de umbanda e candomblé, que supostamente uniriam os terreiros, não funcionam, pois não há autoridade acima do pai ou da mãe de santo (Concone e Negrão, 1987). Além disso, os terreiros competem fortemente entre si e os laços de solidariedade entre os diferentes grupos são frágeis e circunstanciais, meramente protocolares. Não há organização empresarial e não se dispõe de canais eletrônicos de comunicação. Sobretudo, nem o candomblé, em suas diversas denominações, nem a umbanda têm quem fale por eles, muito menos quem os defenda. Muito diferente das modernas organizações empresariais das igrejas evangélicas, que aplicam técnicas de marketing, treinam os pastores-executivos para a expansão e prosperidade material das igrejas e contam com canais próprios e alugados de televisão e rádio, além de representação aguerrida nos legislativos municipais, estaduais e federal. Mais que isso, a derrota das religiões afro-brasileiras é item explícito do planejamento expansionista pentecostal: há igrejas evangélicas em que o ataque às religiões afro-brasileiras e a conquista de seus seguidores são práticas exercidas com regularidade e justificadas teologicamente. Por exemplo, na prática expansiva de uma das mais dinâmicas igrejas neopentecostais, fazer fechar o maior número de terreiros de umbanda e candomblé existentes na área em que se instala um novo templo é meta que o pastor tem que cumprir.

Lentamente esse quadro mostra sinais de mudança, pois as religiões afro-brasileiras já estão encontrando meios efetivos de defesa. Vale a pena transcrever uma matéria do jornalista Daniel Castro publicada na *Folha de S.Paulo*:

> A procuradora da República Eugênia Fávero entrou com ação cível contra a Record e a Rede Mulher, TVs da Igreja Universal do Reino de Deus, por exibirem programas que, segundo ela, demonizam religiões afro-brasileiras (candomblé, umbanda).
>
> A ação acaba de virar processo na 5ª Vara Cível Federal. Atende a representação de entidades afro-brasileiras, que há um ano fizeram passeata na avenida Paulista.

Na ação, também assinada por Hédio Silva Júnior, coordenador da Comissão de Direitos Humanos da OAB-SP, Record e Rede Mulher são acusadas de preconceito religioso e racial e de violarem a Constituição Federal.

As emissoras são acusadas de infringir a liberdade de crença ao transmitirem programas, produzidos pela neopentecostal Igreja Universal, em que as religiões afro-brasileiras são referidas com termos como "encosto", "demônios", "bruxaria" e "feitiçaria".

A ação pede liminar em que a Record e a Rede Mulher sejam obrigadas a fornecer estúdios e profissionais para a gravação de 30 programas de duas horas cada um, a serem exibidos das 21h às 23h, como direito de resposta coletivo às entidades ofendidas.

A Record disse que não irá comentar o assunto, porque desconhece oficialmente a ação. A Rede Mulher afirmou que os "programas são de responsabilidade de quem os produz". A Igreja Universal não se pronunciou. (*Folha de S.Paulo*, 16/12/2004, p. E10).

O citado advogado Hédio Silva Júnior, autor de tese de doutorado sobre liberdade de crença e regulamentação do ensino religioso (Silva Jr., 2002), participa também do Instituto Nacional da Tradição e Cultura Afro-Brasileira, Coordenação do Estado de São Paulo — Intecab/SP — entidade que tem à frente Pai Francelino de Shapanan, sacerdote-chefe da Casa das Minas de Toia Jarina, que vem há alguns anos empenhando-se na defesa das religiões afro-brasileiras das agressões provenientes de outras religiões. Tendo por lema "A união na diversidade", essa entidade desenvolve atividades, encontros, cursos e congressos com o fim básico de unir as mais diferentes manifestações religiosas afro--brasileiras, suas distintas nações, federações e terreiros numa causa comum em defesa da religião. Não tem sido tarefa fácil.

Mas tudo isso é apenas o começo de uma luta que pode reencenar, com novos oponentes, a luta de Davi contra Golias.

Grande parte da fraqueza das religiões afro-brasileiras advém de sua própria constituição como reunião não organizada e dispersa de grupos pequenos e quase domésticos, que são os terreiros. Num passado recente, entre as décadas de 1950 e 1970, as religiões de conversão se caracterizavam pela formação de pequenas comunidades, em que todos se conheciam e se relacionavam. A religião recriava simbolicamente relações sociais comunitárias que o avanço da industrialização e da urbanização ia deixando de lado. Tanto no terreiro afro-brasileiro como na igreja evangélica, o adepto se sentia parte de um pequeno e bem definido grupo. Ao contrário disso, a religião típica da década de 1980 em diante é uma religião de massa. As reuniões religiosas são realizadas em grandes templos, situados preferencialmente nos lugares de maior fluxo de pessoas, com grande visibilidade, que funcionam o tempo todo — não raro, igrejas permanecem abertas 24 horas — e que reúnem adeptos vindos de todos os lugares da cidade, adeptos que podem frequentar a cada dia um templo localizado em lugar diferente. Os crentes seguem a religião, mas já não necessariamente se conhecem. O culto também é oferecido dia e noite no rádio e na televisão, e o acesso ao discurso religioso é sempre imediato, fácil. Os pastores são treinados para um mesmo tipo de pregação uniforme e imediatista. No catolicismo carismático, por sua vez, a constituição dos pequenos grupos de oração teve que se calçar na criação dos grandes espetáculos de massa das missas dançantes celebradas pelos padres cantores (Souza, 2001 b). Nesses vinte anos, mudou muito a forma como a religião é oferecida pelos mais bem-sucedidos grupos religiosos. São mudanças a que o candomblé e a umbanda não estão afeitos. Não são capazes de se massificar, mesmo porque a vida religiosa de um afro-brasileiro se pauta principalmente pelo desempenho de papéis sacerdotais dentro de um grupo de características eminentemente familiares. Não é à toa que o grupo de culto é chamado de família de santo. Mais que isso, as cerimônias secretas das obrigações e sacrifícios não são abertas sequer a todos os membros de um terreiro: há sempre uma seleção baseada nos níveis iniciáticos, não sendo concebível a exposição a todos, muito menos sua divulgação por meio televisivo.

Além de se constituírem em pequenas unidades autônomas, reunindo em geral não mais que cinquenta membros, os terreiros de candomblé e umbanda usualmente desaparecem com o falecimento da mãe ou pai de santo, tanto pelas disputas de sucessão como pelo fato bastante recorrente de que os herdeiros civis da propriedade e demais bens materiais do terreiro, tudo propriedade particular do finado chefe, não se interessam pela continuidade da comunidade religiosa. A não ser em uma dúzia de casas que se transformaram em emblemas de importância regional ou mesmo nacional para a religião, dificilmente um terreiro sobrevive à morte de seu fundador. Tudo sempre começa de novo, pouco se acumula.

6

Fragmentada em pequenos grupos, fragilizada pela ausência de algum tipo de organização ampla, tendo que carregar o peso do preconceito racial que se transfere do negro para a cultura negra, a religião dos orixás tem poucas chances de se sair melhor na competição — desigual — com outras religiões. Silenciosamente, assistimos hoje a um verdadeiro massacre das religiões afro-brasileiras. Sem um projeto novo de expansão e de reorientação num quadro religioso que se tornou extremamente complexo e competitivo, a umbanda talvez tenha menos recursos que o candomblé para enfrentar a nova conjuntura. Os dados dos censos mostram que é da umbanda que vem o encolhimento demográfico do segmento religioso afro-brasileiro, e o vigor do novo candomblé não tem sido suficiente para compensar as perdas. Nem seus líderes, em grande parte pouco escolarizados, têm sabido como reagir ou como se organizar, mais preocupados que estão em garantir o funcionamento de seus terreiros. A umbanda tem menos de cem anos de idade e parece não conseguir se adaptar às novas demandas que a sociedade apresenta. Já o candomblé, que é pelo menos um século mais antigo que a umbanda, porém renovado pelas mutações que vem sofrendo em sua expansão, mostra-se mais ágil para se adequar aos novos tempos. É mais uma demonstração de que a religião que não muda, morre. A inclusão cada vez maior de novos membros provenientes da classe média e portadores de elevada escolaridade, fato que contribui para aumentar muito as médias de escolaridade dos membros do candomblé e da umbanda, pode apontar para mudanças que dotem as religiões afro-brasileiras de mecanismos mais ágeis de organização, competição e defesa, mas ainda é cedo para se saber em que direção tudo caminhará.

De todo modo, a importância cultural da umbanda, do candomblé, do xangô, do tambor de mina, do batuque e de outras denominações menos conhecidas no cenário cultural brasileiro tem sido sempre maior que seu alcance demográfico em termos da efetiva filiação de seguidores. A presença dos orixás na alma brasileira é forte, como também acontece noutros países americanos em que se constituíram religiões de origem negro-africana. Mas, se se confirma que o Brasil vem se tornando religiosamente menos afro-brasileiro, a fonte viva de valores, visões de mundo, arranjos estéticos, aromas, sabores, ritmos etc., que são os terreiros de candomblé e umbanda, pode entrar em processo de extinção. Não seria um horizonte promissor para o cultivo da diferença cultural e do pluralismo religioso, cujo alargamento alimentou promessas do final do século xx de democracia na diversidade, com tolerância e liberdade.

Epílogo

1

Depois de passar por muitas mudanças e de ter se propagado por todo o país e adentrado os diferentes segmentos sociais, as religiões afro-brasileiras ainda conservam a imagem de culto de mistérios e segredos, o que muitas vezes resulta numa ideia de perigo e risco no imaginário popular. Isso tem servido para realimentar o secular preconceito que cerca as religiões dos orixás desde sua formação no Brasil, mas essas religiões sem dúvida terão caminhado adiante no processo de legitimação social: já não se escondem da polícia nem se limitam mais a parcelas fechadas da população.

A divulgação profana de aspectos da religião pelas artes, especialmente a música popular, que atinge as massas pelo rádio e pela televisão, terá sem dúvida contribuído para reduzir a marginalidade da religião dos deuses africanos, embora concorra também para afirmar estereótipos e confirmar velhos preconceitos.

Religião que agora é de todos, o candomblé enfatiza a ideia de que a competição na sociedade é bem mais aguda do que se podia pensar, que é preciso chegar a níveis de conhecimento mágico e religioso muito mais densos e cifrados para melhor competir em cada instante da vida, e que o poder religioso tem amplas possibilidades de se fazer aumentar. Ensina que não há nada a esconder ou reprimir em termos de sentimentos e modos de agir, com relação a si mesmo e com relação aos demais. Pois neste mundo podemos ser o que somos, o que gostaríamos de ser e o que os outros gostariam que fôssemos. A um só tempo.

Como agência de serviços mágicos, a religião dos deuses africanos em suas diferentes modalidades oferece ao não devoto a possibilidade de encontrar solução para problema não resolvido por outros meios, sem maiores envolvimentos com a religião. Para o cliente, passa despercebida a intensa atividade ritual do candomblé, e, uma vez que as cerimônias iniciáticas são realizadas longe dos olhos do público, o não iniciado só vê o rito público, que é a festa, com música, canto, dança, comida e muita cor. Assim, o candomblé é muito confundido com sua forma estética, a qual se reproduz no teatro, na escola de samba, na novela da televisão — os orixás ao alcance da mão como produto de consumo.

Parcela importante da legitimidade social dessa cultura negra, ou de origem africana, cujo celeiro mais importante é a Bahia, essa legitimação da "raiz" foi gestada a partir de uma nova estética formulada pela classe média intelectualizada do Rio e de São Paulo nas décadas de 1960 e 1970, que adotou os artistas e intelectuais baianos, propagou-se pela mídia eletrônica e chegou a todas as classes sociais. Sobretudo através da música popular, como procurei mostrar. Chegou também aos pobres, ainda que esses não tenham vivido o desejo de retorno e rebeldia que na década de 1960 rumou para Salvador, atracou no Porto da Barra, subiu a ladeira do Gantois no bairro da Federação, procurou a avenida Vasco da Gama, encontrou o caminho de São Gonçalo do Retiro e se embrenhou pelas sendas do Matatu de Brotas, em busca dos terreiros de candomblé centenários e suas veneráveis mães de santo, com seus búzios do destino, banhos de cheiro e feitiços miraculosos. Desejo que se alastrou, talvez contraditoriamente, também entre umbandistas que com esforço buscavam até então apagar justamente essa origem não branca da religião, essa Bahia, essa África. Começava o que chamei de processo de africanização do candomblé (Prandi, 1991), em que o retorno deliberado à tradição significa o reaprendizado da língua, dos ritos e mitos que foram deturpados e perdidos na adversidade da diáspora; voltar à África não para ser africano, nem para ser negro e muito menos pobre, mas para recuperar um patrimônio cuja presença no Brasil é agora motivo de orgulho, sabedoria e reconhecimento público, e assim ser o detentor de uma cultura que já é ao mesmo tempo negra e brasileira, porque o Brasil já se reconhece no orixá, o Brasil com axé. Tem orixá na alma brasileira.

Ao longo do processo de mudanças mais geral que orientou a constituição brasileira da religião dos deuses africanos, o culto aos orixás primeiro misturou-se ao culto dos santos católicos para ser brasileiro, forjando-se o sincretismo; depois apagou elementos negros para ser universal e se inserir na sociedade geral, gestando-se a umbanda; finalmente retomou origens negras para transformar também o candomblé em religião para todos, iniciando um processo de africanização e dessincretização para alcançar autonomia em relação ao catolicismo. Para isso, certamente, o reconhecimento da cultura dos orixás pela sociedade em geral representa um passo importante, e sua divulgação através da música popular, entre outras formas de manifestação artística, não deixa de ser favorável.

2

Nos tempos atuais, as mudanças por que passam as religiões dependem, entre outros motivos, da necessidade da própria religião em mudança de se expandir e enfrentar de modo competitivo as demais religiões. Hoje, pertencer a uma determinada religião é questão de escolha pessoal. A religião que se professa hoje já não é aquela na qual se nasce, mas a que se escolhe. A religião que alguém elege para si hoje, selecionada de uma pluralidade em permanente expansão, também não é necessariamente mais a que seguirá amanhã. O religioso é agora um ser pouco fiel. Mais de um quarto da população adulta da região metropolitana de São Paulo professa hoje religião diferente daquela em que nasceu, são convertidos, muitos tendo experimentado sucessivas opções.

Houve tempo em que a mudança de religião representava uma ruptura social e cultural, além de ruptura com a própria biografia, com adesão a novos valores, mudança de visão de mundo, adoção de novos modelos de conduta etc. A conversão era um drama, pessoal e familiar, representava uma mudança drástica de vida. O que significa hoje mudar de religião, quando a mudança religiosa parece não comover ninguém, como se mudar de religião fosse já um direito líquido e certo daquele que se transformou numa espécie de consumidor, consumidor religioso, como já se chamou esse converso? (Pierucci e Prandi, 1996, cap. 12).

As mais díspares religiões, assim, surgem nas biografias dos adeptos como alternativas que se pode pôr de lado facilmente, que se pode abandonar a uma primeira experiência de insatisfação ou desafeto, a uma mínima decepção. São inesgotáveis as possibilidades de opção, intensa a competição entre elas, fraca sua capacidade de dar a última palavra. A religião de hoje é a religião da mudança rápida, da lealdade pequena, do compromisso descartável.

Mas não somente o crente muda de um credo para outro, desta para aquela religião. As religiões mudam também e mudam muito rapidamente; suas transformações muitas vezes apontando para um outro público-alvo, visando uma clientela anteriormente fora do alcance de sua mensagem. É verdade que a religião muda a reboque da sociedade, sobretudo no que diz respeito aos modelos de conduta que prega e valores que propaga, frequentemente adaptando-se a transformações sociais e culturais já plenamente em curso, num esforço para não perder o trem da história, como tem ocorrido especialmente com a Igreja católica. Hoje, provavelmente, muitas das mudanças contemplam não especificamente a sociedade em transformação, mas o conjunto das diferentes religiões que se oferecem como alternativas sacrais, o que significa que a religião muda para poder melhor competir com as outras crenças em termos da adesão de fiéis, e não em razão de se pôr numa posição axiológica mais compatível com os avanços da sociedade, efetivos ou idealizados, embora isso também possa ser importante e às vezes pressuposto na dinâmica do próprio mercado religioso. Posições anteriormente alcançadas, tanto no plano da filosofia religiosa como no das consequências políticas e de orientação na vida cotidiana, que derivam dos valores então assumidos, podem ser completamente abandonadas, com a busca de novos modelos que possam melhor apetrechar aquela religião na concorrência com as demais.

Grupos religiosos, igrejas e denominações cindem-se e multiplicam-se, ampliando ainda mais a oferta. Outras mantêm a unidade institucional, mas apresentam facetas múltiplas, capazes de atender a demandas variadas a partir de mensagens diferentes e movimentos particulares, embora gostem de advogar que a diversidade que contemplam e produzem repousa em verdades teológicas únicas. É bastante notória a facilidade com que um adepto do candomblé muda de mãe de santo, de terreiro e de nação, sempre à procura de soluções que acredita poder encontrar fora da comunidade de culto em que se iniciou, trafegando pela enorme variedade de modos de proceder ao culto existente no interior do próprio candomblé. Quando não abandona a própria religião para experimentar as mesmas promessas de conforto e felicidade em território pentecostal, por exemplo, o que tem sido uma tendência nada desprezível do trânsito religioso brasileiro nas duas últimas décadas.

Evidentemente, os motivos que reforçam a diversidade religiosa não se encontram somente no âmbito dos crentes seguidores, os consumidores de religião; agem, sobretudo, no interior da própria organização religiosa. Mudanças internas da religião não significam necessariamente perigo para a sobrevivência institucional, não implicam apenas separação e ruptura. Ao contrário: quem não muda não sobrevive. Interesses vários podem então ser exercitados com maior liberdade, numa competição interna cujo sucesso se mede não pelos alcances teológicos possíveis, mas pela adesão de crentes. A própria carreira sacerdotal se vê compelida a incorporar novas habilidades, como aquelas até bem pouco tempo atrás mais apropriadas aos homens de negócios e mais marcadamente atributivas de artistas, ginastas e estrelas de TV, entre outras qualidades. Se isso ocorre em religiões unificadas institucionalmente, pode-se imaginar o que acontece em religiões sem unidade administrativa e doutrinária, como as afro-brasileiras, em que cada terreiro tem para com os demais obrigações apenas protocolares, cada um com seu governo independente.

Mesmo em se tratando de religiões severamente consolidadas em termos de organização sacerdotal e obrigações hierárquicas, surgem novos horizontes de mobilidade social baseada na capacidade pessoal de inovação e empreendimento do sacerdote. Nas grandes igrejas, muitas das quais atuam como conglomerados empresarias de acumulação econômica internacional, assim como nas religiões em que a unidade administrativa e sacerdotal é reduzida, fraca ou inexistente, como ocorre em todo o segmento afro-brasileiro, em certas correntes evangélicas e no conjunto das práticas esotéricas, o sucesso do líder religioso, e por conseguinte da sua religião ou modalidade religiosa, depende da sua capacidade de atrair devotos e clientes e gerar renda necessária à expansão daquela denominação.

Tanta oferta, que é crescente, depende de demanda grande e diversificada. Aquilo que se entende por religião deve contemplar necessidades, gostos e expectativas que escapam às velhas definições da religião, surgindo as mais inusitadas formas de acesso ao sagrado e sua manipulação mágica, como ocorre com muita propriedade no vasto e pouco definido universo do esoterismo.

3

Experimentar novos sentimentos e formas da religião, contudo, não significa necessariamente mudar de religião. Não é preciso sair da religião que se professa para provar da mudança religiosa. Quantas vezes não ouvimos pessoas mais velhas do candomblé reclamar que sua religião não é mais como costumava ser no seu tempo de juventude? Para os mais velhos, que sentem a mudança como perda, a religião certa é a que não muda. As próprias religiões costumam se apresentar como verdades eternas e imutáveis. Os seguidores dos orixás também acreditam na eternidade das verdades religiosas e na perenidade dos ritos. Sabem que muito se perdeu e se modificou ao longo da história do culto dos orixás no Brasil, quer em razão das adversidades sociais e culturais que enfrentou, a começar da própria escravidão, quer por causa da displicência dos sacerdotes mais antigos, que teriam levado para o túmulo muito conhecimento que preferiram não passar adiante. É o que se imagina. Pois bem, esse conhecimento perdido, esquecido, escondido, existe em algum lugar, e é imperativo recuperá-lo para o revigoramento da própria religião e fortalecimento do poder de seus rituais. É o que se acredita.

A ideia de que é preciso recuperar o mistério perdido ao longo da história da religião no Brasil (língua, rezas, cantigas, *oriquis*, mitos, odus, ebós, tabus etc.) parte da suposição de que em algum lugar existe sobrevivência ou registro do que se perdeu, que alguém de grande conhecimento é capaz de ensinar a fórmula almejada, que algum processo iniciático em outro templo, nação ritualística, cidade ou país pode resgatar o patrimônio que as gerações anteriores de pais e mães de santo, por impedimento sociocultural, egoísmo ou desleixo, não souberam transmitir às gerações seguintes. Recobrar segredos guardados é imperativo para restaurar o grande poder mágico da religião. O livro é uma das fontes possíveis, outra são viagens à África e consultas com africanos ou mesmo com velhos sacerdotes brasileiros. Em geral paga-se por um segredo guardado, ao qual o acesso quase sempre depende de submissão a alguma obrigação iniciática. No candomblé, o que é pago é mais valorizado; sem dinheiro não há axé, não há fluxo da força sagrada. Já ouvi muito pai de santo justificar assim o preço de seus serviços. Mas a adoção de fórmulas ou elementos recuperados se faz de acordo com a interpretação pessoal, a vontade e o interesse de cada pai ou mãe de santo, e se dá de modo diferente em cada terreiro. Assim, recuperar o passado perdido também significa adaptar, inovar, criar.

A base social do candomblé mudou, e mudou muito. Grande parte, talvez a maioria ainda, é de gente pobre, com muitas dificuldades para arcar com os gastos financeiros impostos pela exuberância e complexidade dos ritos. Além de se responsabilizar pelas despesas com as ofertas votivas, paramentos, objetos rituais e sua manutenção no terreiro nos períodos de clausura, eles têm que pagar a "mão de chão", o pagamento feito ao pai ou mãe de santo pelo serviço religioso por ocasião das obrigações iniciáticas. Mas a classe média, branca e escolarizada, já está no terreiro, muitas vezes competindo com os negros pobres, que evidentemente, pela condição de afrodescendentes, se sentem com frequência os legítimos donos das tradições dos orixás. Disputam cargos, regalias e posições de mando e de prestígio no intrincado jogo de poder dos terreiros. Levam consigo valores, costumes e aspirações próprios de sua condição social. O hábito de leitura, o gosto pelo estudo, o prazer do consumo descortinam um mundo de novidades a serem buscadas nos livros, nas revistas, na internet, nas atividades universitárias, no mercado de artigos religiosos. No terreiro aprendem o quanto é valorizado o saber religioso. Há tesouros a descobrir em termos da mitologia e dos ritos, segredos perdidos a recuperar. Frequentemente vem a decepção: os segredos são de polichinelo, acrescentam pouco ou quase nada ao que se sabia e praticava antes. Pior que isso: mais saber religioso não confere necessariamente mais poder, seja o poder de mando seja o de manipulação mágica. A procura, entretanto, não cessa, outros caminhos são buscados.

Nas religiões dos orixás, cada terreiro tem plena autonomia administrativa, ritual e doutrinária, e tudo depende das decisões pessoais da mãe ou pai de santo. O controle social exercido entre terreiros, no conjunto geral do chamado povo de santo, se faz por redes informais de comunicação, em que a fofoca ocupa lugar privilegiado (Braga, 1998), sem que a independência do sacerdote-chefe de terreiro, contudo, sofra realmente qualquer limitação eficaz. É costume se dizer que no candomblé "nada pode e tudo pode" e que tabus existem para serem quebrados (Augras, 2004; Vallado, 2003). Assim, cada comunidade de culto é livre para experimentar inovações ou retornar a formas anteriores, incorporando práticas que para outros da mesma religião podem não fazer o menor sentido. Cada terreiro exerce o direito de copiar e incorporar novidades, mas costuma dotá-las de outros significados. Pode mudar, afirmando que se mantém na rígida tradição. Terreiros nascem uns dos outros, mas não há dois iguais, mesmo quando se observam os terreiros mais antigos, surgidos da mesma matriz fundante.

Todos são unânimes, entretanto, em afirmar que o futuro da religião dos orixás depende tanto da manutenção das velhas tradições, das quais os centenários terreiros da Bahia ainda representam a fonte mais legítima, como da recuperação do conhecimento que se perdeu desde que os velhos fundadores foram arrancados de suas famílias e cidades africanas para serem brutalmente escravizados no Brasil. Sempre é tempo de recuperar a tradição que não chegou até o presente e adaptá-la para o presente da religião, pois em algum lugar ainda existem, conforme se crê, muitos segredos guardados.

Anexo: Relação de músicas populares com referências às religiões afro-brasileiras (1902-2000)

Aqui estão listados quase mil títulos de músicas gravadas no século XX e que trazem em suas letras algum tipo de referência às religiões dos orixás. São alusões aos orixás, voduns, inquices, caboclos e outras entidades espirituais dos terreiros de candomblé, umbanda e demais modalidades religiosas. Referências às próprias religiões ou a termos e elementos característicos.

Título, autores, intérpretes, nome do disco, quando é o caso, gravadora, ano da gravação e principais referências às religiões afro-brasileiras existentes na letra da música são os dados oferecidos. Na quase totalidade das músicas aqui indexadas, a data registrada é a da primeira gravação, embora possa haver inúmeras regravações.

Os primeiros discos foram gravados no Brasil em 1902. No início da indústria discográfica, eles não traziam o ano da gravação. Por isso, músicas gravadas nos primeiros anos estão com a data indicada para o período 1902-20. A partir daí a grande maioria dos discos passou a trazer a data de gravação. Em alguns casos, não foi possível identificar o ano, mas pesquisas em jornais e revistas permitiram registrar uma data aproximada, indicada pela letra "c" (*circa*) após o ano atribuído. Quando só foi possível localizar a década em que foi realizada a gravação, a letra "d" aparece após a década indicada.

No campo referências (Ref.) estão indicados nomes de orixás, de terreiros de candomblé e de mães de santo, assim como nomes de outras entidades, como caboclos. Palavras como "candomblé", "umbanda", "macumba", "saravá", assim como muitos outros termos registrados em referências estão presentes nas letras.

Não estão incluídas neste trabalho as músicas sagradas do candomblé e umbanda, a não ser quando incluídas em disco sem finalidade religiosa, não destinado à divulgação do repertório religioso. Os discos de candomblé e umbanda gravados por religiosos contam-se às dezenas e geralmente são vendidos em lojas de artigos religiosos. Também não estão incluídos os sambas-enredo de escolas de samba.

"A Bahia te espera", de Herivelto Martins e Chianca de Garcia, gravação de Trio de Ouro, disco 78 rpm, Victor, 1950. Ref.: feitiço, candomblé, Iemanjá.

"A baiana chegou", de J. B. de Carvalho e João Dias, gravação de J. B. de Carvalho, disco *Macumba, canjerê, candomblé*, Musicolor, 1961. Ref.: comida de santo, feitiço.

"A baiana tem", de Sátiro de Melo e Jararaca, gravação de Jararaca, disco 78 rpm, Odeon, 1940. Ref.: macumbeiro.

"A benção, Bahia", de Toquinho e Vinicius de Moraes, gravação de Toquinho, Vinicius de Moraes e Marília Medalha, disco *Como dizia o poeta*, RGE, 1971. Ref.: Iemanjá, Nanã, Iansã, Xangô, Oxalá, Mãe Menininha do Gantois, Mãe Olga do Alaketu.

"A deusa dos orixás", de Romildo S. Bastos e Toninho Nascimento, gravação de Clara Nunes, disco *Claridade*, Odeon, 1975. Ref.: Iansã, Ogum, Nanã, Xangô.

"A encruzilhada", de Sônia Amaral e Bentana, gravação de Lincoln, João Roberto Kelly, convidados, disco *Rio dá samba*, EMI-Odeon, 1973. Ref.: encruzilhada, feitiço, Pai Xangô.

"A fé do Pelô", de Paulinho Camafeu, gravação de Carlinhos Axé e Banda Odara, disco *Pra vadiar*, Paralelo, 1989. Ref.: Oxalá, axé.

"A fonte de Paulus V", de Jorge Ben, gravação de Jorge Ben, disco *Jorge Ben Brasil*, Somlivre, 1986. Ref.: Oxóssi, Iansã.

"A força da jurema", de Mateus, Dadinho e Heraldo, gravação de Os Tincoãs, disco *Os Tincoãs*, Jangada, 1973. Ref.: caboclo, jurema, saravá, candomblé.

"A força dos deuses", de Elói Estrela e Mário Xember, gravação de Olodum, disco *A música do Olodum*, Continental, 1992. Ref.: Xangô, orixás.

"A gente é sem-vergonha", de Genival Lacerda e Accioly Neto, gravação de Marcelo Nova, disco *Marcelo Nova e a envergadura moral*, WEA, 1988. Ref.: macumbando.

"A lenda do Abaeté", de Dorival Caymmi, gravação de Dorival Caymmi, disco 78 rpm, Victor, 1948. Ref.: batucajé.

"A moça do mar", de Raquel da Bahia, gravação de Georgette, disco *A moça do mar*, Tapecar, 1975 c. Ref.: saravá, feitiço, gira.

"A verdadeira baiana", de Caetano Veloso, gravação de Gal Costa, disco *Plural*, RCA, 1989. Ref.: rum, rumpi, lé (atabaques), axé.

"Abaluaiê", de Waldemar Henrique, gravação de Jorge Fernandes com Leo Peracchi, disco 78 rpm, Odeon, 1950. Ref.: Obaluaê, Orixalá.

"Abebé", de Vevé Calazans e André Santana e Sibele, gravação de Bragadá, disco *Bragadá*, Polygram, 1996. Ref.: abebé.

"Abracei o mar", de Vevé Calazans e

Gerônimo, gravação de Vevé Calazans, disco *Vevé Calazans*, Nova República, 1986. Ref.: Orunmilá.

"Acontece que eu sou baiano", de Dorival Caymmi, gravação de Anjos do Inferno, disco 78 rpm, Continental, 1944. Ref.: pai de santo.

"Adarrum", de Moraes Moreira e Béu Machado, gravação de Moraes Moreira, disco *Mancha de dendê não sai*, CBS, 1984. Ref.: Oxalá, Obaluaê, Iansã, Xangô, Logum Edé, Nanã.

"Adelodê Yalonã", de Benito di Paula, gravação de Benito di Paula, disco *Benito di Paula*, Copacabana, 1987. Ref.: Ialonã.

"Afoxé é", de Gilberto Gil, gravação de Gilberto Gil, disco *Um Banda Um*, WEA, 1981. Ref.: Pai Joaquim, Pai Tomé.

"Afoxé pra Logum", de Nei Lopes, gravação de Clara Nunes, disco *Nação*, EMI-Odeon, 1982. Ref.: Oxóssi, Oxum, axé.

"Afoxés", de Paulinho Camafeu, Almir do Apache e Charles, gravação de Paulinho Boca, disco *Paulinho Boca de Cantor*, Epic, 1979. Ref.: saravá, Omulu, Xangô, Oxóssi.

"Afoxés de Olinda", de Jeane Siqueira, gravação de Afoxé Oxum Pandá, disco *Não há silêncio*, Ciranda Records, 2000. Ref.: axé, Oxum, Odé.

"África", de Lourenço e Sant'Ana, gravação de Grupo Raça, disco *Jeito de Felicidade*, BMG-Ariola, 1993. Ref.: Oxalá.

"África chamada Bahia", de Moraes Moreira, Davi Moraes e Zé Ricardo, gravação de Moraes Moreira, disco *Cidadão*, Columbia, 1991. Ref.: terreiro, toque.

"África Morena", de Daniel Moreno, gravação de Daniel Moreno, disco *Daniel Moreno*, Retoque, 1995. Ref.: Mãe Menininha.

"Agiborê", de Tom e Dito, gravação de MPB4, disco *Cicatrizes*, Philips, 1972. Ref.: Agiborê.

"Agô agô Yê", de Henrique Gonçalez, gravação de Honório dos Santos, disco 78 rpm, Todamérica, 1959. Ref.: Iemanjá.

"Agô do pé", de Paulinho Camafeu e Pepeu Gomes, gravação de Pepeu Gomes, disco *Pepeu Gomes*, WEA, 1981. Ref.: Xangô.

"Agô Lonan", de domínio público, gravação de Orquestra Afro-Brasileira, disco *Orquestra Afro-Brasileira*, CBS, 1968. Ref.: Tranca Rua, Xangô.

"Agô-abô", de Zelitágua, gravação de Banda Mel, disco *Força Interior*, Continental, 1987. Ref.: axé.

"Agolonã", de Ederaldo Gentil e Batatinha, gravação de Alcione, disco *Morte de um poeta*, Polygram, 1976. Ref.: Agolonã.

"Água benta", de Gilberto Gil, gravação de Gilberto Gil, disco *Quanta*, WEA, 1997. Ref.: Ossaim, babalaôs.

"Aguema", de Emília Biancardi, gravação de Grupo Zambo, disco *Bahia, Grupo Zambo*, Discos

Marcus Pereira, 1976. Ref.: Ossanha, feitiço, mandinga.

"Ai de mim", de Alcebíades Barcelos (Bides), gravação de Alcebíades Barcelos, disco 78 rpm, 1937. Ref.: feiticeiro.

"Aldeia de Okarimé", de Aloysio, César Veneno e Naval, gravação de Neguinho da Beija-Flor, disco *A voz da massa*, CBS, 1986. Ref.: Inaê, Obatalá, feitiçaria, Olorum.

"Alodê", de Príncipe Pretinho, gravação de Ataulfo Alves e suas Pastoras, disco 78 rpm, Victor, 1946. Ref.: candomblé.

"Amalá de Xangô", de João da Baiana, gravação de João da Baiana e seu Terreiro, disco 78 rpm, Odeon, 1955. Ref.: Ogum, Xangô, terreiro, amalá.

"Amanhã", de José Sérgio, gravação de Nosso Samba, disco compacto, EMI, 1977. Ref.: jogo de búzios.

"Amaralina", de Oldemar Magalhães e Alberto Costa, gravação de Anjos do Inferno, disco 78 rpm, Victor, 1951. Ref.: Mãe d'Água (Iemanjá).

"Amor de matar", de Roberto Mendes e Jorge Portugal, gravação de Paulinho Boca de Cantor, disco *Todos os sambas*, RGE, 1996. Ref.: Odoiá (Iemanjá).

"Amor e festança", de Adalto Magalha e Toninho Geraes, gravação de Beth Carvalho, disco *Pagode de Mesa ao vivo*, Universal, 1999. Ref.: Nanã, Beira-Mar.

"Amor, amor", de Ythamar Tropicália, gravação de Ara Ketu, disco *Ara Ketu de Periperi*, EMI-Odeon, 1993. Ref.: Oxum.

"Andar de caboclo", de domínio público, gravação de Os Tápes, disco *Música Popular do Sul 3*, Discos Marcus Pereira, 1975. Ref.: Iemanjá.

"Andei para Curimá", de Dona Ivone Lara, gravação de Dona Ivone Lara, disco *Samba, minha verdade, samba, minha raiz*, EMI--Odeon, 1978. Ref.: saravá, preto velho, Oxalá.

"Aquarela brasileira", de Silas de Oliveira, gravação de Elza Soares, disco *Aquarela brasileira*, EMI--Odeon, 1973. Ref.: candomblé.

"Ara-Keto", de Edil Pacheco e Paulo César Pinheiro, gravação de Alcione, disco *Fogo da Vida*, RCA, 1985. Ref.: atabaques, ijexá, orixás.

"Arco-íris de Madagascar", de Tonho Matéria, gravação de Olodum, disco *Egito Madagascar*, Continental, 1987. Ref.: Olodumare.

"Arrastão", de Edu Lobo e Vinicius de Moraes, gravação de Elis Regina, disco *Dois na bossa*, Polygram, 1965. Ref.: Iemanjá.

"Arruda", de Carlinhos Brown, gravação de Sarajane, disco *História do Brasil*, EMI-Odeon, 1987. Ref.: axé.

"Aruanda", de Carlos Lyra e Geraldo Vandré, gravação de Carlos Lyra, disco *Depois do carnaval: o sambalanço de Carlos Lyra*, Philips, 1963. Ref.: Aruanda.

"Aruanda", de Jorge Fernandes e Léo Peracchi, gravação de Jorge Fernandes com Léo Peracchi e coro, disco 78 rpm, 1950. Ref.: Oxum, Mãe Joana, umbanda, terreiro.

"Aruê-lá", de Ederaldo Gentil, gravação de Eliana Pittman, disco *Eliana Pittman*, Imperial, 1972. Ref.: Verequetê.

"As ayabás", de Caetano Veloso e Gilberto Gil, gravação de Maria Bethânia, disco *Pássaro proibido*, Phonogram, 1976. Ref.: Iansã, Obá, Euá, Oxum.

"As forças de Olorum", de Ythamar Tropicália, Valmir Brito, Gibi e Bira, gravação de Banda Reflexu's, disco *Kabiêssele*, EMI-Odeon, 1989. Ref.: Olorum, Afreketê, Oraniã, Xangô.

"As quatro fases do amor", de Mú e Bernardo Vilhena, gravação de A Cor do Som, disco *As quatro fases do amor*, Elektra, 1983. Ref.: Ogum.

"Assim não, Zambi", de Martinho da Vila, gravação de Clementina de Jesus, disco *Clementina*, EMI, 1979. Ref.: Zambi.

"Até parece que eu sou da Bahia", de Roberto Martins e José Batista, gravação de Déo, disco 78 rpm, Colúmbia, 1942. Ref.: canjerê, feitiço, patuá.

"Até Shangri-la", de Pepeu Gomes e Gerônimo, gravação de Pepeu Gomes, disco *Pepeu Gomes*, WEA, 1988. Ref.: Odé.

"Atlântida", de Carlos Scorpião, gravação de Olodum, disco *Da Atlântida à Bahia — o Mar é o Caminho*, Continental, 1991. Ref.: Iemanjá, orixás, inquices.

"Atraca, atraca", de domínio popular, gravação de Clementina, disco *Marinheiro só*, EMI-Odeon, 1973. Ref.: Nanã, Iemanjá.

"Atrás da verde e rosa só não vai quem já morreu", de David Corrêa, Paulinho Carvalho, Carlos Sena e Bira do Ponto, gravação de Caetano Veloso, disco *Prenda Minha (ao vivo)*, Polygram, 1998. Ref.: orixás, Obá.

"Auê", de Amor (Getúlio Marinho da Silva), gravação de Moreira da Silva com Gente do Amor, disco 78 rpm, Veroton, 1932. Ref.: Xangô, Ogum, Oxum.

"Auto das Pombas", de Edson Conceição e Aloísio, gravação de Edson Conceição, disco *Aí é que você se engana*, CBS, 1978. Ref.: Iansã, Omulu, Oxalá, Iemanjá, Pombagira.

"Awô", de domínio público, gravação de Maria Bethânia, disco *Maria Bethânia 25 anos*, Polygram, 1990. Ref.: awô.

"Axé", de Bernardo Pellegrini, gravação de Bernardo Pellegrini e Bando do Cão Sem Dono, disco *Dinamite Pura*, selo independente, 1994. Ref.: Xangô, axé.

"Axé, Babá", de Gilberto Gil, gravação de Gilberto Gil, disco *Luar*, WEA, 1981. Ref.: Oxalá, axé.

"Axé em Olorum", de Wellington Epiderme Negra, Tuca e Nego do Barbalho, gravação de Ilê Aiyê, disco *Ilê Aiyê*, Velas, 1996. Ref.: Olorum, axé.

"Axé pra você", de Carlinhos Axé, gravação de Banda Energia Baiana, disco *V. 2 Baby*, Espacial, 1994. Ref.: axé.

"Axé Xangô", de Bernardo Pellegrini, gravação de Bernardo Pellegrini e Bando do Cão Sem Dono, disco *Dinamite Pura*, selo independente, 1994. Ref.: axé, Xangô.

"Babá Alapalá", de Gilberto Gil, gravação de Gilberto Gil, disco *Refavela*, Philips, 1977. Ref.: Aganju, Xangô, Alapalá.

"Babá de orixá", de Roberto Roberti e Pedro Camargo, gravação de Urubu, disco 78 rpm, Continental, 1944. Ref.: orixás.

"Babalaô", de Constantino Silva e Gesta de Andrade, gravação de Trio de Ouro, disco 78 rpm, Odeon, 1945. Ref.: babalaô.

"Babalaô", de Edgar Ferreira, gravação de Almira Castilho, disco 78 rpm, Copacabana, 1957. Ref.: babalaô.

"Babalaô", de João da Baiana, gravação de Celeste Leal Borges, disco 78 rpm, Odeon, 1931. Ref.: babalaô, Oxalá.

"Babaloxá", de domínio público, gravação de Orquestra Afro-Brasileira, disco *Orquestra Afro-brasileira*, CBS, 1968. Ref.: Ifá, bozó, ebó, babalaô.

"Babalu", de Margarita Lecuona, gravação de Ângela Maria, disco 78 rpm, Copacabana, 1951. Ref.: Babaluaê (Omulu).

"Bahia", de Ary Barroso, gravação de Sílvio Caldas, disco 78 rpm, Victor, 1931. Ref.: mandinga, feitiço.

"Bahia de todas as contas", de Gilberto Gil, gravação de Gal Costa, disco *Baby Gal*, Philips, 1983. Ref.: Olorum, guia.

"Bahia do batuquegê", de Dominguinho e Lino Roberto, gravação de O Conjunto Nosso Samba, disco *De onde o samba vem, v. 3*, Copacabana, 1971. Ref.: candomblé, batucajé.

"Bahia minha preta", de Caetano Veloso, gravação de Gal Costa, disco *O sorriso do gato de Alice*, BMG-Ariola, 1993. Ref.: Mãe Senhora do Opô Afonjá, Mãe Menininha do Gantois.

"Bahia morena", de João Nogueira e Edil Pacheco, gravação de João Nogueira, disco *João Nogueira*, RCA, 1986. Ref.: Pai Oxalá.

"Bahia, terra santa", de Henricão e Rubens Campos, gravação de Carmen Costa, disco 78 rpm, Victor, 1946. Ref.: guia.

"Bahie (Nga Buila)", de Felipe Mukenga e Dito, gravação de Banda Mel, disco *Prefixo de Verão*, Continental, 1990. Ref.: axé.

"Baiana boa", de Olavo Drumond e Grande Otelo, gravação de Wilson Simonal, disco *Alegria tropical*, WM, 1981. Ref.: Oxalá.

"Baiana bonita", de Benedito Lacerda e Gastão Viana, gravação de Quatro Ases e um Coringa, disco 78 rpm, Odeon, 1943. Ref.: mandinga.

"Baiana das miçangas", de Aurélio Dias de Oliveira, gravação de Marita Luizi, disco 78 rpm, Copacabana, 1958. Ref.: umbanda, quimbanda.

"Baiana de nagô", de Alcebíades Barcelos e Armando Marçal, gravação de Moreira da Silva, disco 78 rpm, Odeon, 1932. Ref.: candomblé, Xangô.

"Baiana de Nazaré", de Ari Moreno, gravação de Belinha Silva, disco 78 rpm, Elite Especial, 1952. Ref.: feitiço, candomblé, pai de santo.

"Baiana dengosa", de Elias Salomé e Lopes Rodrigues, gravação de Irmãs Medina, disco 78 rpm, Continental, 1945. Ref.: Xangô, Iemanjá.

"Baiana dengosa", de Paraguassu, gravação de Paraguassu e Nhá Zefa, disco 78 rpm, Colúmbia, 1937. Ref.: canjerê.

"Baianinha", de Babi Oliveira, gravação de Jorge Fernandes, disco *Essa negra fulô*, Sinter (RJ), 1955. Ref.: acarajé, feitiço.

"Bailarina do ar", de Sueli Costa e Paulo César Feital, gravação de Selma Reis, disco *Selma Reis*, Philips, 1990. Ref.: orixás.

"Banda um", de Gilberto Gil, gravação de Gilberto Gil, disco *Um banda Um*, WEA, 1990. Ref.: umbanda.

"Banho de ervas", de João da Baiana, gravação de Almerinda Campos, disco 78 rpm, Odeon, 1932. Ref.: banho de folhas.

"Banho de manjericão", de João Nogueira e Paulo César Pinheiro, gravação de Clara Nunes, disco *Clara Esperança*, EMI-Odeon, 1979. Ref.: congá.

"Barravento", de Sergio Ricardo, gravação de Sergio Ricardo, disco *Um senhor talento*, Elenco, 1963. Ref.: Iemanjá, Janaína.

"Bat macumba", de Gilberto Gil, gravação de Gilberto Gil, disco *Tropicália*, Philips, 1967. Ref.: macumba.

"Batucajé", de João Nogueira e Wilson das Neves, gravação de João Nogueira, disco *Espelho*, EMI-Odeon, 1977. Ref.: mandinga, Pai Oxalá, Ogum.

"Batuque de Salvador", de Grande Otelo e Black-Out, gravação de Leny Eversong, disco 78 rpm, Copacabana, 1955. Ref.: candomblés.

"Batuque no terreiro", de Antônio Cardia, gravação de Manuel dos Santos "Pilé", disco 78 rpm, Odeon, 1931. Ref.: macumba.

"Batuque no terreiro", de Mário Lago e Erasmo Silva, gravação de Linda Batista, disco 78 rpm, Victor, 1946. Ref.: terreiro.

"Bebeco e Doca", de Ary Barroso e Luiz Peixoto, gravação de Elizeth Cardoso, disco *Outra vez Elizeth*, Somlivre, 1983. Ref.: "meu santo baixou".

"Beija-flor", de Moby, gravação de Banda Mel, disco *Banda Mel*, Continental, 1992. Ref.: Iemanjá.

"Beira-Mar", de Amor (Getúlio

Marinho) e Déo Maia, gravação de Déo Maia, disco 78 rpm, Odeon, 1955. Ref.: Ogum.

"Beira-Mar", de domínio público, gravação de Clementina de Jesus, disco *Clementina, cadê você?*, MIS — Museu da Imagem e do Som, 1970. Ref.: Ogum.

"Beira-Mar", de J. B. de Carvalho, Otávio Faria e Amado Régis, gravação de J. B. de Carvalho, disco 78 rpm, Continental, 1961. Ref.: Ogum.

"Bem que eu queria", de Marcelo Quintanilha, gravação de Marcelo Quintanilha, disco *Metamorfosicamente*, selo independente, 1996. Ref.: orixás, Iemanjá.

"Bênção", de Carlos Pita, gravação de Banda Cheiro de Amor, disco *É o ouro*, Polydor, 1991. Ref.: axé, magia.

"Benguelê", de domínio público, gravação de Clementina de Jesus e Grupo Rosa de Ouro, disco *Rosa de Ouro*, v. 1, Odeon, 1965. Ref.: saravá, Mamãe Zimba.

"Benguelô metamorfoses", de João Bosco e Francisco Bosco, gravação de João Bosco, disco *As mil e uma aldeias*, Sony Music, 1997. Ref.: Oxalá, Nanã, oluô, orixá, iaô, egum.

"Berimbau amarelo", de Catoni e Bira, gravação de Sonia Santos, disco *Sonia Santos*, Som Livre, 1975. Ref.: patuá, magia.

"Blues", de Péricles Cavalcanti, gravação de Caetano Veloso, disco *Outras palavras*, Polygram, 1981. Ref.: Iemanjá.

"Boca de sapo", de João Bosco e Aldir Blanc, gravação de Zezé Motta, disco *Negritude*, WEA, 1979. Ref.: Obaluaê, Exu Caveira, mandinga.

"Bocochê", de Baden Powell e Vinicius de Moraes, gravação de Baden Powell, Vinicius de Moraes, disco *Os afro-sambas*, Companhia Brasileira de Discos, 1966. Ref.: Iemanjá.

"Bolim bolacho", de autor desconhecido, gravação de Eduardo das Neves, disco 78 rpm, Odeon, 1904-12. Ref.: mandinga, patuá.

"Bom despacho", de anônimo, gravação de Banda da Casa Edison, disco 78 rpm, Odeon, 1902-20. Ref.: despacho, magia.

"Brasil é o país do swingue", de Fernanda Abreu, Fausto Fawcett, Laufer e Hermano Vianna, gravação de Fernanda Abreu, disco *Da lata*, EMI, 1995. Ref.: candomblé, umbanda.

"Brasileiro em Tóquio", de Pedro Luís e Miyazawa Kazufumi, gravação de Miyazawa Kasufumi, disco *Miyazawa Afrosick*, EMI, 1997. Ref.: Xangô.

"Brasume", de Bruno Alison e Elza Tatiane, gravação de Eva Marinho, disco *Maracatu Atômico*, Cavalo Marinho, 2000. Ref.: Olorum, Obatalá, Orunmilá.

"Buda nagô", de Gilberto Gil, gravação de Gilberto Gil, disco *Parabolicamará*, WEA, 1991. Ref.: Xangô.

"Bumba my boy", de Nico Rezende e May East, gravação de May East, disco *Remota Batucada*, EMI, 1985. Ref.: Iemanjá.

"Buzigim folodó", de Dito, gravação de Avatar, disco *Avatar Lambadas*, Continental, 1990. Ref.: mandinga.

"Bye bye Brasil", de Roberto Menescal e Chico Buarque, gravação de Chico Buarque, disco *Vida*, Universal, 1980. Ref.: meu orixá.

"Cabeça feita", de João de Aquino e Rubem Confete, gravação de Nadinho da Ilha, disco *Cabeça feita*, EMI-Odeon, 1977. Ref.: jogo de búzios.

"Cabocla Jurema", de J. B. de Carvalho, gravação de J. B. de Carvalho, disco 78 rpm, Todamérica, 1955. Ref.: Cabocla Jurema.

"Cabocla Jurema", de Lírio Jr. e Henrique Gonçalez, gravação de Sussu, disco 78 rpm, Odeon, 1955. Ref.: Cabocla Jurema, saravá.

"Cabocla Jurema", de Osny Silva e Clenilda Souza, gravação de Osny Silva, disco *Ogum Beira Mar*, Copacabana, 1983. Ref.: Cabocla Jurema.

"Cabocla Jurema/Xangô", de domínio público, adaptação de Rosinha de Valença, gravação de Rosinha de Valença, Miúcha, disco *Cheiro de mato*, EMI-Odeon, 1976. Ref.: Cabocla Jurema, Xangô.

"Caboclo da Cachoeira", de J. B. de Carvalho e Rossini Pacheco, gravação de J. B. de Carvalho, disco 78 rpm, Continental, 1961. Ref.: caboclo.

"Caboclo do Mato", de Ferdinando Jujuba, gravação de Banda Coração Tribal, disco *Banda Coração Tribal*, Virgin, 1997. Ref.: Caboclo Sete Flexas.

"Caboclo do Mato", de João da Baiana e Amor (Getúlio Marinho), gravação de J. B. de Carvalho e Conjunto Gente de Casa, disco 78 rpm, RCA-Victor, 1955. Ref.: caboclo, Aruanda.

"Caboclo Folha Verde", de Iracema Bastos Pinto, gravação de Maria do Carmo, disco 78 rpm, Califórnia, 1962. Ref.: caboclo Folha Verde, umbanda.

"Caboclo Gira Mundo", de Irene Marsola, gravação de Luizito Peixoto e seu Terreiro, disco 78 rpm, Philips, 1960. Ref.: caboclo Gira Mundo.

"Caboclo Junco Verde", de J. B. Júnior e J. B. Carvalho, gravação de J. B. de Carvalho, disco *J. B. de Carvalho*, Musicolor, 1971. Ref.: caboclo Junco Verde.

"Caboclo Pena Branca", de Venâncio e Corumba, gravação de Araripe Barbosa, disco 78 rpm, Continental, 1963. Ref.: caboclo Pena Branca.

"Caboclo Rompe Mato", de J. B. de Carvalho e Nelson Trigueiro, gravação de J. B. de Carvalho e Eladir Porto, disco 78 rpm, Odeon, 1940. Ref.: caboclo Rompe Mato.

"Cachaça com Babá", de Jota Ramos, gravação de Jota Ramos, disco *O plá dos partideiros*, EMI-Odeon, 1978. Ref.: terreiro, cabeça feita.

"Cacungaruquê", de Jackson do Pandeiro e Pedro Melodia, gravação de Jackson do Pandeiro, disco *Cantando de norte a sul*, Philips, 1955. Ref.: pai de santo.

"Cacuriá", de domínio popular, adaptação de Dona Teté, gravação de Rosa Reis, disco *Rosa Reis*, selo independente, 1997. Ref.: Mestre Felipe.

"Cada irmão (Raça e credo)", de Bob Marley (versão José Alexandre), gravação de Oswaldo Montenegro, disco *Vida de artista*, Som Livre, 1991. Ref.: Xangô, Oxalá, Oxóssi.

"Cadê Vira-Mundo", de J. B. de Carvalho, gravação de Conjunto Tupy, disco 78 rpm, RCA-Victor, 1940-9. Ref.: caboclo, encruzilhada.

"Cafioto", de Amor (Getúlio Marinho da Silva), gravação de Moreira da Silva com Gente do Amor, disco 78 rpm, Veroton, 1932. Ref.: saravá, cafioto.

"Calunga", de Perillo, C. Ribeiro, Brandão e Chaul, gravação de Fernando Perillo, disco *O outro lado da lua*, Polygram, 1987. Ref.: ilê, feitiço.

"Canção de Nanã", de Dorival Caymmi, gravação de MPB4, disco *Cicatrizes*, Philips, 1972. Ref.: Nanã.

"Candeeiro encantado", de Lenine e Paulo César Pinheiro, gravação de Lenine, disco *O dia em que faremos contato*, BMG, 1997. Ref.: Exu.

"Candidato Caô Caô", de Walter Meninão e Pedro Butina, gravação de Bezerra da Silva, disco *Violência Gera Violência*, RCA, 1988. Ref.: terreiro, congá, guia.

"Cangerê", de Anônimo, gravação de Banda da Casa Edison, disco 78 rpm, Odeon, 1902-20. Ref.: cangerê, feitiço.

"Canjiquinha quente", de Sinhô (José Barbosa da Silva), gravação de Rumo, disco *Rumo aos antigos*, independente, 1981. Ref.: ebó.

"Canjira", de Paulo Rodrigues e Valdir Machado, gravação de J. B. de Carvalho, disco 78 rpm, Continental, 1961. Ref.: canjira.

"Cantiga de agô", de Gilvan Chaves, gravação de Gilvan Chaves, disco 78 rpm, Musidisc-Hifi, 1960-9. Ref.: agô (licença).

"Cantiga de roda", de Nazareno, Aloísio e Pena Branca, gravação de Nazareno, disco *Nazareno*, Chantecler, 1978. Ref.: Iemanjá, saravá, terreiro, orixás.

"Canto a Iemanjá", de J. B. de Carvalho, gravação de Amorim Roxo e Belinho, disco 78 rpm, Musidisc, 1960-9. Ref.: Iemanjá.

"Canto a Iemanjá", de Marquinhos e Jurandir, gravação de Olodum, disco *Da Atlântida à Bahia — o Mar é o Caminho*, Continental, 1991. Ref.: Iemanjá, Olofim, Olocum, axé.

"Canto ao pescador", de Jaupery e Pierre Onassis, gravação de Olodum, disco *Da Atlântida à Bahia — o Mar é o Caminho*, Continental, 1991. Ref.: Iemanjá, Oloxum, Inaê, Janaína, Marabô, Sobá.

"Canto de Exu", de Motivo Popular, gravação de Conjunto Africano, disco 78 rpm, Odeon, 1930. Ref.: Exu.

"Canto de Iemanjá", de Baden Powell e Vinicius de Moraes, gravação de Baden Powell e Vinicius de Moraes, disco *Os afro-sambas*, Companhia Brasileira de Discos, 1966. Ref.: Iemanjá, Janaína.

"Canto de Nanã", de Dorival Caymmi, gravação de MPB4, disco *Songbook Dorival Caymmi*, Lumiar Discos, 1993. Ref.: Nanã.

"Canto de Obá", de Dorival Caymmi e Jorge Amado, gravação de Alcione, disco *Songbook Dorival Caymmi*, Lumiar Discos, 1993. Ref.: Obá, Xangô.

"Canto de Ogum", de Guto Guitar, gravação de Banda Mel, disco *Negra*, Continental, 1991. Ref.: Ogum, Iemanjá, axé.

"Canto de Ogum", de Motivo Popular, gravação de Conjunto Africano, disco 78 rpm, Odeon, 1930. Ref.: Ogum.

"Canto de Ossanha", de Baden Powell e Vinicius de Moraes, gravação de Elis Regina, disco *Dois na bossa número dois*, Philips, 1966. Ref.: Ossaim, Xangô, mandinga, orixá.

"Canto de Oxalufã", de Toquinho e Vinicius de Moraes, gravação de Toquinho, Vinicius de Moraes, Marília Medalha, disco *São demais os perigos desta vida*, RGE, 1972. Ref.: Oxalufã.

"Canto de Xangô", de Baden Powell e Vinicius de Moraes, gravação de Baden Powell, Vinicius de Moraes, disco *Os afro-sambas*, Companhia Brasileira de Discos, 1966. Ref.: Xangô.

"Canto do Caboclo Pedra Preta", de Baden Powell e Vinicius de Moraes, gravação de Baden Powell e Vinicius de Moraes, disco *Os afro-sambas*, Companhia Brasileira de Discos, 1966. Ref.: Caboclo Pedra Preta.

"Canto do Engenho Velho", de Romildo e Toninho, gravação de Agepê, disco *Moro onde não mora ninguém*, Continental, 1975. Ref.: candomblé, Engenho Velho, Oxóssi, Oxalá, Oxum.

"Canto do mar", de Totonho e Paulinho Rezende, gravação de Alcione, disco *Morte de um poeta*, Polygram, 1982. Ref.: agô, obi, orobô.

"Canto e danço pra curar", de Mateus e Dadinho, gravação de Os Tincoãs, disco *O Africanto dos Tincoãs*, RCA, 1975. Ref.: juremeia, Aruanda, magia.

"Canto para Omulu", de Abigail Moura, gravação de Orquestra Afro-Brasileira, disco *Orquestra Afro-Brasileira*, CBS, 1968. Ref.: Omulu, Obaluaê.

"Canto pra Iemanjá", de Mateus e Dadinho, gravação de Os Tincoãs, disco *Os Tincoãs*, Jangada, 1973. Ref.: Iemanjá, orixás, iaô.

"Canto pra Pai Corvo", de Johnny Alf, gravação de Johnny Alf, disco *Ele é Johnny Alf*, Parlophon, 1971.

"Ref.: Pai Corvo, preto velho, guia, Aruanda, gira, terreiro.

"Canto pro mar", de Carlinhos Brown, gravação de Timbalada, disco *Dance*, Polygram, 1995. Ref.: Oiá.

"Cantos d'Oxalá", de Pedro Barroso, gravação de Pedro Barroso, disco *Cantos d'Oxalá*, CD Top, 1996. Ref.: Oxalá.

"Caô Cabieci", de Luís Soberano e Anísio Bichara, gravação de Dora Lopes, disco 78 rpm, Sinter, 1951. Ref.: Xangô.

"Capaxá de umbanda", de Sussu, gravação de Conjunto Star, disco 78 rpm, Star, 1950. Ref.: Xangô, umbanda, Aruanda.

"Capitão da Mata", de Sussu, César Cruz e Sebastião Nunes, gravação de Sussu, disco 78 rpm, Odeon, 1955. Ref.: caboclo.

"Capoeira", de Walter Tourinho, Guará e J. B. de Carvalho, gravação de J. B. de Carvalho, disco *Macumba, canjerê, candomblé*, Musicolor, 1961. Ref.: filho de umbanda.

"Cara caramba (Sou camaleão)", de Bell Marques, Wadinho Marques, Marquinhos, Pierre Onassis e Germano Meneguel, gravação de Chiclete com Banana, disco *Chiclete com Banana*, BMG, 1992. Ref.: Oxalá.

"Carga de burro", de Sinhô (José Barbosa da Silva), gravação de Sinhô (José Barbosa da Silva), disco 78 rpm, Victor, 1929. Ref.: candomblé.

"Cargueiro", de Mário Gil e Paulo César Pinheiro, gravação de Mário Gil, disco *Cantos do Mar*, Dabliú, 1997. Ref.: Ogum.

"Caruru com vatapá", de Paulinho do Reggae e Gilberto Timbaleiro, gravação de Ara Ketu, disco *Ara Ketu Dez*, Sony Music, 1995. Ref.: Iemanjá.

"Casa de bamba", de Martinho da Vila, gravação de Martinho da Vila, disco *Martinho da Vila*, Philips, 1969. Ref.: macumba, galinha preta, azeite de dendê.

"Catendê (louvação à Ossain)", de Jocafi, Ildazio Tavares e Onias Camardelli, gravação de Maria Creuza, Toquinho, Vinicius de Moraes, disco *Maria Creuza, Toquinho e Vinicius*, RGE discos, 1972. Ref.: Ossaim.

"Cavaleiro de Aruanda", de Tony Osanah, gravação de Ronnie Von, disco *Só Ronnie Von*, Polidor (Polygram), 1973. Ref.: Oxóssi, caboclo.

"Cavaleiro de Jorge", de Caetano Veloso, gravação de Caetano Veloso, disco *Cores, nomes*, Polygram, 1982. Ref.: Cavaleiro de São Jorge (Oxóssi).

"Caxambu II", de Bidubi do Tuiti, Jorge Neguinho, Elcio do Pagode e Zé Lobo, gravação de Beth Carvalho, disco *Beth*, RCA, 1986. Ref.: saravá, roda.

"Caxinguelê das crianças", de José Ventura, gravação de Clementina de Jesus, disco *Clementina*, EMI, 1979. Ref.: crianças, saravá, Pai Oxalá.

"Caymmi mostra ao mundo o que a Bahia e a Mangueira têm", de Ivo Meirelles, Paulinho e Leila, gravação de Agepê, disco *Agepê*, Philips, 1990. Ref.: Gantois, Iemanjá, Iansã.

"Celacanto e Lerfa-mu", de Gereba, Capenga e Patinhas, gravação de Bendego, disco *Bendegó*, Epic, 1979. Ref.: axés, candomblés.

"Cenário da cultura", de João Limoeiro, gravação de João Limoeiro, disco *Maracatu Atômico*, Cavalo Marinho, 2000. Ref.: terreiro.

"Chamas ardentes", deAdemário, gravação de Ara Ketu, disco *Ara Ketu*, Continental, 1987. Ref.: Xangô.

"Chame gente", de Armandinho e Moraes Moreira, gravação de Dodô e Osmar, Armandinho, disco *Chame Gente*, RCA, 1985. Ref.: axé.

"Chão mineiro", de Oswaldinho da Cuíca e Elisbão Penteado, gravação de Tobias, disco *Tobias*, BMG, 1989. Ref.: Candongueiro, mandingueiro, curimbeiro.

"Charéu", de Celso Bahia, gravação de Celso Bahia, disco *Dois neguinhos*, Continental, 1988. Ref.: patuá, guia, orixá, Mãe Menininha do Gantois, Oxum.

"Chiclete Chopp Com Banana (Guns N' Roses)", de Bell Marques e Thiago da Bahia, gravação de Chiclete com Banana, disco *É Festa*, BMG-Ariola, 1990. Ref.: terreiro.

"Ciranda do mar", de Roberto Andrade e Waltinho, gravação de Banda de pau e corda, disco *Vivência*, RCA, 1973. Ref.: Iemanjá.

"Clareou", de Ivan Lins e Vitor Martins, gravação de Banda Mel, disco *Negra*, Continental, 1991. Ref.: Obaluaê, Iansã.

"Clementina de Jesus (Vale dos orixás)", de Zé Kéti, gravação de Wilson Simonal, disco *Alegria tropical*, WM, 1981. Ref.: Iemanjá.

"Coisa de coração", de Jonny e Rubinho, gravação de Guadalupe, disco *Me faz bem*, Continental, 1989. Ref.: orixás.

"Coisa feita", de João Bosco, Aldir Blanc e Paulo Emílio, gravação de João Bosco, disco *Comissão de frente*, Ariola, 1982. Ref.: mandinga, vodu.

"Coisas da Portela", de Agepê e Canarinho, gravação de Agepê, disco *Mistura Brasileira*, Som Livre, 1984. Ref.: Obatalá, Oxóssi, Nanã, Oiá.

"Coisas do mar", de Mauro Diniz e Ratinho, gravação de Agepê, disco *Cultura Popular*, Philips, 1989. Ref.: Iemanjá.

"Com fé em Inhansã", de Osny Silva e J. Neves, gravação de Osny Silva, disco *Ogum Beira Mar*, Copacabana, 1983. Ref.: Iansã.

"Compositores de verdade", de Romildo, Edson Show e Naval, gravação de Bezerra da Silva, disco *Alô malandragem, maloca o flagrante*, RCA, 1986. Ref.: Ogum.

"Conceição da Praia", de Dilu Melo e Oldemar Magalhães, gravação de Marlene, disco 78 rpm, Star, 1949. Ref.: candomblé.

"Conto de areia", de Romildo e Toninho, gravação de Simone, disco *Raio de luz*, Sony, 1991. Ref.: Iemanjá.

"Conto de areia", de Romildo S. Bastos e Toninho Nascimento, gravação de Clara Nunes, disco *Alvorecer*, EMI-Odeon, 1974. Ref.: Iemanjá.

"Cora, minha vida", de João Bosco e Francisco Bosco, gravação de João Bosco, disco *As mil e uma aldeias*, Sony Music, 1997. Ref.: bori, macumba.

"Coração coroado", de Sandro Leão, gravação de Sandro Leão, disco *Maracatu Atômico*, Cavalo Marinho, 2000. Ref.: Xangô.

"Coração nagô", de Paulo Debétio e Paulinho Rezende, gravação de Agepê, disco *Agepê*, Philips, 1990. Ref.: Xangô, Olorum.

"Cordeiro de Nanã", de Mateus e Dadinho, gravação de João Gilberto, Gilberto Gil, Caetano Veloso e Maria Bethânia, disco *Brasil*, WEA, 1981. Ref.: Nanã.

"Coroa de areia", de Mauro Duarte e Paulo César Pinheiro, gravação de Clara Nunes, disco *Clara*, EMI-Odeon, 1981. Ref.: sereia (Iemanjá).

"Cosme e Damião", de Heitor dos Prazeres, gravação de Heitor dos Prazeres e sua Gente, disco 78 rpm, Colúmbia, 1954. Ref.: orixás gêmeos.

"Cosme e Damião", de João da Baiana, gravação de João da Baiana e seu Terreiro, disco 78 rpm, Odeon, 1953. Ref.: santos gêmeos.

"Cowboy Jorge", de Jorge Ben Jor, gravação de Jorge Ben Jor, disco *Ben Jor*, WEA, 1989. Ref.: Ogum.

"Dança de caboclo", de Hekel Tavares e Olegário Mariano, gravação de Inezita Barroso com Regional, disco 78 rpm, RCA-Victor, 1956. Ref.: caboclo.

"Dança de Shiva", de Gilberto Gil, gravação de Gilberto Gil, disco *Quanta*, WEA, 1997. Ref.: Exu.

"Dança mestiça", de Beto Jamaica, Moço e Ademário, gravação de Banda Relógio, disco *Banda Relógio*, RCA, 1993. Ref.: magia, candomblé.

"Dançando no terreiro", de Arnaldo Meirelles, gravação de Arnaldo Meirelles, disco 78 rpm, Victor, 1938. Ref.: terreiro, umbanda.

"De frente pro crime", de João Bosco e Aldir Blanc, gravação de Simone, disco *Quatro paredes*, Odeon, 1974. Ref.: baixar um santo.

"De ouro e marfim", de Gilberto Gil, gravação de Gilberto Gil, disco *Quanta*, WEA, 1997. Ref.: Iemanjá.

"Deboche", de Paulinho Camafeu, gravação de Paulinho Boca de Cantor, disco *Brincar pra valer*, EMI, 1985. Ref.: Orunmilá.

"Dei ao mar pra guardar", de Gilvan Chaves, gravação de Trio Nagô, disco 78 rpm, RCA-Victor, 1956. Ref.: Iemanjá.

"Deixa a gira girar", adaptação de Mateus, Dadinho e Heraldo, gravação de Os Tincoãs, disco *Os Tincoãs*, Jangada/EMI-Odeon, 1973. Ref.: Aruanda, Iansã, Xangô, Iemanjá.

"Deixa o bicho", de Nei Lisboa e Humberto Gessinger, gravação de Nei Lisboa, disco *Carecas da Jamaica*, EMI, 1987. Ref.: "o santo baixa".

"Dente de alho", de Antonio Carlos, Jocafi e Julio Cesar, gravação de Antonio Carlos, Jocafi, disco *Feitiço moleque*, Continental, 1986. Ref.: patuá.

"Despacho", de Ary Barroso, gravação de Elza Soares e Miltinho, disco *Elza, Miltinho e Samba*, Odeon, 1969. Ref.: despacho, macumba.

"Deus do fogo e da justiça", de Brown, gravação de Ara Ketu, disco *Ara Ketu*, Continental, 1987. Ref.: Xangô.

"Deuses afro-baianos", de Valmir Brito e Ythamar Tropicália, gravação de Banda Reflexu's, disco *Serpente negra*, EMI, 1988. Ref.: Xangô, Exu, Iansã, Oxumarê, Iemanjá, Menininha do Gantois.

"Dezessete anos", de Maria Aparecida Martins, gravação de Maria Aparecida, disco *Foram 17 anos*, CID, 1980 c. Ref.: Oxalá.

"Dia das Crianças", de Rossini Pacheco e J. B. de Carvalho, gravação de J. B. de Carvalho, disco 78 rpm, Continental, 1961. Ref.: Cosme e Damião (orixás gêmeos).

"Dia de festa", de Moacir Santos e Geraldo Vandré, gravação de Geraldo Vandré, disco *Hora de lutar*, Disco Lar, 1969. Ref.: Iemanjá.

"Dialeto", de Onias Camardelli, gravação de Grupo Zambo, disco *Bahia, Grupo Zambo*, Discos Marcus Pereira, 1976. Ref.: Euá.

"Dialeto negro", de Valmir Brito e Gibi, gravação de Banda Reflexu's, disco *Kabiêssele*, EMI-Odeon, 1989. Ref.: Tempo, Dandalunda, Queviossô.

"Diga que eu vou", de Ythamar Tropicália, Tutuca Crença e Fé, Itamar Santos e Antônio José, gravação de Banda Mel, disco *Mãe Preta*, Continental, 1993. Ref.: orixás, candomblé, Iemanjá.

"Divina malícia", de Roque Ferreira, gravação de Alcione, disco *Emoções reais*, RCA, 1990. Ref.: Xangô, Orumila, canjerê.

"Doce esperança", de Roberto Mendes e J. Velloso, gravação de Daniela Mercury, disco *Daniela Mercury*, BMG-Ariola, 1991. Ref.: Oxum, Olorum, Iansã, Xangô, Gantois.

"Doce morena", de Guga Cavalcanti e Marquinhos, gravação de Banda Reflexu's, disco *Da mãe África*, EMI, 1987. Ref.: Pai Oxalá, Logum Edé.

"Dois de fevereiro", de Dorival Caymmi, gravação de Gal Costa, disco *Gal canta Caymmi*, Philips, 1976. Ref.: Iemanjá.

"Dona do mar", de Sussu e Oldemar Magalhães, gravação de Sussu, disco 78 rpm, Odeon, 1956. Ref.: Iemanjá.

"Doum, Cosme e Damião", de J. B. de Carvalho, Rossini Pacheco e Valdir Machado, gravação de J. B. de Carvalho, disco 78 rpm, Continental, 1961. Ref.: Cosme e Damião (orixás gêmeos).

"Droba a língua! (Boto Cor-de-rosa em Ramos)", de João Bosco e Aldir Blanc, gravação de João Bosco, disco *Cabeça de nego*, Polygram, 1986. Ref.: orixás, Exus, Iemanjá.

"Drume negrinha", de Eliseo Grenet, versão: Caetano Veloso, gravação de Caetano Veloso, disco *Qualquer coisa*, Philips, 1975. Ref.: axé.

"Dueto", de Chico Buarque de Hollanda, gravação de Nara Leão, disco *Com açúcar, com afeto*, Polygram, 1980. Ref.: Oxalá, orixás, búzios.

"É assim", de Lula Carvalho, gravação de Banda Cheiro de Amor, disco *Bahia*, Polydor, 1992. Ref.: terreiro, santo, toque.

"É doce morrer no mar", de Dorival Caymmi e Jorge Amado, gravação de Dorival Caymmi, disco 78 rpm, Colúmbia, 1941. Ref.: Iemanjá.

"É d'Oxum", de Gerônimo e Vevé Calazans, gravação de Gal Costa, disco *Gal*, BMG-Ariola, 1992. Ref.: Oxum.

"Ê menina", de João Donato e Gutemberg Guarabira, gravação de Gilberto Gil, disco *Um banda um*, WEA, 1982. Ref.: Oxum.

"E não sou baiano", de Waldemar Ressurreição, gravação de Trio de Ouro, disco 78 rpm, Odeon, 1945. Ref.: canjerê.

"É o ouro", de Lula Carvalho, gravação de Banda Cheiro de Amor, disco *É o ouro*, Polydor, 1991. Ref.: orixás.

"É ou não é?", de Nizan Guanaes, gravação de Ara Ketu, disco *Ara Ketu Dez*, Sony Music, 1995. Ref.: Olorum, axé, Mãe Creuza.

"É ouro só", de Mussum e Almir, gravação de Os Batuqueiros, disco *Os Batuqueiros*, RCA, 1976. Ref.: Oxóssi, Mãe Menininha, babalaô.

"Ê rere (Caboclo Sete Flechas)", de J. B. de Carvalho e Rossini Pacheco, gravação de J. B. de Carvalho, disco 78 rpm, Continental, 1961. Ref.: Caboclo Sete Flechas.

"Elétrica", de Daniela Mercury, gravação de Daniela Mercury, disco *Elétrica (ao vivo)*, Sony, 1998. Ref.: Xangô.

"Eloniê", de domínio público, gravação de Gerônimo, disco *Gerônimo*, Continental, 1988. Ref.: Eloniê.

"Embala eu", de Albaléria, gravação de Clementina de Jesus, disco *Clementina*, EMI, 1979. Ref.: Menininha do Gantois.

"Embolê", de Nego do surdo, Nem Marsau e Bobôco, gravação de Ara Ketu, disco *Bom demais*, Colúmbia, 1994. Ref.: Oxóssi.

"Emoriô", de Gilberto Gil e João Donato, gravação de Sérgio Mendes, disco *Home cooking*, CBS, 1976. Ref.: Oxum.

"Encanto do Gantois", de Moraes Moreira e Edil Pacheco, gravação de Beth Carvalho, disco *Das Bênção que virão com os novos amanhãs*, RCA, 1985. Ref.: axé, afoxé, Mãe Menininha, Gantois, santos.

"Encantos de Iemanjá", de Jackson Dantas, gravação de Banda Mel, disco *Força Interior*, Continental, 1987. Ref.: Iemanjá.

"Encontro dos orixás", de Tonho Matéria, gravação de Ara Ketu, disco *Ara Ketu*, Continental, 1987. Ref.: Ossaim.

"Eparré Baba", de Leonardo Reis e Rose Alvaya, gravação de Banda Eva, disco *Você e Eu*, Polygram, 1998. Ref.: Oxalá.

"Era tarde", de Saul Barbosa e J. Velloso, gravação de Banda Mel, disco *Banda Mel*, Continental, 1992. Ref.: Iemanjá, Oxalá, Gantois.

"Erê", de Michael Sullivan e Paulo Massadas, gravação de Fafá de Belém, disco *Atrevida*, Sigla, 1986. Ref.: Erê, mironga.

"Ererê", de Amor (Getúlio Marinho da Silva), gravação de Moreira da Silva, disco 78 rpm, Odeon, 1931. Ref.: macumba, ponto de umbanda.

"Escorregador", de Marcus Flexa, gravação de Marcus Flexa, disco *Cavalos brancos*, RGE, 1992. Ref.: Ogum, Iansã, Oxum.

"Escurinho", de Geraldo Pereira, gravação de Aracy Côrtes, Clementina de Jesus e Conjunto Rosa de Ouro, disco *Rosa de Ouro, v. 1*, Odeon, 1965. Ref.: macumba.

"Esse mundo é meu", de Sergio Ricardo e Ruy Guerra, gravação de Nara Leão, disco *Nara*, Elenco, 1963. Ref.: Ogum, mandinga, despacho.

"Estado de graça", de Moraes Moreira e Armandinho, gravação de Moraes Moreira, disco *Cidadão*, Columbia, 1991. Ref.: rum, rumpi, lé.

"Estrela d'Alva", de J. B. de Carvalho, gravação de J. B. de Carvalho, disco *Macumba, canjerê, candomblé*, Musicolor, 1961. Ref.: caboclo, trabalho, terreiro.

"Estrela e lua nova", de Heitor Villa-Lobos (adaptação de canto afro-brasileiro), gravação de Cristina Maristany e Alceu Bocchino, disco *Heitor Villa-Lobos: canções típicas brasileiras*, Odeon, 1965. Ref.: Oiá, macumbebê, macumbaribá.

"Etc...", de Assis Valente, gravação de Carmen Miranda, disco 78 rpm, Victor, 1933. Ref.: macumba, candomblé.

"Eu sou Exu", de Marino Pinto e Paulo Soledade, gravação de Dalva de Oliveira, disco 78 rpm, Odeon, 1951. Ref.: Exu.

"Eu também quero", de Raul Sampaio, gravação de Trio de Ouro, disco 78 rpm, Victor, 1951. Ref.: candomblés.

"Eu tenho um burro", de Sinhô (José Barbosa da Silva), gravação de Sinhô (José Barbosa da Silva), disco 78 rpm, Odeon, 1929. Ref.: candomblé da Bahia.

"Eu vi Oxum na beira do mar", de

Osny Silva, J. Neves e Carlos Santal, gravação de Osny Silva, disco *Ogum Beira Mar*, Copacabana, 1983. Ref.: Oxum.

"Eu vim da Bahia", de Gilberto Gil, gravação de Gilberto Gil, disco *Gilberto Gil em concerto*, Geleia Geral, 1987. Ref.: Iemanjá.

"Eu vou lá no candomblé", de Antônio de Almeida, gravação de Aracy de Almeida com Regional, disco 78 rpm, Victor, 1941. Ref.: figa de guiné, candomblé.

"Eu vou navegar", de Ávila, Caciporé e Marcelo, gravação de Jurema, disco *O samba não pode parar*, EMI-Odeon, 1978. Ref.: Iemanjá.

"Exaltação à Bahia", de Silas de Oliveira e Joacir Santana, gravação de Dona Ivone Lara, disco *História das escolas de samba*, Marcus Pereira, 1975. Ref.: Iemanjá, candomblé.

"Exaltação à Bahia", de Vicente Paiva e Chianca de Garcia, gravação de Heleninha Costa, disco 78 rpm, Colúmbia, 1943. Ref.: canjerê, macumba.

"Extra", de Gilberto Gil, gravação de Gilberto Gil, disco *Extra*, WEA, 1983. Ref.: Oxalá, orixá.

"Exu (deixa pra lá)", de Álvaro Mattos e Othon do Nascimento, gravação de Jorge Goulart, disco *Carnaval 82 — As marchinhas estão de volta*, K-Tel, 1982. Ref.: Exu.

"Exu Tranca Rua das Almas", de J. B. de Carvalho e Álvaro Gonçalves, gravação de J. B. de Carvalho e seus Caboclos, disco 78 rpm, Continental, 1961. Ref.: Exu.

"Falando de cadeira", de Maurício Tapajós e Cacaso, gravação de Maurício Tapajós, disco *Olha aí!*, Saci, 1980. Ref.: guia de Xangô.

"Faz uma festa", de Jeane Siqueira, gravação de Afoxé Oxum Pandá, disco *Não há silêncio*, Ciranda Records, 2000. Ref.: filho de Xangô, amalá.

"Fé afoxé", de Rick Maggia e Pedrin Gomes, gravação de Central Africana, disco *Central Africana*, Plug, 1988. Ref.: umbanda, candomblé, magia.

"Feiticeira", de João Roberto Kelly, gravação de Jair Rodrigues, disco *Jair de todos os sambas*, Philips, 1969. Ref.: patuá, feitiço, orixá, saravá, guia.

"Feitiço", de André Filho, gravação de Aurora Miranda, disco 78 rpm, Odeon, 1937. Ref.: canjerê, feitiço.

"Feitiço da Vila", de Noel Rosa e Vadico (Osvaldo Gogliano), gravação de João Petra de Barros e Osquestra Odeon, disco 78 rpm, Odeon, 1934. Ref.: feitiço, farofa, vela, vintém (despacho).

"Feitiço do Tião", de Gil de Carvalho e Márcio Pintinho, gravação de Bezerra da Silva, disco *Violência Gera Violência*, RCA, 1988. Ref.: terreiro, gira, preto velho, macumba, Exu, Ogum, Iansã.

"Feitiço gorado", de Sinhô (José Barbosa da Silva), gravação de Sinhô (José Barbosa da Silva), disco 78 rpm, Orchestra Victor, 1932.

Ref.: encruzilhada, Ogum, Exu, despacho.

"Feliz ano novo", de Roberto Menescal e Aldir Blanc, gravação de Leila Pinheiro, disco *Outras Caras*, Philips, 1991. Ref.: Iemanjá.

"Ferimã", de Sussu, gravação de Sussu, disco *Preto velho*, Tropicana, 1972. Ref.: Xangô, umbanda.

"Festa da Conceição", de Osny Silva e J. Neves, gravação de Osny Silva, disco *Ogum Beira Mar*, Copacabana, 1983. Ref.: Iemanjá, orixás, rainha do mar.

"Festa de Nanã", de Wilson Batista, Pixinguinha e Gastão Viana, gravação de Patrício Texeira, disco 78 rpm, Victor, 1941. Ref.: Nanã Buruquê.

"Festa de Ogum", de Babi de Oliveira, gravação de Inezita Barroso e Regional do Caçulinha, disco *Vamos falar de Brasil novamente*, Copacabana, 1966. Ref.: Ogum, Olorum.

"Festa de rua", de Dorival Caymmi, gravação de Gal Costa, disco *Gal canta Caymmi*, Philips, 1976. Ref.: candomblé.

"Festa de umbanda", de Martinho da Vila (adaptação), gravação de Martinho da Vila, disco *Canta canta, minha gente*, RCA-BMG-Ariola, 1974. Ref.: Exu Tranca Rua, Ogum, Zâmbi, Nanã, Caboclo Sete Flechas.

"Festa de umbanda", de Pinduca e Deuza, gravação de Pinduca, disco *No embalo do carimbó e sirimbó*, Copacabana, 1980. Ref.: egum, orixá.

"Festa na mata", de Alceu Anselmo, gravação de Ara Ketu, disco *Bom demais*, Colúmbia, 1994. Ref.: Oxóssi.

"Festança", de Miro, Adilson do Cavaco e Claumir do Pandeiro, gravação de Jurema, disco *O samba não pode parar*, EMI-Odeon, 1978. Ref.: Iemanjá, Mãe Sereia, Janaína.

"Figa de Guiné", de Gomes Filho e Nestor de Holanda, gravação de Linda Batista, disco 78 rpm, RCA-Victor, 1947. Ref.: patuá, feitiço.

"Figuraça", de Cristóvão Bastos e Paulo César Pinheiro, gravação de João Nogueira, disco *João Nogueira*, RCA, 1986. Ref.: Xangô, ogã.

"Filha de Xangô", de Bira Paim, gravação de Novos Bárbaros, disco *Guerrilheiros Bárbaros*, Continental, 1987. Ref.: filha de Xangô.

"Filho da terra", de Lazzo, gravação de Lazzo, disco *Filho da terra*, Pointer, 1985. Ref.: Olorum.

"Filho de Xangô", de Zé Fechado, gravação de Sussu, disco 78 rpm, Odeon, 1954. Ref.: Xangô.

"Filhos de Gandhi", de Gilberto Gil, gravação de Gilberto Gil, disco *Gilberto Gil em concerto*, Geleia Geral, 1987. Ref.: Omulu, Ogum, Oxum, Oxumarê, Xangô, Iansã, Iemanjá, Oxóssi, Obá.

"Fiquei na Bahia", de João Melo e Codó, gravação de Gilvan Chaves, disco 78 rpm, Colúmbia, 1958. Ref.: terreiro, canzuá.

"Firma o batuque", de Jairo Braulio e Mario Carabuna, gravação de

Grupo Pirraça, disco *Força maior*, Tropical Rio-FM, 1989. Ref.: saravá, gira.

"Fizeram moamba", de Jorge Veiga e Paulo Gracindo, gravação de Jorge Veiga e Paulo Gracindo, disco 78 rpm, Continental, 1950. Ref.: orixá, pai de santo.

"Flor de Muçambê", de Manoel Alves e João Biano, gravação de Banda de Pífanos de Caruaru, disco *Banda de Pífanos de Caruaru*, Discos Continental, 1976. Ref.: Pai Edu, Iemanjá.

"Fogo da justiça", de Celso e Arnaldo, gravação de Ara Ketu, disco *Ara Ketu*, Continental, 1987. Ref.: Xangô.

"Fogo, justiça e amor", de Bacalhau e Vadu da Ribeira, gravação de Ara Ketu, disco *Ara Ketu*, Continental, 1987. Ref.: Xangô, orixá.

"Fogueira nova", de Moraes Moreira, Armandinho e Fausto Nilo, gravação de Moraes Moreira, disco *República da música*, CBS, 1988. Ref.: Xangô.

"Foi despacho", de Sereno, gravação de Marlene, disco 78 rpm, Continental, 1952. Ref.: Exu.

"Foi na macumba", de Pascoal Barros, gravação de Zambalá Temberlych, disco 78 rpm, Parlophon, 1929. Ref.: macumba.

"Frumulunga", de Sussu e Cicica, gravação de Sussu, disco *Preto velho*, Tropicana, 1972. Ref.: umbanda.

"Fui pedir às almas santas", de domínio público (adaptação de Clementina de Jesus), gravação de Clementina de Jesus, disco *Marinheiro só*, Odeon, 1973. Ref.: filhos de pemba.

"Fuzuê", de Romildo e Toninho, gravação de Clara Nunes, disco *Canto das Três Raças*, EMI-Odeon, 1976. Ref.: Quilombo, canjerê, dendê.

"Galho de arruda", de Claudionor Cruz, gravação de Quatro Ases e um Coringa, disco 78 rpm, Odeon, 1949. Ref.: mandinga.

"Gênesis", de João Bosco e Aldir Blanc, gravação de João Bosco, disco *Tiro de misericórdia*, RCA, 1977. Ref.: Exu, Oxum.

"Guerra santa", de Gilberto Gil, gravação de Gilberto Gil, disco *Quanta*, WEA, 1997. Ref.: Oxalá.

"Guerreira", de João Nogueira e Paulo César Pinheiro, gravação de Clara Nunes, disco *Guerreira*, EMI-Odeon, 1978. Ref.: Oxalá, Ogum, Oxum, Iansã, Oxóssi, Xangô, Nanã, Iemanjá, Oxumarê, Obaluaê.

"Homem nagô", de Mateus e Dadinho, gravação de Os Tincoãs, disco *O Africanto dos Tincoãs*, RCA, 1975. Ref.: nagô, babalaô, Ifá, Aruanda.

"Homenagem a Oxalá", de João da Baiana, gravação de João da Baiana e seu Terreiro, disco 78 rpm, Sinter, 1957. Ref.: Oxalá, terreiro.

"Homenagem aos orixás", de Jerônimo, gravação de Jerônimo, disco 78 rpm, Sabiá, 1963. Ref.: orixás.

"Iá Omim bum", de domínio público, gravação de Caetano Veloso, disco *Caetano Veloso*, Philips, 1987. Ref.: Iá Iá Omim (Oxum).

"Iaiá da Bahia chegou", de Clodoaldo Brito e João Melo, gravação de Araci Costa, disco 78 rpm, Todamérica, 1954. Ref.: macumba, Xangô.

"Iaiá do Cais Dourado", de Martinho da Vila e Rodolfo, gravação de MPB4, disco *História da MPB — Martinho da Vila*, Odeon, 1983. Ref.: Gantois.

"Iansã", de Gilberto Gil e Caetano Veloso, gravação de Maria Bethânia, disco *Drama*, Philips, 1972. Ref.: Iansã.

"Iaô", de Pixinguinha e Gastão Viana, gravação de Pixinguinha, disco 78 rpm, RCA-Victor, 1950. Ref.: Oxalá, Xangô, Oxóssi, Nanã, Iemanjá, preto velho.

"Iemanjá", de Baden Powell e Vinicius de Moraes, gravação de Baden Powell, disco *Baden, vinte e sete horas de estúdio*, Elenco, 1969. Ref.: Iemanjá.

"Iemanjá", de Carlos Silva, gravação de Luiz Vieira, disco *Em tempo de verdade*, Copacabana, 1971. Ref.: Iemanjá.

"Iemanjá", de Gilberto Gil, gravação de Gilberto Gil, disco *Caetano, Gal, Gil e Bethânia*, WEA, 1990. Ref.: Iemanjá.

"Iemanjá", de Heitor dos Prazeres, gravação de Heitor dos Prazeres e sua Gente, disco 78 rpm, Colúmbia, 1954. Ref.: Iemanjá.

"Iemanjá", de Marquinhos, gravação de Olodum, disco *Da Atlântida à Bahia — o Mar é o Caminho*, Continental, 1991. Ref.: Iemanjá, Oxumarê, Xangô.

"Iemanjá", de Nelson Ferreira e Luiz Luna, gravação de Inezita Barroso, disco 78 rpm, RCA-Victor, 1954. Ref.: Iemanjá.

"Iemanjá, rainha do mar", de Osny Silva e Sebastião Ferreira da Silva, gravação de Osny Silva, disco *Ogum Beira Mar*, Copacabana, 1983. Ref.: Iemanjá.

"Iemanjá, santa dos santos", de Lírio Jr. e Henrique Gonçalez, gravação de Odete Amaral, disco 78 rpm, Odeon, 1954. Ref.: Iemanjá.

"Ifá, um canto pra subir", de Vevé Calazans e Walter Queiroz, gravação de Maria Creuza, disco *Pura Magia*, RCA, 1987. Ref.: Ifá, Xangô.

"Igexá, pra quem tem fé", de Vevé Calazans e Dito, gravação de Vevé Calazans, disco *Vevé Calazans*, Nova República, 1986. Ref.: saravá, Afoxé, axé, Xangô, candomblé.

"Ijexá", de Edil Pacheco, gravação de Clara Nunes, disco *Nação*, EMI-Odeon, 1982. Ref.: Ogum.

"Ilê Ayê", de Edil Pacheco e Paulo César Pinheiro, gravação de Agepê, disco *Agepê*, Philips, 1987. Ref.: ilê, Aruanda, magia.

"Ilê é ímpar", de Aloísio Menezes e Alberto Pita, gravação de Ilê Aiyê, disco *Ilê Aiyê*, Velas, 1996. Ref.: Ogum.

"Ilê Farol", de Carlinhos Brown, gravação de Chiclete com Banana, disco *Jambo*, Continental, 1990. Ref.: Orunmilá.

"Ilu Ayê (Terra da Vida)", de Cabana e Norival Reis, gravação de Mestre Marçal, disco *Sambas-enredo de todos os tempos*, Velas, 1993. Ref.: batuque, reza.

"Imbarabaô", de domínio público, gravação de Brasiliana Demiécio Arkanasy, disco 78 rpm, Polydor, 1958. Ref.: Exu.

"Ingena", de domínio público, gravação de Gal Costa, disco *Gal*, BMG-Ariola, 1992. Ref.: Ingena.

"Inhaçã", de Sussu e Magalhães, gravação de Sussu, disco 78 rpm, Odeon, 1953. Ref.: Iansã.

"Inhansan", de Amor (Getúlio Marinho da Silva), gravação de Amor (Getúlio Marinho da Silva) com Conjunto Africano, disco 78 rpm, Odeon, 1930. Ref.: Iansã.

"Injuriado", de Eduardo Dusek, gravação de Céu da Boca, disco *Céu da Boca*, distribuição independente, 1981. Ref.: macumba.

"Inspiração", de Evany, Márcia e Jailton Dantas, gravação de Banda Mel, disco *Banda Mel*, Continental, 1992. Ref.: orixás.

"Inspiração", de Ná Ozzetti e Itamar Assumpção, gravação de Ná Ozzetti, disco *Ná Ozzetti*, WEA, 1994. Ref.: Oxumarê, Iansã.

"Ioiô você quer?", de Cícero de Almeida, gravação de Idelfonso Norat, disco 78 rpm, Colúmbia, 1930. Ref.: feitiço.

"Irerê", de César Costa Filho e Paulo César Pinheiro, gravação de César Costa Filho, disco *César Costa Filho*, Continental, 1978. Ref.: axé.

"Já andei", de Pixinguinha, Donga e João da Baiana, gravação de Zaira e Senna, disco 78 rpm, Victor, 1940-9. Ref.: mandinga, patuá.

"Já voltei da Bahia", de Henrique Almeida e Estanislau Silva, gravação de Odete Amaral, disco 78 rpm, Odeon, 1942. Ref.: feitiço.

"Jardim de Alah", de Rita Lee e Mathilda Kovack, gravação de Rita Lee, disco *Santa Rita de Sampa*, Polygram, 1997. Ref.: Iemanjá.

"Jeito de tatuagem", de Bira e Cantoni, gravação de Agepê, disco *Moro onde não mora ninguém*, Continental, 1975. Ref.: Jurema, feiticeira.

"João do Pulo", de João Bosco e Aldir Blanc, gravação de João Bosco, disco *Cabeça de nego*, Polygram, 1986. Ref.: Xangô.

"Jogando Caxangá", de Tadeu de Obatalá, Bola de Brilhante e Carlos Gomes, gravação de Rosa Reis, disco *Rosa Reis*, selo independente, 1997. Ref.: Gantois, axé.

"José", de Siba, gravação de Mestre Ambrósio, disco *Mestre Ambrósio*, Mestre Ambrósio Produções e Edições Musicais, 2000. Ref.: umbanda.

"Jubiabá", de Gilberto Gil, gravação

de Gilberto Gil, disco *Soy loco por ti América*, WEA, 1986. Ref.: Jubiabá, guia.

"Jubiabá", de Martinho da Vila, gravação de Martinho da Vila, disco *Batuque na cozinha*, RCA, 1972. Ref.: feitiço.

"Julgar é missão divina", de João Machado e Hélio Simões, gravação de Elza Soares e Miltinho, disco *Elza, Miltinho e Samba*, Odeon, 1969. Ref.: mandinga, Iansã, Oxum, Iemanjá, Janaína.

"Jurema, jureminha", de J. B. de Carvalho, adapt. Fernando Mendes, gravação de Fernando Mendes, disco *Fernando Mendes*, EMI-Odeon, 1977. Ref.: Oxum, Jurema, Iemanjá, Pai Miguel.

"Justiça de Xangô", de Osny Silva e J. Neves, gravação de Osny Silva, disco *Ogum Beira Mar*, Copacabana, 1983. Ref.: Xangô.

"Kaô", de Rodolfo Stroeter e Gilberto Gil, gravação de Gilberto Gil, disco *O sol de Oslo*, Pau Brasil, 1998. Ref.: Obá, Xangô.

"Kiningé", de Onias Camardelli, gravação de Grupo Zambo, disco *Bahia, Grupo Zambo*, Discos Marcus Pereira, 1976. Ref.: Odoiá (Iemanjá).

"Lá vem pedra", de Sergio Ricardo, gravação de Sergio Ricardo, disco *Do lago à cachoeira*, Continental, 1979. Ref.: Macumbeira, orixás.

"Ladainha", de Zé da Bahia, gravação de Eliana Pittman, disco *Eliana Pittman*, Odeon, 1972. Ref.: patuá, Xangô.

"Ladeira do Pelô", de Betão, gravação de Gal Costa, disco *Plural*, RCA, 1989. Ref.: Aganju (Xangô), axé.

"Lágrima do Sul", de Milton Nascimento e Marco Antônio Guimarães, gravação de Milton Nascimento, disco *Encontros e despedidas*, Barclay, 1985. Ref.: orixás.

"Lagrimãe", de Luis Dillah, gravação de Luis Dillah, disco *Que nem eu*, BMG-Ariola, 1993. Ref.: Iemanjá.

"Lágrimas de Oxum", de João Ricardo Xavier e Evaldevino Ponciano Xavier, gravação de Maria Aparecida, disco *Foram 17 anos*, CID, 1980 c. Ref.: Oxum.

"Lambuzada de dendê", de Itamar Assumpção, gravação de Itamar Assumpção, disco *Bicho de Sete Cabeças*, v. 2, Baratos Afins, 1994. Ref.: axé, Oxum.

"Lamento de Inhaçã", de João da Baiana, gravação de João da Baiana, disco 78 rpm, Odeon, 1952. Ref.: Iansã.

"Lamento de Oxum", de João da Baiana, gravação de João da Baiana no seu Terreiro, disco 78 rpm, Odeon, 1953. Ref.: Oxum.

"Lamento de Xangô", de João da Baiana, gravação de João da Baiana, disco 78 rpm, Odeon, 1952. Ref.: Xangô.

"Lavagem do Bonfim", de Gilberto Gil, gravação de Gal Costa, disco *O sorriso do gato de Alice*, BMG-Ariola, 1993. Ref.: lavagem do Bonfim.

"Lavanda", de Carlinhos Brown, gravação de Daúde, disco *Daúde # 2*, Natasha Records, 1997. Ref.: Xangô, Oxóssi.

"Le fudez vouz", de Dito, gravação de Banda Mel, disco *Prefixo de Verão*, Continental, 1990. Ref.: Exu.

"Leguria", de Zé Duda, gravação de Zé Duda, disco *Maracatu Atômico*, Cavalo Marinho, 2000. Ref.: Mestre Caboclo.

"Leilão", de Heikel Tavares e Juracy Camargo, gravação de Pena Branca e Xavantinho, disco *Coração Matuto*, Paradoxx Music, 1998. Ref.: mãe de santo.

"Lembadilê", de Wando, gravação de Wando, disco *Gazela*, Copacabana, 1979. Ref.: Oxalá, Oxaguiã, Oxalufã.

"Lembrando Zé Pereira", de Zuzuca, gravação de Jair Rodrigues, disco *Minha hora e vez*, Phonogram, 1976. Ref.: saravá.

"Lenda das sereias, rainhas do mar", de Vicente Mattos, Dionel e Arlindo Velloso, gravação de Roberto Ribeiro, disco compacto, EMI-Odeon, 1975. Ref.: nomes de Iemanjá: Ogunté, Marabô, Caiala, Sobá, Oloxum, Ianaê, Janaína.

"Lenda do pescador", de Nenem e Pintado, gravação de Nosso Samba, disco *Nosso samba*, EMI-Odeon, 1976. Ref.: Oxalá.

"Lenda nagô", de Joel Menezes e Noca da Portela, gravação de Agepê, disco *Agepê*, Continental, 1977. Ref.: Xangô, Oxumarê, Nanã, Ifá.

"Lendas do Abaeté", de Jajá, Preto Rico e Manoel, gravação de Jair Rodrigues, disco *Orgulho de um sambista*, Philips, 1973. Ref.: Iemanjá, Janaína.

"Lendas e festas das yabás", de Aroldo Forde "Melodia" e Leôncio da Silva, gravação de Elza Soares, disco *Nos braços do samba*, Tapecar, 1975. Ref.: Oiá Matamba, yabás, orixás.

"Lendas e mistérios de Zanzibá", de Elymar Santos e Tony Bahia, gravação de Elymar Santos, disco *Missão*, EMI, 1989. Ref.: aiabás, Oxóssi.

"Levada do tambor", de Jamoliva, Jorge Pá Pá Pá e Toti Gira, gravação de Banda Relógio, disco *Banda Relógio*, RCA, 1993. Ref.: axé, patuá, Oxalá.

"Linda situação", de Jeane Siqueira, gravação de Afoxé Oxum Pandá, disco *Não há silêncio*, Ciranda Records, 2000. Ref.: lança de Ogum, filhos de Oxum.

"Linha de passe", de João Bosco, Aldir Blanc e Paulo Emílio, gravação de João Bosco, disco *Linha de passe*, RCA, 1979. Ref.: candomblé.

"Logunedé", de Gilberto Gil, gravação de Gilberto Gil, disco *Realce*, WEA, 1979. Ref.: Logum Edé, Oxóssi, Oxum.

"Louvação à Oxum", de Ordep Serra e Roberto Mendes, gravação de Maria Bethânia, disco *Olho d'água*, Polygram, 1992. Ref.: Oxum.

"Lua de Ogum", de Murilão, gravação de Zeca Pagodinho, disco *Zeca Pagodinho — ao vivo*, Universal, 1999. Ref.: Ogum.

"Lua soberana", de Ivan Lins e Vitor Martins, gravação de Ivan Lins, disco *Coleção MPB Compositores*, RGE, 1997. Ref.: Iemanjá.

"Lua sonora", de Eduardo Dusek, gravação de Eduardo Dusek, disco *Contatos*, Eldorado, 1991. Ref.: Iemanjá.

"Luanda", de Djavan, gravação de Djavan, disco *Seduzir*, EMI-Odeon, 1980-1. Ref.: Oxum.

"Luanda, venha ver", de Rogério Libânio, gravação de Dudu Nação, disco *Maracatu Atômico*, Cavalo Marinho, 2000. Ref.: erê.

"Má intenção", de Jorge Aragão e Jotabê, gravação de Jorge Aragão, disco *Jorge Aragão*, Ariola, 1981. Ref.: mandinga, pai de santo.

"Maçã tatuada", de Aldir Blanc e Moacyr Luz, gravação de Aldir Blanc, disco *Aldir Blanc — 50 anos*, Alma, 1996. Ref.: umbanda.

"Maculelê", de N. Pereira e C. de Oliveira, gravação de Nazaré Pereira, disco *Caixa de Sol*, RCA, 1982. Ref.: Oxalá, orixás.

"Maculelê", de Pingo de Fortaleza e Guaracy Rodrigues, gravação de Pingo de Fortaleza, disco *Maculelê catu ibyja*, Gravações Elétrica, 1991. Ref.: Xangô, Xapanã, Ifá, axé, Oxalá, Obaluaê, xaxará, babalaô.

"Macumba", de Fernando Magalhães, gravação de Pilé, disco 78 rpm, Victor, 1931. Ref.: macumba.

"Macumba da Bahia", de Figueiredo dos Santos, gravação de Sebastião Rufino, disco 78 rpm, Brunswick, 1930. Ref.: macumba, candomblé.

"Macumba de Antonica", de I. Kolman, gravação de Artur Castro, disco 78 rpm, Odeon, 1926. Ref.: macumba.

"Macumba de Exu", de Amor (Getúlio Marinho da Silva), gravação de Amor (Getúlio Marinho da Silva), Mano Elói e Conjunto Africano, disco 78 rpm, Odeon, 1930. Ref.: Exu.

"Macumba de Mangueira", de Almirante, gravação de Januário de Oliveira, disco 78 rpm, Colúmbia, 1930. Ref.: macumba.

"Macumba dos bichos", de Irmãos Orlando e Calixto, gravação de Dupla Zoológica, disco 78 rpm, Todamérica, 1951. Ref.: macumba.

"Macumba gegê", de Sinhô (José Barbosa da Silva), gravação de Grupo Escola 13, disco 78 rpm, Odeon, 1920-9. Ref.: macumba.

"Macumba-ê", de Zé Fechado e Oldemar Magalhães, gravação de Zé Fechado, Albertina, disco 78 rpm, RCA-Victor, 1954. Ref.: macumba.

"Macumbagelê", de João da Pauliceia e Lilico Leal, gravação de Elsie Houston acompanhada por Gaó Zezinho e Petit, disco 78 rpm, Columbia, 1930. Ref.: macumba.

"Macumbero", de Raul Torres, gravação de Raul Torres e seu Conjunto, disco 78 rpm, Odeon, 1937.

Ref.: macumbeiro, macumba, mandinga.

"Madame Satã", de Totonho e Paulinho Rezende, gravação de Jurema, João Roberto Kelly, convidados, disco *Rio dá samba*, EMI-Odeon, 1977. Ref.: filho de Oxalá, Sete Coroas.

"Mãe África", de Murilão e Luverci Ernesto, gravação de Quinteto em Branco e Preto, disco *Riqueza do Brasil*, CPC-Umes, 2000. Ref.: axé, candomblé, Odudua, Obatalá.

"Mãe África", de Sivuca e Paulo César Pinheiro, gravação de Clara Nunes, disco *Nação*, EMI-Odeon, 1982. Ref.: Xangô, Oxalá.

"Mãe África", de Sivuca e Paulo César Pinheiro, gravação de Sivuca, Paulo César Pinheiro, disco *Sivuca, Paulo César Pinheiro*, EMI-Odeon, 1980. Ref.: bastão de Xangô, caxangá de Oxalá.

"Mãe d'Água", de J. B. de Carvalho e Amado Régis, gravação de J. B. de Carvalho, disco 78 rpm, Continental, 1961. Ref.: Iemanjá.

"Mãe das Águas", de Odara, gravação de Ilê Aiyê, disco *Ilê Aiyê*, Velas, 1996. Ref.: orixá, Olorum.

"Mãe Estrela", de Nardão e Edlamar, gravação de Tobias, disco *Tobias*, BMG, 1989. Ref.: Janaína, Odoiá (Iemanjá).

"Mãe Guerreira", de Roberta Miranda, gravação de Ruy Maurity, disco *Ruy Maurity*, Pointer, 1984. Ref.: axé, Iansã, Ogum, Iemanjá, Oxalá.

"Mãe negra mãe", de Jorginho do Império, Bicalho, Carlinhos do Império e Jorge José, gravação de Jorginho do Império, disco *Viva meu samba*, Continental, 1983. Ref.: Xangô, Ogum, Oxumarê, Oxalá, Tia Ciata.

"Mãe Preta", de Luiz Paiva, Luiz Alves, Moraes Moreira, Capinam e Béu Machado, gravação de Moraes Moreira, disco *Terreiro do mundo*, Polygram, 1993. Ref.: Ifá.

"Mãe Stella", de Danilo Caymmi e Dorival Caymmi, gravação de Danilo Caymmi, disco *Mistura Brasileira*, EMI, 1997. Ref.: Mãe Stella de Oxóssi, Axé Opô Afonjá.

"Mais feliz", de Paulo César Feital, Elton Medeiros e Carlinhos Vergueiro, gravação de Elton Medeiros, disco *Mais feliz*, Leblon Records, 1995. Ref.: Iemanjá, Ogum, Oxum e Mãe Menininha do Gantois.

"Mais uma vez Mocidade Independente", de Tatu, Nezinho e Campo, gravação de Sapoty da Mangueira, disco *Nega atrevida*, Polydor, 1975. Ref.: Mãe Menininha, Gantois.

"Majestade Real", de Tonho Matéria, gravação de Ara Ketu, disco *Ara Ketu*, Continental, 1987. Ref.: Oxaguiã, Oxalá.

"Majestade, o sabiá", de Roberta Miranda, gravação de Jair Rodrigues, com participação de Chitãozinho e Xororó, disco *Jair Rodrigues*, Continental, 1985. Ref.: Oxóssi.

"Malandro J. B.", de Renato Barbosa e Nei Lopes, gravação de João Nogueira, disco compacto, EMI-Odeon, 1977. Ref.: Ogum.

"Malungo", de Catoni e Joel Menezes, gravação de Agepê, disco *Agepê*, Continental, 1977. Ref.: Olorum.

"Mama", de Efson, gravação de Agepê, disco *Mistura Brasileira*, Som Livre, 1984. Ref.: saravá, Sete Ondas.

"Mamãe Iemanjá", de Guerra Peixe, gravação de Ely Camargo, disco *Outras canções da minha terra*, v. 5, Chantecler, 1967. Ref.: congá, saravando, umbanda, Mamãe Iemanjá, Aruanda.

"Mamãe Oxum", de domínio popular (adaptação Zeca Baleiro), gravação de Zeca Baleiro, disco *Por onde andará Stephen Fry?*, Polygram, 1997. Ref.: Oxum, congá.

"Mamãe Sereia", de Sussu e Magalhães, gravação de Sussu, disco 78 rpm, Odeon, 1953. Ref.: Iemanjá.

"Maná Mané", de Rita Lee, gravação de Rita Lee, disco *Zona Z*, EMI, 1988. Ref.: Iemanjá.

"Manda notícia", de Nelson Rufino e João Rios, gravação de Neguinho do Beija-Flor, disco *A voz da massa*, CBS, 1986. Ref.: mandinga, cachaça na encruza (encruzilhada).

"Mandei fazer um patuá", de Raimundo Olavo, Norberto Martins e Cláudio Luiz, gravação de Roberto Silva, disco 78 rpm, Star, 1948. Ref.: patuá, feitiço.

"Mandinga", de André Christovam, gravação de André Christovam, disco *Mandinga*, Estúdio Eldorado, 1989. Ref.: patuá.

"Mandinga", de Celso Bahia, gravação de Celso Bahia, disco *Dois neguinhos*, Continental, 1988. Ref.: mandinga, orixá, Ogum.

"Mandinga", de João Valença e Raul Valença, gravação de Vicente Cunha, disco 78 rpm, Victor, 1930. Ref.: mandinga.

"Mandinga de nego", de Eduardo Souto e Newton Braga, gravação de Francisco Alves, disco 78 rpm, Odeon, 1931. Ref.: mandinga, macumba.

"Maracatu do meu avô", de Nei Lopes e Leonardo Bruno, gravação de Alcione, disco *Almas e Corações*, RCA, 1983. Ref.: Ogum, Olorum, Ifá.

"Maraka", de May East, gravação de May East, disco *Remota Batucada*, EMI, 1985. Ref.: Oxum.

"Maria Baiana mulher feiticeira", de Neguinho da Beija-Flor, gravação de Neguinho da Beija-Flor, disco *Neguinho da Beija-Flor*, EMI-Odeon, 1977. Ref.: feiticeira, feitiço.

"Maria Conga", de Sussu e Cicica, gravação de Sussu, disco *Preto Velho*, Tropicana, 1972. Ref.: peji, ori.

"Maria Moita", de Carlos Lyra, gravação de Nara Leão, disco *O fino da bossa*, RGE, 1963. Ref.: Xangô, babalorixá.

"Maria Raiô", de Jonny e Val Macambira, gravação de Chiclete com Banana, disco *Chiclete com Banana*, BMG, 1992. Ref.: Odé.

"Maria vai com as outras", de Toquinho e Vinicius de Moraes, gravação de Toquinho e Vinicius de Moraes, disco *Toquinho e Vinicius*, RGE, 1971. Ref.: Iemanjá, caboclo, orixá.

"Meia-noite", de Antenor Borges e Príncipe Pretinho, gravação de J. B. de Carvalho, disco *J. B. de Carvalho*, Musicolor, 1971. Ref.: saravá, Ogum, guia.

"Meio da maré", de Carlinhos Brown, gravação de Timbalada, disco *Andei road*, Polygram, 1995. Ref.: macumba.

"Melodia africana", de J. B. de Carvalho, Ilka Airosa e Durval Fernandes, gravação de J. B. de Carvalho, Odete Amaral, disco 78 rpm, Victor, 1938. Ref.: Olorum, candomblé, Xangô, feitiço.

"Melzinho na chupeta", de Almir de Araújo, Marquinhos Lessa e Hércules Correia, gravação de Elymar Santos, disco *Missão*, EMI, 1989. Ref.: Oxalá.

"Menina dandara", de Paulo Bebétio e Paulinho Rezende, gravação de Margareth Menezes, disco *Kindala*, Polygram, 1991. Ref.: Iansã.

"Menina do cateretê", de Bell Marques, Chocolate da Bahia e Paulinho Camafeu, gravação de Chiclete com Banana, disco *É Festa*, BMG-Ariola, 1990. Ref.: Oxalá, axé.

"Menina do tacho", de Agepê, Léo Môra e Rodolpho de Souza, gravação de Agepê, disco *Agepê*, Philips, 1990. Ref.: Janaína (Iemanjá).

"Menino maluco", de João Guimarães e Dico Guimarães, gravação de Banda Cheiro de Amor, disco *Festa*, Polydor, 1989. Ref.: Oxalá.

"Menino rei do mar", de Luiz Ayrão e Sidney da Conceição, gravação de Luiz Ayrão, disco *Luiz Ayrão*, EMI-Odeon, 1976. Ref.: Iemanjá.

"Menino velho", de Romildo e Toninho, gravação de Clara Nunes, disco *Nação*, EMI-Odeon, 1932. Ref.: jogar búzios.

"Metamorfhose", de Hudson Gaia (Petit), gravação de Cida Tibiriçá, disco 78 rpm, Odeon, 1940-9. Ref.: macumba, moamba.

"Meu congá", de Paraguassu, gravação de Paraguassu e seu grupo Verde-Amarelo, disco 78 rpm, Columbia, 1937. Ref.: congá, terreiro.

"Meu coração é seu", de Mario D. Fiuza, gravação de Irmãos Vitale, disco 78 rpm, Edições Triângulo, 1936. Ref.: macumba.

"Meu lugar é Sampa", de Luiz Perna, gravação de Cor da Pele, disco *Cor da Pele*, BMG, 1996. Ref.: Iemanjá.

"Meu Pai Oxalá", de Toquinho e Vinicius de Moraes, gravação de Toquinho e Vinicius de Moraes, disco *Toquinho e Vinicius*, RGE, 1977. Ref.: Obaluaê, Oxalá, Iansã, Xangô.

"Meu santo orixá", de Euclides Machado e Durval Melo, gravação de Quarteto de Bronze, disco 78 rpm, Victor, 1942. Ref.: orixás.

"Meus orixás", de Gastão Viana, gravação de Francisco Sena com os Diabos do Céu, disco 78 rpm, Victor, 1935. Ref.: Oxalá, Xangô, Iemanjá.

"Milagre brasileiro", de Noca da Portela e Toninho Nascimento, gravação de Beth Carvalho, disco *Alma do Brasil*, Philips, 1988. Ref.: congá, terreiro.

"Milagres do povo", de Caetano Veloso, gravação de Gal Costa, disco *Mina d'água do meu canto*, BMG-Ariola, 1995. Ref.: Xangô, Obatalá, Oxum, Iemanjá, Iansã, Obá, Oiá.

"Mina negra", de Beto Pereira, Erasmo, Dibel e Josias Sobrinho, gravação de Beto Pereira, disco *Terecô*, Cedro Music do Brasil, 1995. Ref.: tambor de mina.

"Mineira", de João Nogueira e Paulo César Pinheiro, gravação de João Nogueira, disco *Vem quem tem*, EMI-Odeon, 1975. Ref.: saravá, Ogum, Iansã.

"Minha fé", de Murilão, gravação de Zeca Pagodinho, disco *Zeca Pagodinho — ao vivo*, Universal, 1999. Ref.: Ogum, Xangô, Oxum, Obaluaê.

"Minha história", de Tatau, gravação de Ara Ketu, disco *Ara Ketu de Periperi*, EMI-Odeon, 1993. Ref.: ofá.

"Minha irmã", de Toni Garrido, Da Gama e Charles Marsilac, gravação de Cidade Negra, disco *Sobre todas as forças*, Sony, 1995. Ref.: jogo de búzios.

"Minha princesa", de Luiz Caldas, gravação de Luiz Caldas, disco *Nós*, Polydor, 1990. Ref.: Oxalá.

"Mironga de moça branca", de Gastão Viana, gravação de Trio de Ouro, disco 78 rpm, RCA-Victor, 1954. Ref.: umbanda, mironga, saravá, Oxuns, Iemanjás, Xangôs.

"Mironga do mato", de Wilson Moreira e Nei Lopes, gravação de Silas de Andrade, disco *Fruto da raiz*, Chantecler, 1985. Ref.: Mandinga, mironga, figa de guiné, mezinha, descarga, patuá.

"Mistérios do mar", de Lincoln e Sérgio Roberto, gravação de Lincoln, disco *Lincoln*, EMI-Odeon, 1976. Ref.: Iemanjá.

"Misticismo da África ao Brasil", de Mário Pereira, João Costa e João Galvão, gravação de Clara Nunes, disco *Clara Nunes*, EMI-Odeon, 1971. Ref.: orixás.

"Mistura de cores", de Toquinho, M. Fabrizio e Bardotti, gravação de Toquinho, disco *O viajante do sonho*, RCA, 1992. Ref.: tambores, santos.

"Mitologia brasileira", de Neneo e Quadrado, gravação de Sapoty da Mangueira, disco *Nega atrevida*, Polydor, 1975. Ref.: Iansã, Iemanjá, Exu, Ogum, Oxóssi, Xangô, Oxalá.

"Moça bonita", de Evaldo Gouvêia e Jair Amorim, gravação de Ângela Maria, disco compacto, AMC, 1971. Ref.: Pombagira.

"Moeda", de Romildo e Toninho, gravação de Clara Nunes, disco *Guerreira*, EMI-Odeon, 1978. Ref.: figa, guia.

"Mo-fi-la-do-fê", de domínio público, gravação de Orquestra Afro-Brasileira, disco *Orquestra Afro-Brasileira*, CBS, 1968. Ref.: Olodumare.

"Mon tiers monde", de Gilberto Gil, gravação de Gilberto Gil, disco *O eterno Deus Mu dança*, WEA, 1989. Ref.: Oxalá.

"Morena brasileira", de José Messias, gravação de Jair Rodrigues, disco *Minha hora e vez*, Phonogram, 1976. Ref.: feitiço.

"Morena do mar", de Dorival Caymmi, gravação de Beth Carvalho, disco *Dorival Caymmi: Songbook 2*, Lumiar, 1993. Ref.: Iemanjá.

"Muié macumbeira", de Cunha Jr., gravação de Nhô Nardo, Cunha Jr., disco 78 rpm, Continental, 1946. Ref.: macumba, camboni, feitiçaria, feiticeiro.

"Mulata macumbeira", de J. Francisco de Freitas e Domingos Magarinos, gravação de Celeste Leal Borges, disco 78 rpm, Odeon, 1931. Ref.: macumba.

"Mulher de Chico", de Baiano do Cabral e Edson Menezes, gravação de O Plá dos Partideiros, disco *O plá dos partideiros*, EMI-Odeon, 1978. Ref.: terreiro.

"Mulher negra", de Gerônimo, gravação de Banda Reflexu's, disco *Kabiêssele*, EMI-Odeon, 1989. Ref.: quelê, dijina, ancestral.

"Na Bahia", de Herivelto Martins e Humberto Porto, gravação de Carmen Miranda e Trio de Ouro, disco 78 rpm, Odeon, 1938. Ref.: macumba, filhas de santo, orixá, canjerê.

"Na batucada da vida", de Ary Barroso e Luiz Peixoto, gravação de Miúcha e Antonio Carlos Jobim, disco *Miúcha & Antonio Carlos Jobim*, RCA-Victor, 1977. Ref.: despacho.

"Na beira do mar", de Mateus e Dadinho, gravação de Os Tincoãs, disco *Os Tincoãs*, Jangada, 1973. Ref.: Xangô, Iemanjá, Ogum, vodum.

"Na encruzilhada", de J. B. de Carvalho e César Cruz, gravação de J. B. de Carvalho, disco 78 rpm, Continental, 1961. Ref.: despacho, macumba.

"Na gira", de Rita Ribeiro, gravação de Rita Ribeiro, disco *Rita Ribeiro*, MZA, 1999. Ref.: Xangô, Oxum, Ogum, Iansã, Iemanjá.

"Na gruta do feiticeiro", de Almirante, Candoca da Anunciação e E. Vidal, gravação de Almirante com Orquestra Victor Brasileira, disco 78 rpm, Victor, 1949. Ref.: candomblé, mandinga.

"Na macumba", de Ernesto Pimentel, gravação de Grupo do Pimentel, disco 78 rpm, Odeon, 1920-9. Ref.: macumba.

"Na onda do berimbau", de Osvaldo Nunes, gravação de Nelsinho e sua orquestra, disco *Brazilian Beat*, v. 3, London, 1968. Ref.: candomblé.

"Na onda gostosa do quibundo", de Bell Marques e Renatinho da Silveira, gravação de Chiclete com Banana, disco *Chiclete com Banana*, BMG, 1992. Ref.: Aganju (Xangô), Ibeji, Iroco.

"Na orelha do pandeiro", de Bororó, Lúcia Helena e Aldir Blanc, gravação de Aldir Blanc, disco *Aldir Blanc — 50 anos*, Alma, 1996. Ref.: elegum, mandinga, terreiro.

"Na Pavuna", de Candoca da Anunciação (Homero Dornelas), gravação de Almirante (Henrique Foréis Domingues) e o Bando de Tangarás, disco 78 rpm, Parlophon, 1929. Ref.: canjerê, macumba, mandinga, candomblé.

"Na pressão", de Lenine, Bráulio Tavares e Sérgio Natureza, gravação de Lenine, disco *Na Pressão*, BMG-Ariola, 1999. Ref.: mandinga, despacho.

"Nabucodonosor", de Alfredo Moura, gravação de Banda Eva, disco *Hora H*, Globo Universal, 1995. Ref.: peji.

"Nação", de João Bosco, Aldir Blanc e Paulo Emílio, gravação de João Bosco, disco *Comissão de frente*, BMG-Ariola, 1982. Ref.: Oxum, Oxumarê.

"Nanã", de Moacir Santos e Mário Telles, gravação de Wilson Simonal, disco *A nova dimensão do samba*, Odeon, 1964. Ref.: Nanã.

"Nanaê, Nanã, Naiana", de Sydney da Conceição, gravação de Clara Nunes, disco *Clara Nunes*, EMI-Odeon, 1973. Ref.: Nanã, canjerê.

"Nanan Boroquê", de João da Baiana, gravação de João da Baiana e seu Terreiro, disco 78 rpm, Odeon, 1955. Ref.: Nanã, Exu.

"Não deixarei o morro", de Juracy de Araújo e L. A. Pimentel, gravação de Odette Amaral, disco 78 rpm, Victor, 1939. Ref.: moamba.

"Não enche", de Cetano Veloso, gravação de Caetano Veloso, disco *Livro*, Polygram, 1998. Ref.: axé.

"Não está legal", de Erasmo Silva, gravação de Anjos do Inferno, disco 78 rpm, Victor, 1946. Ref.: mandinga, patuá.

"Não vai no candomblé", de Elói Antero Dias, gravação de Conjunto Africano, disco 78 rpm, Odeon, 1930. Ref.: candomblé.

"Nas águas de Amaralina", de Martinho da Vila e Nelson Rufino, gravação de Martinho da Vila, disco *Samba dos ancestrais*, Velas, 1994. Ref.: Janaína.

"Nas cadeiras da baiana", de Portelo Júnior e Léo Cardoso, gravação de Carmen Miranda e Nuno Roland, disco 78 rpm, Odeon, 1938. Ref.: candomblé, feitiço, canjerê.

"Nas veias do Brasil", de Luiz Carlos da Vila, gravação de Beth Carvalho, disco *Ao vivo no Olímpia*, Som Livre, 1991. Ref.: preto velho, magia.

"Nata do samba", de Airton Santa

Maria e Mário Luiz, gravação de Quinteto em Branco e Preto, disco *Riqueza do Brasil*, CPC-Umes, 2000. Ref.: candomblé.

"Natal em umbanda", de Sussu e Henrique Gonçalez, gravação de Sussu, disco 78 rpm, Odeon, 1955. Ref.: umbanda, Oxalá.

"Natureza amante", de Elói Estrela e Pierre Onassis, gravação de Yabakekê, disco *Mãe Maior*, RDS, 1997. Ref.: axé.

"Navega", de Nelson Coelho de Castro, gravação de Nelson Coelho de Castro, disco *Força d'Água*, Barclay, 1985. Ref.: Iemanjá, Janaína, Ogum.

"Navegador", de Pepeu Gomes, Jorginho Gomes e Carlinhos Gererê, gravação de Pepeu Gomes, disco *Pepeu Gomes*, WEA, 1993. Ref.: Oxóssi, Xangô, Oxalá, Mãe Menininha, mandinga.

"Nega atrevida", de Waldemiro Pova e Antonio Damasceno, gravação de Sapoty da Mangueira, disco *Nega atrevida*, Polydor, 1975. Ref.: candomblé.

"Nega Daúde", de Ivan Lins, Vitor Martins e Aldir Blanc, gravação de Batacotô, disco *Batacotô*, Velas, 1993. Ref.: mandinga, Omulu, Iansã.

"Nega de Obaluaê", de Wando, gravação de Wando, disco *Wando*, Beverly, 1975. Ref.: feitiço, orixá, santo forte.

"Nega Dina", de Zé Kéti, gravação de Paulinho Boca de Cantor, disco *Todos os Sambas*, RGE, 1996. Ref.: macumba.

"Nega mina", de Wilson Moreira e Nei Lopes, gravação de Alcione, disco *Vamos arrepiar*, RCA, 1982. Ref.: voduns, Mavu, Lissá.

"Nega tu dá no couro", de Zeca Baleiro, gravação de Zeca Baleiro, disco *Vô Imbolá*, MZA, 1999. Ref.: macumba, Oxalá, saravá.

"Negritude Cristal", de Lazzo, gravação de Rosa Maria, disco *Cristal*, Pointer, 1984. Ref.: Ogum, axé.

"Negro é lindo", de Jorge Ben Jor e Toni Garrido, gravação de Cidade negra, disco *O erê*, Sony, 1996. Ref.: preto velho.

"Negrume da noite", de Paulinho do Reco e Cuiuba, gravação de Margareth Menezes, disco *Kindala*, Polygram, 1991. Ref.: Oxóssi.

"Neide Candolina", de Caetano Veloso, gravação de Caetano Veloso, disco *Circuladô*, Polygram, 1991. Ref.: Iansã.

"Nem ouro, nem prata", de Ruy Maurity e José Jorge, gravação de Ruy Maurity, disco *Nem ouro, nem prata*, Som Livre, 1976. Ref.: Oxóssi.

"Neste Brasil de caboclo de Mãe Preta e Pai João", de Otacílio Batista, gravação de Otacílio Batista, disco *Otacílio Batista do Pajeú*, Harmony, 1982. Ref.: Mãe Preta, Pai João.

"No abraço, um axé", de Carlos Moura, gravação de Armandinho e Trio Elétrico Dodô e Osmar, disco *Chame gente*, RCA, 1985. Ref.: axé, abará, terreiro, Ogum.

"No creo en brujas", de Lourenço, Ronaldo Barcellos e Nei Lopes, gravação de Só preto sem preconceito, disco *A coisa mais linda*, EMI, 1989. Ref.: sacudimento, pemba, ebó, despacho.

"No fundo do mar", de João da Baiana e Amor (Getúlio Marinho), gravação de J. B. de Carvalho com Conjunto Gente de Casa, disco 78 rpm, RCA-Victor, 1940-9. Ref.: Iemanjá.

"No mesmo manto", de Beto Corrêa e Lúcio Cuvelo, gravação de Jovelina Pérola Negra, disco *Sangue bom*, RGE, 1991. Ref.: Xangô.

"No pegi de Oxóssi", de Hekel Tavares e Luiz Peixoto, gravação de Francisco Alves, disco 78 rpm, Odeon, 1930. Ref.: Oxóssi.

"No quilombo da negra cafuza", de Paulinho Rezende e Totonho, gravação de Luiz Ayrão, disco *Luiz Ayrão*, EMI-Odeon, 1976. Ref.: Nanã.

"No reino do Gantois", de Gilson Loiola, gravação de Sapoty da Mangueira, disco *Nega atrevida*, Polydor, 1975. Ref.: Gantois, Obatalá, Oxum, axé.

"No samburá da baiana", de Moacyr Bernardino e J. Portela, gravação de Marília Batista, disco 78 rpm, Victor, 1940. Ref.: Ogum, orixá, canjerê, feitiço.

"No tabuleiro da baiana", de Ary Barroso, gravação de Carmen Miranda e Luiz Barbosa, disco 78 rpm, Odeon, 1936. Ref.: candomblé, canjerê.

"Nos dias de hoje", de Eduardo Araújo e Zé Maurício, gravação de Silvinha, disco *Grita coração*, Pointer, 1984. Ref.: terreiro, macumba, vela preta, despacho.

"Nós, por exemplo", de Gilberto Gil, gravação de Doces bárbaros, disco *Doces bárbaros*, Philips, 1976. Ref.: Iansã.

"O amanhã", de João Sérgio, gravação de Simone, disco *Delírios delícias*, CBS, 1983. Ref.: jogo de búzios.

"O amante vigilante africano", de Jorge Ben, gravação de Jorge Ben, disco *Jorge Ben Brasil*, Som Livre, 1986. Ref.: Oxalá, Oxum.

"O canto de Oxum", de Toquinho e Vinicius de Moraes, gravação de Maria Bethânia, disco *Rosa dos ventos*, Philips, 1971. Ref.: Oxum.

"O Caveira", de Martinho da Vila, gravação de Martinho da Vila, disco *Origens*, RCA-Victor, 1973. Ref.: Exu Caveira.

"O dia em que faremos contato", de Lenine e Bráulio Tavares, gravação de Lenine, disco *O dia em que faremos contato*, BMG, 1997. Ref.: orixá.

"O encanto do Gantois", de Edil Pacheco e Moraes Moreira, gravação de Agepê, disco *Cultura Popular*, Philips, 1989. Ref.: axé, Mãe Menininha do Gantois.

"O erê", de Toni Garrido, Da Gama, Bino, Bernardo Vilhena e Lazão, gravação de Cidade Negra, disco *O erê*, Sony, 1996. Ref.: Erê.

"O filho de Jurema", de Bezerra da Silva e Regina do Bezerra, gravação de Bezerra da Silva, disco *Eu não sou Santo*, RCA, 1990. Ref.: Jurema, Sete Penas, Juremá.

"O filho predileto de Xangô", de Jorge Mautner, gravação de Celso Sim, disco *Pedra bruta*, Rock Records, 1992. Ref.: Xangô.

"O Maripá", de domínio público, gravação de Ely Camargo, disco *Folclore do Brasil*, Chantecler, 1955. Ref.: umbanda, demanda, Ogum, Oxalá.

"O pai de santo", de Rossini Pinto, gravação de Golden Boys, disco *Golden Boys*, EMI, 1977. Ref.: Pai de santo, macumbeiro.

"O palácio de Iemanjá", de Jerônimo, gravação de Jerônimo, disco 78 rpm, Copacabana, 1964. Ref.: Iemanjá.

"O pé de manjericão", de Humberto Porto, gravação de Quarteto de Bronze, disco 78 rpm, Victor, 1942. Ref.: feitiço, canjerê.

"O que é que tem a baiana", de Pedro Caetano e Joel, gravação de Dircinha Batista, disco 78 rpm, Odeon, 1939. Ref.: candomblé, magia, figa de guiné.

"O quilombo", de Lenine, gravação de Selma Reis, disco *Selma Reis*, Philips, 1990. Ref.: macumba, atabaques.

"O Rio virou sertão", de Vicente Barreto e Celso Viáfora, gravação de Celso Viáfora, disco *Paixão Candeeira*, Dabliú, 1996. Ref.: Xangô.

"Obaluaê", de domínio público (adaptação de Mateus, Dadinho e Heraldo), gravação de Os Tincoãs, disco *Os Tincoãs*, Jangada, 1973. Ref.: babalorixá, Obaluaê, Olorum.

"Obaluaiê", de Abigail Moura, gravação de Abigail Moura e sua Orquestra, disco 78 rpm, Odeon, 1951. Ref.: Obaluaê, orixá.

"Obé", de Herivelto Martins, gravação de Trio de Ouro, disco 78 rpm, Odeon, 1944. Ref.: macumba.

"Obrigado, Preta Velha", de Osny Silva e J. Neves, gravação de Osny Silva, disco *Ogum Beira Mar*, Copacabana, 1983. Ref.: preta velha, macumba.

"Odilê Odilá", de Martinho da Vila e João Bosco, gravação de João Bosco, disco *Cabeça de nego*, Polygram, 1986. Ref.: preto velho, marafo, axé.

"Odoiá", de Wando e Chico de Assis, gravação de Wando, disco *Wando*, Beverly, 1976. Ref.: Iemanjá, iaô.

"Odòiyá", de Nelson Rufino e João Rios, gravação de Neguinho da Beija-Flor, disco *A voz da massa*, CBS, 1986. Ref.: Odoiá, Iemanjá.

"Odum", de Walter Queiroz, gravação de Maria Creuza, disco *Maria Creuza*, RCA, 1980. Ref.: Xangô, Iemanjá, odu.

"Ofá", de Roberto Mendes, gravação de Maria Bethânia, disco *Maria*, RCA-BMG-Ariola, 1988. Ref.: ofá, Olorum.

"Ogum", de Amor (Getúlio Marinho da Silva), gravação de Amor

(Getúlio Marinho da Silva) e Conjunto Africano, disco 78 rpm, Odeon, 1930. Ref.: Ogum.

"Ogum", de Milton Bittencourt, gravação de Quarteto de Bronze, disco 78 rpm, Odeon, 1945. Ref.: Ogum.

"Ogum Beira Mar", de Osny Silva, gravação de Osny Silva, disco *Ogum Beira Mar*, Copacabana, 1983. Ref.: Ogum.

"Ogum Beira-Mar", de Rossini Pacheco, gravação de Cléber Figueiredo, disco 78 rpm, Colúmbia, 1954. Ref.: Ogum.

"Ogum de Malê", de Laesse Miranda e Antônio Nunes, gravação de Jackson do Pandeiro, disco 78 rpm, Colúmbia, 1960. Ref.: Ogum.

"Ogum e Iemanjá", de Nivaldo Lima e Hélio Verri, gravação de Gilberto Alves, disco 78 rpm, Copacabana, 1961. Ref.: Ogum, Iemanjá.

"Ogum é São Jorge", de Roberto Martins e Ari Monteiro, gravação de Anjos do Inferno, disco 78 rpm, RCA-Victor, 1952. Ref.: Ogum.

"Ogum general de umbanda", de Henrique Gonçalez, gravação de Jamelão com Orquestra, disco 78 rpm, Continental, 1955. Ref.: terreiro, Ogum, saravá, Aruanda, umbanda.

"Ogum Iê", de Alcebíades Nogueira e Átila Nunes, gravação de Rangelito, disco 78 rpm, Sinter, 1955. Ref.: Ogum.

"Ogum Megê", de J. B. de Carvalho e Zé Ferreira, gravação de J. B. de Carvalho, disco 78 rpm, RCA-Victor, 1957. Ref.: Ogum.

"Ogum Megê, Meu Pai", de J. B. de Carvalho e Álvaro F. Gonçalves, gravação de J. B. de Carvalho e seus Caboclos, disco 78 rpm, Continental, 1961. Ref.: Ogum.

"Ogum Melé", de João da Baiana, gravação de João da Baiana e seu Terreiro, disco 78 rpm, Sinter, 1957. Ref.: Ogum.

"Ogum meu pai", de César Brasil e Otávio Faria, gravação de J. B. de Carvalho, disco 78 rpm, Continental, 1961. Ref.: Ogum.

"Ogum Nilê" de João da Baiana e Raul Carrazatto, gravação de Trigêmeos Vocalistas, disco 78 rpm, Odeon, 1950. Ref.: Ogum.

"Ogum pai", de Mateus e Dadinho, gravação de Os Tincoãs, disco *O Africanto dos Tincoãs*, RCA, 1975. Ref.: Ogum, Olorum.

"Ogum Rendeiro", de Sussu e Arlindo Sampaio, gravação de Sussu, disco 78 rpm, Odeon, 1956. Ref.: Ogum.

"Ogum Rompe Mato", de Sussu, gravação de Conjunto Star, disco 78 rpm, Star, 1950. Ref.: Ogum Rompe Mato, umbanda.

"Ogum Sete Ondas", de J. B. de Carvalho e Pedro Nascimento, gravação de J. B. de Carvalho, disco 78 rpm, Continental, 1961. Ref.: Ogum Sete Ondas, linha de umbanda.

"Ogum Yara", de J. B. de Carvalho, gravação de J. B. de Carvalho com Conjunto, disco 78 rpm, Todamérica, 1961. Ref.: Ogum Megê, Ogum Iara, umbanda.

"Ogum-Yara", de Jorge Fernandes e Leo Peralta, gravação de Jorge Fernandes, disco 78 rpm, Sinter, 1956. Ref.: Ogum.

"Ogun no me dá", de Sussu, gravação de Conjunto Star, disco 78 rpm, Star, 1950. Ref.: Ogum.

"Ogundê", de domínio público, adaptação de Mateus e Dadinho, gravação de Os Tincoãs, disco *Os Tincoãs*, Jangada, 1973. Ref.: Ogunjá.

"Oi, macumba", de Aurora Lemos, gravação de Antenor Silva e seu Grupo, disco 78 rpm, Arte Fone, 1930-9. Ref.: macumba, terreiro.

"Olhando o Pixinguinha", de Vicente Barreto e Celso Viáfora, gravação de Celso Viáfora, disco *Paixão Candeeira*, Dabliú, 1996. Ref.: orixás, mandinga.

"Olhos de Xangô", de Moraes Moreira e Fausto Nilo, gravação de Moraes Moreira, disco *Tocando a vida*, 1985. Ref.: Xangô, Oxalá, feitiço.

"Olodum no balanço das águas", de Reni Veneno, gravação de Olodum, disco *Da Atlântida à Bahia — o Mar é o Caminho*, Continental, 1991. Ref.: Iemanjá, Olodumare.

"Olodum Ologbom", de Tita Lopes e Lazinho, gravação de Olodum, disco *Do Nordeste do Saara ao Nordeste brasileiro*, Continental, 1989. Ref.: odus.

"Olodum origem negra nagô", de Paulinho Camafeu e Pepeu Gomes, gravação de Pepeu Gomes, disco *Um raio laser*, WEA, 1982. Ref.: Ogum, Omulu, Iansã, Oxóssi, Oxalá.

"Onde o Rio é mais baiano", de Caetano Veloso, gravação de Caetano Veloso, disco *Livro*, Polygram, 1998. Ref.: Iemanjá.

"Oniká", de domínio público, gravação de Brasiliana Demiécio Arkanasy, disco 78 rpm, Polydor, 1958. Ref.: bori.

"Opachorô", de Gilberto Gil, gravação de Gilberto Gil, disco *Quanta*, WEA, 1997. Ref.: Oxalá, opaxorô.

"Oração a Mãe Menininha", de Dorival Caymmi, gravação de Gal Costa e Maria Bethânia, disco *Doces Bárbaros*, Polygram, 1973. Ref.: Olorum, Oxum, Mãe Menininha do Gantois.

"Oração ao Tempo", de Caetano Veloso, gravação de Caetano Veloso, disco *Cinema Transcendental*, Polygram, 1979. Ref.: Tempo (inquice).

"Oração do guerreiro", de Luiz Peixoto e Hekel Tavares, gravação de Inezita Barroso e Regional do Caçulinha, disco *Vamos falar de Brasil novamente*, Copacabana, 1966. Ref.: umbanda, encruzilhadas, Iemanjá.

"Oração pela libertação da África do Sul", de Gilberto Gil, gravação de Gilberto Gil, disco *Dia Dorim noite neon*, WEA, 1985. Ref.: Oxalufã.

"Orixalá", de Jeane Siqueira, gravação de Afoxé Oxum Pandá, disco *Não há silêncio*, Ciranda Records, 2000. Ref.: Orixalá.

"Oro mi mayo", de Antonio Carlos e Jocafi, gravação de Antonio Carlos e Jocafi, disco *Trabalho de base*, RCA, 1980. Ref.: Oxum.

"Orobô", de Cícero de Almeida, gravação de Gusmão Lobo, disco 78 rpm, Odeon, 1930. Ref.: orobô.

"Os deuses afro", de Mário dos Santos, gravação de Maria Aparecida, disco *Foram 17 anos*, CID, 1980 C. Ref.: Xangô, Oxaguiã, Olodumare, Erê.

"Oslodum", de Rodolfo Stroeter e Gilberto Gil, gravação de Gilberto Gil, disco *O sol de Oslo*, Pau Brasil, 1998. Ref.: Xangô.

"Ossaim (Bamboxê)", de Jocafi, Antonio Carlos e Ildázio Tavares, gravação de Antonio Carlos e Jocafi, disco *Trabalho de base*, RCA, 1980. Ref.: Ossaim.

"Ossain", de Antonio Carlos, Jocafi e Tavares, gravação de Maria Creuza, disco *Maria Creuza*, RGE, 1972. Ref.: Ossaim.

"Oxaguiã", de André Luiz de Oliveira, gravação de Banda Reflexu's, disco *Kabiêssele*, EMI-Odeon, 1989. Ref.: Oxalá, Oxaguiã.

"Oxalá", de Moraes Moreira e Paulo Leminski, gravação de Moraes Moreira, disco *Pintando o oito*, Polygram, 1983. Ref.: Oxalá.

"Oxalá", de Pernambuco e Marino Pinto, gravação de Leny Eversong, disco 78 rpm, Copacabana, 1956. Ref.: Oxalá.

"Oxalá está chamando", de Sussu e Henrique Gonçalez, gravação de Sussu, disco 78 rpm, Odeon, 1957. Ref.: Oxalá.

"Oxalá meu pai", de domínio público, versão de André Abujamra, gravação de Grupo Karnak, disco *Karnak*, Polygram, 1996. Ref.: Oxalá.

"Oxalá venha me ajudar", de Osny Silva e J. Neves, gravação de Osny Silva, disco *Ogum Beira Mar*, Copacabana, 1983. Ref.: Oxalá.

"Oxóssi", de domínio público, gravação de Gerônimo, disco *Gerônimo*, Continental, 1988. Ref.: Oxóssi.

"Oxóssi", de Wando, gravação de Wando, disco *Coisa cristalina*, Som Livre, 1983. Ref.: Oxóssi, Oxum, Oxalá, axé.

"Oxóssi rei", de Antonio Carlos e Jocafi, gravação de Antonio Carlos e Jocafi, disco *Louvado seja*, RCA, 1977. Ref.: Oxóssi, Oxum, Axé Opô Afonjá.

"Oxóssi te chama", de Mateus e Dadinho, gravação de Os Tincoãs, disco *O Africanto dos Tincoãs*, RCA, 1975. Ref.: Babá, búzios, Oxóssi, Sindorerê, Oxalá.

"Oxum", de Johnny Alf, gravação de Zezé Motta, disco *Dengo*, WEA, 1980. Ref.: Xangô, Oxum.

"Oxum mulher", de Jorge Alfredo e Chico Evangelista, gravação de Jorge Alfredo e Chico Evangelista, disco *Bahia Jamaica*, Copacabana, 1980. Ref.: Oxum.

"Oxum Pandá", de Jeane Siqueira, gravação de Afoxé Oxum Pandá, disco *Não há silêncio*, Ciranda Records, 2000. Ref.: Oxum.

"Oxumaré", de Dedé da Portela e Sergio Fonseca, gravação de Os Batuqueiros, disco *Os Batuqueiros*, RCA, 1976. Ref.: Oxumarê, Iemanjá.

"Oxumaré", de J. B. de Carvalho e Otávio Faria, gravação de J. B. de Carvalho, disco 78 rpm, Continental, 1961. Ref.: Oxumarê.

"Oxumarê, a Lenda do Arco-Íris", de Zé Catimba, Guga, Toninho e Sereno, gravação de Zé Catimba, disco compacto, Capitol, 1978. Ref.: Pai Oxalá, Oxumarê.

"Pae Miguel", de Carlos de Souza e Ely de Almeida, gravação de Patrício Teixeira, disco 78 rpm, RCA, 1943. Ref.: macumbeiro, feiticeiro, despacho, encruzilhada.

"Pagode de mesa", de Gilson de Souza, gravação de J. B. Samba, disco *A rede*, Continental, 1988. Ref.: Iemanjá.

"Pai de Santo", de Raul Scandell, gravação de Grupo Alma do Norte, disco 78 rpm, Odeon, 1930. Ref.: pai de santo.

"Pai Joaquim d'Angola", de Ataulfo Alves, gravação de Ataulfo Alves e suas Pastoras, disco 78 rpm, Sinter, 1955. Ref.: saravá, terreiro, Pai Joaquim.

"Pai Miguel", de Bucy Moreira e Carlos de Souza, gravação de Patrício Teixeira com Regional, disco 78 rpm, Victor, 1943. Ref.: macumbeiro, feitiço, Pai Miguel, despacho, encruzilhada, descarregar.

"Pai Orixá", de Edgar Ferreira, gravação de Jackson do Pandeiro com Regional e Coro, disco 78 rpm, Copacabana, 1955. Ref.: terreiro, orixá, Ogum, saravá.

"Pai Xangô", de Henrique de Almeida, Estanislau Silva e J. B. de Carvalho, gravação de J. B. de Carvalho com Conjunto Tupy, disco 78 rpm, Odeon, 1961. Ref.: saravá, Xangô, terreiro, Aruanda, umbanda.

"Pai Xangô", de Luiz Wanderley e Kátia, gravação de Lincoln, disco *Lincoln*, EMI-Odeon, 1976. Ref.: Pai Xangô, orixás, Aruanda, umbanda, Oxalá.

"Paiol de ouro", de Alexandre Leão e Olival Matos, gravação de Maria Bethânia, disco *Memórias da pele*, Philips, 1989. Ref.: Oxum.

"Papoulas da Índia", de Ferdinando Jujuba, gravação de Banda Coração Tribal, disco *Banda Coração Tribal*, Virgin, 1997. Ref.: candomblé, Oxalá.

"Paxorô", de Moraes Moreira e Charles Negrita, gravação de Moraes Moreira, disco *Moraes Moreira*, Ariola, 1981. Ref.: Obalufã (Oxalá).

"Paz no mundo", de T. Beaubrun Jr., M. Beaubrun, D. Beaubrun e E. François, gravação de Margareth Menezes, disco *Kindala*, Mango, 1991. Ref.: Oxalá, iaô.

"Pé de coelho", de Nazareno e Cristina McIntyre, gravação de Nazareno, disco *Nazareno*, Chantecler, 1978. Ref.: patuá, mandinga, fechou o corpo.

"Pé de prédio", de Carlinhos Brown e Ninha, gravação de Timbalada, disco *Andei road*, Polygram, 1995. Ref.: Ogum.

"Pedra e areia", de Lenine e Dudu Falcão, gravação de Lenine e Suzano, disco *Olho de Peixe*, Velas, 1993. Ref.: Iemanjá.

"Pedras de luz", de Ythamar Tropicália, Arandas Jr. e Pwalé, gravação de Banda Reflexu's, disco *Kabiêssile*, EMI-Odeon, 1989. Ref.: orixás.

"Pega que oh...!", de Rudnei Monteiro e Edmundo Carôso, gravação de Companhia Clic, disco *Companhia Clic*, Eldorado, 1989. Ref.: mandinga.

"Peixinho do mar", de Babi e Arávia de Oliveira, gravação de Inezita Barroso e Regional do Caçulinha, disco *Vamos falar de Brasil novamente*, Copacabana, 1966. Ref.: sereia do mar, saravá.

"Pela Internet", de Gilberto Gil, gravação de Gilberto Gil, disco *Quanta*, WEA, 1997. Ref.: oriqui, orixá.

"Pelas capitais", de Moraes Moreira e Jorge Mautner, gravação de Moraes Moreira, disco *Lá vem o Brasil descendo a ladeira*, Som Livre, 1979. Ref.: Xangô.

"Pelo telefone", de Donga (Ernesto Joaquim Maria dos Santos) e Mauro de Almeida, gravação de Donga, disco 78 rpm, Casa Edson do Rio de Janeiro, 1916. Ref.: feitiço.

"Pelourinho, cultura africanizada", de Germano Meneguel, gravação de Olodum, disco *Da Atlântida à Bahia — o Mar é o Caminho*, Continental, 1991. Ref.: Emoriô.

"Pelourinho, negritude e magia", de Labre e Geraldo de Lima, gravação de Jovelina Pérola Negra, disco *Sangue bom*, RGE, 1991. Ref.: Obatalá, Obá, Odudua, Orunmilá, Catendê.

"Pena Branca", de J. B. de Carvalho e Ângelo Dantas, gravação de J. B. de Carvalho, disco *Macumba, canjerê, candomblé*, Musicolor, 1961. Ref.: Caboclo Pena Branca.

"Pena Verde", de J. B. de Carvalho e Ângelo Dantas, gravação de J. B. de Carvalho, disco 78 rpm, Continental, 1961. Ref.: Caboclo Pena Verde.

"Pensamento iorubá", de Moraes Moreira, gravação de Zezé Motta, disco *Negritude*, WEA, 1979. Ref.: egum, axé, orixá.

"Perfume de Guiné", de Toninho de Carvalho e Byll Rosa, gravação de Arte Final, disco *Reunião de Amigos*, Produção SPC, s.d. Ref.: orixás, feitiço, preto velho, axé.

"Pernambuco", de Cezão e Pedro Rainha, gravação de Eliana Pittman, disco *Eliana Pittman*, Imperial, 1972. Ref.: umbanda, candomblé.

"Pérola de Agonitá", de Gerson Alves e Mhariazzinha, gravação de Os Maneiros, disco *Samba pre-*

ferência popular, AMC-Beverly--Copacabana, 1977. Ref.: Oxalá, Oxum, Nanã, Xangô, cigana.

"Pessoa nefasta", de Gilberto Gil, gravação de Gilberto Gil, disco *Raça humana*, WEA, 1984. Ref.: guia.

"Pimba na pitomba", de Luiz Grande, gravação de João Nogueira, disco *De amor é bom*, RCA, 1985. Ref.: mandinga, descarga.

"Pisa, baiana", de Irmãos Valença, gravação de Carlos Galhardo, disco 78 rpm, Victor, 1938. Ref.: macumba.

"Pisei na linha do Congo", de domínio público, gravação de Ely Camargo, disco *Folclore do Brasil*, Chantecler, 1955. Ref.: linha do Congo, Aruê.

"Pisei num despacho", de Geraldo Pereira e Elpídio Viana, gravação de Ciro Monteiro, disco 78 rpm, RCA-Victor, 1947. Ref.: despacho, pai de santo, banho de ervas.

"Plantas", de Vevé Calazans, gravação de Vevé Calazans, disco *Vevé Calazans*, Nova República, 1986. Ref.: Oxóssi, Ogum, Oxalá.

"Pomba Gira", de J. B. de Carvalho e Jorge Nóbrega, gravação de J. B. de Carvalho, disco 78 rpm, Victor, 1936. Ref.: Pombagira.

"Ponto", de Wando, gravação de Wando, disco *Bem-vindo*, Philips, 1980. Ref.: Iemanjá, Xangô, Ogum, Obaluaê, mãe de santo.

"Ponto de Exu", de domínio público, gravação de Elói Antero Dias e Amor (Getúlio Marinho da Silva), disco 78 rpm, Odeon, 1930. Ref.: Exu.

"Ponto de Inhassan", de domínio público, gravação de Elói Antero Dias e Amor (Getúlio Marinho da Silva), disco 78 rpm, Odeon, 1930. Ref.: Iansã.

"Ponto de Ogum", de domínio popular, gravação de Elói Antero Dias e Amor (Getúlio Marinho da Silva), disco 78 rpm, Odeon, 1930. Ref.: Ogum.

"Ponto de Oxóssi", de domínio público, gravação de Maria Bethânia, disco *Origens*, EMI, 1968. Ref.: Oxalá, caçador.

"Ponto do Guerreiro Branco", de domínio público, gravação de Maria Bethânia, disco *Nada além*, EMI-Odeon, 1968. Ref.: caboclo.

"Pôr do sol", de Beto Jamaica, Moço e Ademário, gravação de Banda Relógio, disco *Banda Relógio*, RCA, 1993. Ref.: Iemanjá.

"Porto de Araújo", de Guinga e Paulo César Pinheiro, gravação de Miúcha, disco *Miúcha*, Continental, 1988. Ref.: Nanã.

"Pra Iemanjá levar", de Délcio Carvalho, gravação de Noriel Vilela, disco *Eis o ôme*, EMI, 1969. Ref.: Iemanjá.

"Praia da Amaralina", de Castilho de Assis, gravação de Dorival Caymmi, disco *Caymmi*, Odeon, 1967. Ref.: Iemanjá.

"Praias de pedra e pranto", de Dedé da Portela e Sérgio Fonseca, gravação de Nadinho da Ilha, disco *Aluou, serenou, violonou, o samba serestou*, EMI-Odeon, 1975. Ref.: Iemanjá.

"Prato de axé", de Pierre Onassis e Augusto Conceição, gravação de Pierre Onassis, disco *É de apaixonar*, Continental, 1996. Ref.: axé.

"Prece a Mamãe Oxum", de J. M. Alves, gravação de Maria do Carmo, disco 78 rpm, Califórnia, 1962. Ref.: Oxum, umbanda.

"Prece a Xangô", de Nelson Rufino e Zé Luiz, gravação de Roberto Ribeiro, disco compacto, EMI-Odeon, 1977. Ref.: Xangô, orixá.

"Pretaporter de tafetá", de João Bosco e Aldir Blanc, gravação de Os Cariocas, disco *Reconquistar*, WEA, 1992. Ref.: patuá, saravá.

"Preto Velho", de Custódio Mesquita e Jorge Faraj, gravação de Carlos Galhardo, disco 78 rpm, RCA-Victor, 1952. Ref.: preto velho.

"Preto Velho", de Sussu e Cicica, gravação de Sussu, disco *Preto velho*, Tropicana, 1972. Ref.: preto velho, saravá, congá, umbanda, Xangô.

"Privação de sentido", de Tavito e Aldir Blanc, gravação de Watusi, disco *Por causa de você*, Som Livre, 1993. Ref.: Pombagira.

"Promessa ao Gantois", de Mateus e Dadinho, gravação de Os Tincoãs, disco *O Africanto dos Tincoãs*, RCA, 1975. Ref.: Gantois, Oxum.

"Promessa de pescador", de Dorival Caymmi, gravação de Dorival Caymmi, disco 78 rpm, Odeon, 1939. Ref.: Iemanjá.

"Quando os deuses dançam", de Ferdinando Jujuba, gravação de Banda Coração Tribal, disco *Coração Tribal*, Virgin, 1997. Ref.: candomblés.

"Que baque é esse?", de Dandára Martins e Izamar, gravação de Claudênia Libânio, disco *Maracatu Atômico*, Cavalo Marinho, 2000. Ref.: erê.

"Que bom prato é vatapá", de Gilberto Gil, Galvão e Paulinho Boca de Cantor, gravação de Paulinho Boca de Cantor, disco *Paulinho Boca de Cantor*, Epic, 1979. Ref.: feitiço.

"Quê quê rê quê", de João da Baiana, gravação de João da Baiana e seu Terreiro, disco 78 rpm, Odeon, 1956. Ref.: saravá, macumba, congá, Ogum.

"Quem tá de ronda", de Príncipe Pretinho e Gastão Viana, gravação de Francisco Sena com os Diabos do Céu, disco 78 rpm, Victor, 1935. Ref.: Exu, Xangô, Oxalá, umbanda, congá.

"Quem vem pra beira do mar", de Dorival Caymmi, gravação de Dorival Caymmi, disco 78 rpm, Odeon, 1940. Ref.: Dona Janaína (Iemanjá).

"Quenda", de domínio público, gravação de Patrícia Amaral, disco *Trilha da novela Xica da Silva*, Bloch Som e Imagem, 1997. Ref.: Oxum.

"Quero voltar à Bahia", de Ary Barroso e Meira Guimarães, gravação de Jorge Goulart, disco 78 rpm, Continental, 1961. Ref.: Iemanjá, Xangô, Ogum, Obá.

"Quilombo dos Palmares", de Ythamar Tropicália, Valmir Brito e Gibi, gravação de Banda Reflexu's, disco *Serpente negra*, EMI, 1988. Ref.: Oiá, Obá, Obatalá, Olorum.

"Quilombos", de Lenine, gravação de Batacotô, disco *Batacotô*, Vilas, 1993. Ref.: atabaques, macumba.

"Quizumba de rei", de Ruy Maurity e José Jorge, gravação de Ruy Maurity, disco *Nem ouro, nem prata*, Som Livre, 1976. Ref.: Ogum.

"Raça negra", de Dito e Jorge Zarath, gravação de Margareth Menezes, disco *Luz Dourada*, Polydor, 1993. Ref.: Olorum, Iemanjá, Oxum, Oxalá, Iansã.

"Rainha do mar", de Rosangela e Bentana, gravação de Lincoln, disco *Lincoln*, EMI-Odeon, 1975. Ref.: Iemanjá, Oxalá, Oxóssi, Ogum, Gantois.

"Rainha do mar", de Wilson Japiassu, gravação de Banda Mel, disco *Banda Mel*, Continental, 1992. Ref.: Iemanjá.

"Rainha do Omolocô", de Henrique Gonçalez, gravação de Honório Santos, disco 78 rpm, Polydor, 1959. Ref.: Oxum.

"Rainha negra", de Moacyr Luz e Aldir Blanc, gravação de Maria Bethânia, disco *Olho d'água*, Polygram, 1992. Ref.: os deuses negros, Ogum, Orunmilá.

"Raiz", de Roberto Mendes e Jota Veloso, gravação de Gal Costa, disco *Gal*, BMG-Ariola, 1992. Ref.: Ogum.

"Rancho da goiabada", de João Bosco e Aldir Blanc, gravação de João Bosco, disco *Galo de briga*, RCA, 1973. Ref.: pais de santo.

"Recado de Iemanjá", de Stellinha Egg Roskilde, gravação de Stellinha Egg, disco 78 rpm, RCA-Victor, 1954. Ref.: Iemanjá.

"Rei de umbanda", de Amor (Getúlio Marinho da Silva), gravação de Moreira da Silva, disco 78 rpm, Odeon, 1931. Ref.: macumba, ponto de umbanda.

"Rei n'Aruanda", de Abigail Moura, gravação de Orquestra Afro-Brasileira, disco *Orquestra Afro-Brasileira*, CBS, 1968. Ref.: umbanda, Aruanda, orixá, Ibeji.

"Rei Oxalá", de Henrique Gonçalez, gravação de Honório Santos, disco 78 rpm, Todamérica, 1959. Ref.: Oxalá.

"Rei Oxalá", de Sussu e O. Silva, gravação de Sussu, disco 78 rpm, Odeon, 1954. Ref.: Oxalá.

"Renda de Prata", de Mário Gil e Paulo César Pinheiro, gravação de Mário Gil, disco *Cantos do Mar*, Dabliú, 1997. Ref.: Iemanjá.

"Réquiem pra Mãe Menininha do Gantois", de Gilberto Gil, gravação de Gilberto Gil, disco *O eterno Deus Mu dança*, WEA, 1989. Ref.: Mãe Menininha do Gantois, Oxum.

"Revertério", de Tom e Dito, gravação de Tom e Dito, disco *Revertério*, Continental, 1976. Ref.: santo, corpo fechado, feitiço.

"Revolta Olodum", de José Olissom e Domingos Sérgio, gravação de Banda Mel, disco *Prefixo de Verão*, Continental, 1990. Ref.: mandinga, búzios.

"Reza da noite e Durê", de domínio popular, adaptação de Onias Camardelli, gravação de Grupo Zambo, disco *Bahia, Grupo Zambo*, Discos Marcus Pereira, 1976. Ref.: quimbanda, Oxaguiã, Oxalufã.

"Rio Grande do Sul na Festa do Preto Fôrro", de Nilo Mendes e Dario Marciano, gravação de Beth Carvalho, disco *Beth Carvalho*, Imperial, 1971. Ref.: saravá, orixás.

"Rock comendo cereja", de Jorge Mautner e Nelson Jacobina, gravação de Jorge Mautner, disco *Antimaldito*, Nova República, 1985. Ref.: saravá, axé, colofé.

"Roda baiana", de Pitter Pitter e Kid Bayano, gravação de Kid Bayano, disco compacto, EMI-Odeon, 1975. Ref.: candomblé.

"Rosa Preta", de Vicente Barreto e Paulê, gravação de Vicente Barreto, disco *Assim tão moço*, Fonte, 1980. Ref.: Oxalá.

"Rosas pra Iemanjá", de Jeane Siqueira, gravação de Afoxé Oxum Pandá, disco *Não há silêncio*, Ciranda Records, 2000. Ref.: Iemanjá, orixá.

"Sagrado batuque", de Lula, gravação de Lazzo, disco *Filho da terra*, Polydor, 1985. Ref.: batuque sagrado, axé.

"Sai de baixo", de Eduardo Marques, gravação de Clementina de Jesus, disco *Marinheiro só*, Odeon, 1973. Ref.: cambondo de orixá.

"Sai Exu", de Donga, gravação de Bahiano, disco 78 rpm, Odeon, 1920-9. Ref.: Exu.

"Salvador não inerte", de Betão Jamaica e Bobôco, gravação de Olodum, disco *Olodum Egito Madagascar*, Continental, 1987. Ref.: axé, Aganju, alujá.

"Salve a Bahia", de Ataulfo Alves, gravação de Ataulfo Alves, disco 78 rpm, Odeon, 1943. Ref.: candomblé.

"Salve a Bahia", de João Nogueira e Edil Pacheco, gravação de Jair Rodrigues, disco *Estou lhe devendo um sorriso*, Polygram, 1980. Ref.: Iemanjá, axé.

"Salve as folhas", de Gerônimo e Ildásio Tavares, gravação de Gerônimo, disco *Gerônimo*, Continental, 1988. Ref.: orixá, transe, folhas.

"Salve Boiadeiro", de Osny Silva e J. Neves, gravação de Osny Silva, disco *Ogum Beira Mar*, Copacabana, 1983. Ref.: boiadeiro (caboclo).

"Salve o negro nagô", de Luiz Caldas, gravação de Luiz Caldas, disco *Lá vem o guarda*, Polydor, 1987. Ref.: terreiro, Oxalá.

"Salve o reino de Oxóssi", de Henrique Gonçalez, gravação de Honório Santos, disco 78 rpm, Polydor, 1959. Ref.: Oxóssi.

"Salve Ogum (São Jorge)", de J. B. de Carvalho, gravação de J. B. de Carvalho, disco 78 rpm, Continental, 1961. Ref.: Ogum, gira, umbanda, filho de umbanda.

"Salve Ogum", de Pernambuco e Mário Rossi, gravação de Dircinha Batista, disco 78 rpm, Odeon, 1948. Ref.: Ogum.

"Salve Salvador", de Armandinho e Jackson Roberto de Souza Marques, gravação de Dodô e Osmar, Armandinho, disco *Folia Elétrica*, Som Livre, 1982. Ref.: axé.

"Samba da bênção", de Baden Powell e Vinicius de Moraes, gravação de Vinicius de Moraes, disco *Kaleidoscópio nº 2*, Elenco, 1965. Ref.: Xangô, Mãe Senhora, ialorixá, saravá, Oxum.

"Samba de arerê", de Xande de Pilares, Arlindo Cruz e Mauro Júnior, gravação de Beth Carvalho, disco *Pagode de Mesa ao vivo*, Universal, 1999. Ref.: axé.

"Samba de roda na beira do mar", de Mário Gil e Paulo César Pinheiro, gravação de Mário Gil, disco *Cantos do Mar*, Dabliú, 1997. Ref.: Iemanjá.

"Samba do avião", de Antonio Carlos Jobim, gravação de Miúcha e Antonio Carlos Jobim, disco *Miúcha e Antonio Carlos Jobim*, RCA-Victor, 1977. Ref.: Xangô.

"Samba do carioca", de Carlos Lyra e Vinicius de Moraes, gravação de Elis Regina, Jair Rodrigues, disco *Dois na Bossa*, Polygram, 1965. Ref.: Xangô.

"Samba do grande amor", de Chico Buarque de Hollanda, gravação de Chico Buarque, disco *Chico Buarque*, Barclay Discos, 1984. Ref.: Oxumarê.

"Samba dos ancestrais", de Martinho da Vila e Rosinha de Valença, gravação de Martinho da Vila, disco *Samba dos ancestrais*, Velas, 1994. Ref.: axés dos ancestrais.

"Samba Duro Calolé", de Roberto Amaral Chaves, gravação de Timbalada, disco *Andei road*, Polygram, 1995. Ref.: babalorixá.

"Samba em Berlim com saliva de cobra", de João Bosco e Aldir Blanc, gravação de João Bosco, disco *Cabeça de nego*, Polygram, 1986. Ref.: Pombagira, cambono, terreiro.

"Samba lelê", de Paulo Barbosa, gravação de Carlos Galhardo, disco compacto, RCA-Victor, 1939. Ref.: moamba, batuque.

"Sambaê", de Ninha, Jaime Costa e Melodia Costa, gravação de Timbalada, disco *Dance*, Polygram, 1995. Ref.: casa de axé, axé.

"Sangue afro", de Tony Elias e Márcia Rodrigues, gravação de Márcia Rodrigues, disco *Girassol de fogo*, BMG, 1996. Ref.: axé.

"Santa Bárbara", de Heitor dos Prazeres, gravação de Heitor dos Prazeres e sua Gente, disco 78 rpm, Colúmbia, 1955. Ref.: Iansã.

"Santa Bárbara", de Nássara e Antônio Almeida, gravação de Black-

-Out com Severino Araújo e sua Orquestra Tabajara, disco 78 rpm, Continental, 1940-9. Ref.: babalaô, orixá, mãe d'água.

"Santa Clara, padroeira da televisão", de Caetano Veloso, gravação de Caetano Veloso, disco *Circuladô*, Polygram, 1991. Ref.: ialorixá, orixá.

"Santo Antônio no pegi", de Sussu, gravação de Conjunto Star, disco 78 rpm, Star, 1952. Ref.: Ogum.

"São João, Xangô Menino", de Gilberto Gil e Caetano Veloso, gravação de Gilberto Gil, disco *Gilberto Gil ao vivo — Montreux*, WEA, 1981. Ref.: Oxóssi, Xangô.

"São Jorge", de Claudinho Azevedo e Paulo César Pinheiro, gravação de Alcione, disco *Emoções reais*, RCA, 1992. Ref.: Ogum, Oxalá, Ogum Beira-Mar.

"São Jorge da Costa da Mina", de Romildo e Sérgio Fonseca, gravação de Agepê, disco *Agepê*, Philips, 1987. Ref.: pemba, terreiro.

"São Jorge Guerreiro", de Antonio Almeida, gravação de J. B. de Carvalho, disco *Macumba, canjerê, candomblé*, Musicolor, 1961. Ref.: Ogum.

"São Jorge Guerreiro", de J. B. de Carvalho e Amado Régis, gravação de J. B. de Carvalho e Conjunto Tupy, disco 78 rpm, Odeon, 1942. Ref.: Aruanda, saravá, umbanda.

"São Jorge Guerreiro", de Osny Silva e J. Neves, gravação de Osny Silva,
disco *Ogum Beira Mar*, Copacabana, 1983. Ref.: Nanã, Iemanjá, Odé, Ossaim, Oxalá, Jurema, Oiá, Ogum.

"Sapopemba e Maxambomba", de Nei Lopes e Wilson Moreira, gravação de Zeca Pagodinho, disco *Zeca Pagodinho — ao vivo*, Universal, 1999. Ref.: Joãozinho da Gomeia.

"Sarandamba", de Sussu e Cicica, gravação de Sussu, disco *Preto Velho*, Tropicana, 1972. Ref.: saravá, umbanda.

"Saravá", de Geraldo Queiroz e Nelson Trigueiro, gravação de Os Trovadores com José Pacheco e sua Orquestra, disco 78 rpm, Rio, 1950-9. Ref.: saravá, mandinga, patuá.

"Saravá", de J. Piedade e Jorge Martins, gravação de Gilberto Alves, disco 78 rpm, Copacabana, 1962. Ref.: saravá, umbanda.

"Saravá", de Zilda do Zé, Carvalhinho e Jorge Silva, gravação de Orlando Dias, disco *Monumento da música popular brasileira — V. 4: 1965*, EMI-Odeon, 1965. Ref.: Saravá, pai de santo, encanto, canjira, gira.

"Saravá à linha de Ogum", de Henrique Gonçalez, gravação de Honório Santos, disco 78 rpm, Polydor, 1959. Ref.: Ogum.

"Saravá filhos de umbanda", de Sussu, gravação de Conjunto Star, disco 78 rpm, Star, 1952. Ref.: umbanda.

"Saravá Inhaçã", de César Cruz e

Silvinha Dummont, gravação de J. B. de Carvalho, disco 78 rpm, RCA-Victor, 1957. Ref.: Iansã.

"Saravá o Endá", de Átila Nunes Bentinho, gravação de Jackson do Pandeiro, disco 78 rpm, Columbia, 1960. Ref.: saravá.

"Saravá Ogum", de S. Matos e Pereira Matos, gravação de Ruth Amaral, disco 78 rpm, Columbia, 1955. Ref.: Ogum Mejê, Rompe-Mato, Xangô, Ogum Iara, umbanda, Caboclo Vira-Mundo, saravá.

"Saravá Oxoce", de J. M. Alves, gravação de Araripe Barbosa, disco 78 rpm, Continental, 1963. Ref.: Oxóssi, saravá.

"Saravá seu Sete Flechas", de Rangelito e Arlindo Sampaio, gravação de Rangelito, disco 78 rpm, Sinter, 1955. Ref.: Caboclo Sete Flechas.

"Saravá Xangô", de Godão, gravação de Bicho Terra, disco *Bicho Terra*, NI, 1990. Ref.: saravá, Xangô.

"Saravando Xangô", de Avarese e Edenal Rodrigues, gravação de Noriel Vilela, disco *Eis o ôme*, EMI, 1969. Ref.: Xangô.

"Sargaço mar", de Dorival Caymmi, gravação de Dorival Caymmi, disco *Songbook Dorival Caymmi*, Lumiar Discos, 1993. Ref.: Iemanjá.

"Saudação a Cosme e Damião", de J. B. de Carvalho e Jarbas Assad, gravação de J. B. de Carvalho, disco 78 rpm, RCA-Victor, 1957. Ref.: Cosme e Damião (orixás gêmeos).

"Saudação a Iemanjá", de João da Baiana, gravação de João da Baiana e seu Terreiro, disco *Saravá Yemanjá*, Philips, 1930-9. Ref.: Iemanjá.

"Saudação à Mãe Menininha", de Osny Silva, J. Neves e Carlos Santal, gravação de Osny Silva, disco *Ogum Beira Mar*, Copacabana, 1983. Ref.: Mãe Menininha, Iemanjá, Nanã, ogãs, Gantois.

"Saudação a Toco Preto", de Candeia, gravação de Candeia, disco *Seguinte...: raiz*, Equipe, 1968. Ref.: Obá, Exu, mandinga, patuá.

"Saudação a Yemanjá", de João da Baiana, gravação de João da Baiana e seu Terreiro, disco 78 rpm, Odeon, 1956. Ref.: Ogum, Oxalá, Iemanjá.

"Saudação aos orixás", de domínio público, gravação de Orquestra Afro-Brasileira, disco *Orquestra Afro-Brasileira*, CBS, 1968. Ref.: Oxalá, Odudua, Elegbara, Oiá, Ibeji.

"Saudação aos orixás", de Mateus e Dadinho, gravação de Os Tincoãs, disco *Os Tincoãs*, Jangada, 1973. Ref.: orixás, Obaluaê, Senhor das Matas, Juremeiro.

"Saudação aos povos africanos", de Mãe Menininha do Gantois, gravação de Gal Costa, disco *Gal*, BMG-Ariola, 1992.

"Saudades da Bahia", de Jair Gonçalves, gravação de Vagalumes do Luar, disco 78 rpm, Continental, 1951. Ref.: terreiro, moamba.

"Saudades da Guanabara", de Moacyr Luz, Aldir Blanc e Paulo César Pinheiro, gravação de Aldir Blanc, disco *Aldir Blanc — 50 anos*, Alma, 1996. Ref.: Oxum, Oxumarê.

"Savassi", de Carlinhos Brown e Durval Caldas, gravação de Chiclete com Banana, disco *Chiclete com Banana*, BMG, 1992. Ref.: Olga do Alaketu, alabê, Matamba.

"Se não for com você", de Jeane Siqueira, gravação de Afoxé Oxum Pandá, disco *Não há silêncio*, Ciranda Records, 2000. Ref.: Nanã, Orixalá, Oxum, Iemanjá.

"Segunda-feira das almas", de Ruy Maurity e José Jorge, gravação de Eliana Pittman, disco *Eliana Pittman*, Imperial, 1972. Ref.: feitiço.

"Segura este samba (Ogunhê)", de Osvaldo Nunes, gravação de Nelsinho e sua orquestra, disco *Brazilian Beat*, v. 3, Londres, 1968. Ref.: Ogunhê.

"Segura eu", de Jeane Siqueira, gravação de Afoxé Oxum Pandá, disco *Não há silêncio*, Ciranda Records, 2000. Ref.: Pai Oxalá.

"Sem Deus com a família", de César Roldão Vieira, gravação de Elis Regina, disco *Dois na bossa*, Philips, 1965. Ref.: Iemanjá.

"Senhora das Candeias", de Romildo e Toninho, gravação de Clara Nunes, disco *As forças da natureza*, EMI-Odeon, 1977. Ref.: Oxum.

"Senhora das estrelas", de Eduardo Gudin e Fernando Brant, gravação de Eduardo Gudin, disco *Ensaio do dia*, Continental, 1984. Ref.: Iemanjá.

"Senhora Mãe Menininha", de Tatu, Nezinho e Campo, gravação de Sapoty da Mangueira, disco *Nega atrevida*, Polydor, 1975. Ref.: Mãe Menininha do Gantois, Mamãe Oxum, Olorum, iaôs, axé.

"Senzala do Barro Preto", de Tonho Matéria, gravação de Banda Mel, disco *Mãe Preta*, Continental, 1993. Ref.: Nanã, Gantois.

"Separatismo não", de Caj Carlão, gravação de Adelson e Ilê Ayê, disco *Canto negro*, Eldorado, 1989. Ref.: Obá.

"Ser baiano", de Moraes Moreira e Saul Barbosa, gravação de Moraes Moreira, disco *Tem um pé no Pelô*, Polygram, 1996. Ref.: candomblé.

"Serafim", de Gilberto Gil, gravação de Gilberto Gil, disco *Parabolicamará*, WEA, 1991. Ref.: Ogum, Xangô, Iansã, Exu, Olorum.

"Sereia", de Amor (Getúlio Marinho) e João da Baiana, gravação de João da Baiana e seu Conjuno, disco 78 rpm, Victor, 1930-9. Ref.: Oxalá, Iemanjá.

"Serpente negra", de Ythamar Tropicália, Gibi, Valmir Brito e Roque Carvalho, gravação de Banda Reflexu's, disco *Serpente negra*, EMI, 1988. Ref.: babalaô, Odé Caçador, Oxumarê.

"Sete cavaleiros", de Ruy Maurity e José Jorge, gravação de Ruy

Maurity, disco *Ganga Brasil*, Som Livre, 1977. Ref.: Obatalá, Ogum, feiticeiros.

"Sete linhas", de Sidney da Conceição, gravação de Elza Soares, disco *Aquarela brasileira*, EMI-Odeon, 1973. Ref.: Iemanjá.

"Seu orirê", de Sussu e Cicica, gravação de Sussu, disco *Preto Velho*, Tropicana, 1972. Ref.: caboclo, Juremá.

"Severina Paraíso", de Jeane Siqueira, gravação de Afoxé Oxum Pandá, disco *Não há silêncio*, Ciranda Records, 2000. Ref.: Mãe Biu, Oiá, Ogum.

"Sexta-feira treze", de Sergio Ricardo, gravação de Sergio Ricardo, disco *Do lago à cachoeira*, Continental, 1979. Ref.: Pai de santo, Iemanjá.

"Sexy Yemanjá", de Pepeu Gomes e Tavinho Paes, gravação de Pepeu Gomes, disco *Pepeu Gomes*, WEA, 1993. Ref.: Iemanjá.

"Sim/não", de Caetano Veloso, gravação de Caetano Veloso, disco compacto, Polygram, 1981. Ref.: orixás.

"Sindorerê", de Candeia, gravação de Clara Nunes, disco *Alvorecer*, EMI-Odeon, 1974. Ref.: Odé, Mutalambô, Tatamirô.

"Siriê", de Edil Pacheco e Paulinho Diniz, gravação de Sapoty da Mangueira, disco *Nega atrevida*, Polydor, 1975. Ref.: Iemanjá.

"Sirrum", de Onias Camardelli, gravação de Grupo Zambo, disco *Bahia, Grupo Zambo*, Discos Marcus Pereira, 1976. Ref.: sirrum.

"Só chora quem ama", de Wilson Moreira e Nei Lopes, gravação de Nadinho da Ilha, Wilson Moreira, Délcio Carvalho, Walter Rosa, João Roberto Kelly, convidados, disco *Rio dá samba*, EMI-Odeon, 1977. Ref.: Vovó Cambinda, mandinga.

"Só chora quem ama", de Wilson Moreira e Nei Lopes, gravação de Nadinho da Ilha, disco *Cabeça feita*, EMI-Odeon, 1977. Ref.: mandinga.

"Só com pai de santo", de I. Kolman, gravação de J. Mário, disco 78 rpm, Odeon, 1932. Ref.: feitiço, pai de santo.

"Só o ôme", de Edenal Rodrigues, gravação de Noriel Vilela, disco *Eis o ôme*, EMI, 1969. Ref.: O Ôme (Exu).

"Só se fala na baiana", de César Siqueira, gravação de Marlene, disco 78 rpm, Continental, 1952. Ref.: roda de macumba.

"Só vai dar você e eu", de Durval Lélis e Cly Loylie, gravação de Chiclete com Banana, disco *13*, RCA, 1993. Ref.: Iemanjá.

"Soda com Cinzano", de Romildo e Toninho, gravação de Milena, disco *Sorriso aberto*, EMI-Odeon, 1975. Ref.: enfeitiçada, Bahia.

"Sonhos (Arrastão dos Pescadores)", de Ivan Lins e Vitor Martins, gravação de Simone, disco *Cristal*, CBS, 1985. Ref.: Iemanjá, sereias.

"Sorri pra Bahia", de Edil Pacheco, Luiz Melodia e Cardan Dantas, gravação de Luiz Melodia, disco *Felino*, Ariola, 1983. Ref.: Logum Edé.

"Suará", de J. B. de Carvalho e Jorge Nóbrega, gravação de J. B. de Carvalho e Conjunto Tupy, disco 78 rpm, RCA, 1940-9. Ref.: corpo fechado, terreiro.

"Suingue de verão", de Marcos Almeida, gravação de Banda Reflexu's, disco *Da mãe África*, EMI, 1987. Ref.: macumba.

"Tambor da Bahia", de Moraes Moreira, gravação de Moraes Moreira, disco *Terreiro do Mundo*, Polygram, 1993. Ref.: Mãe Menininha do Gantois, mãe de santo.

"Tambores na avenida", de Celso Bahia e Gilson Babilônia, gravação de Ara Ketu, disco *Ara Ketu de Periperi*, EMI-Odeon, 1993. Ref.: santo-guia.

"Tatamirô", de Toquinho e Vinicius de Moraes, gravação de Toquinho e Vinicius de Moraes, disco *São demais os perigos desta vida*, RGE, 1972. Ref.: Oxalá, Xangô, Ossaim, Ogum, Iansã, Oxum, Mãe Menininha do Gantois.

"Tem francesa no morro", de Assis Valente, gravação de Aracy Côrtes e Conjunto Rosa de Ouro, disco *Assis Valente — História da MPB*, Odeon, 1982. Ref.: macumbê, virada.

"Tema de fé", de Charles Negrita e Pepeu Gomes, gravação de Pepeu Gomes, disco *Pepeu Gomes*, WEA, 1981. Ref.: axé, Ogum, babalaô.

"Templo de tradições e fé", de Nilson Azevedo, Sebastião Adilson e Timbó, gravação de Nosso Samba, disco *Nosso samba*, EMI-Odeon, 1976. Ref.: candomblé, Iemanjá.

"Tenho fé Bahia", de Luiz Caldas e Carlinhos Caldas, gravação de Luiz Caldas, disco *Nós*, Polydor, 1990. Ref.: Oxalá, ialorixá, ogã.

"Terecô", de Beto Pereira e Erivaldo Gomes, gravação de Beto Pereira, disco *Terecô*, Cedro Music do Brasil, 1995. Ref.: terecô.

"Tereza Raquel", de Nenê da Timba e Marinho Ribeiro, gravação de Grupo Cravo e Canela, disco *Grupo Cravo e Canela*, Copacabana, 1985. Ref.: filha de umbanda.

"Terreiro de safado", de Gil de Carvalho, Tito Silva e Jô Poeta, gravação de Bezerra da Silva, disco *Partideiro da Pesada*, RCA, 1991. Ref.: terreiro, pai de santo, gira, despacho.

"Tetê", de Alê Ferreira, gravação de Bantus, disco *Bantus*, Indie Records, 1995. Ref.: babalorixás.

"Teu barco no meu mar", de Anderson Cunha, gravação de Banda Beijo, disco *Banda Beijo — ao vivo*, Globo-Polydor, 1998. Ref.: patuá.

"Tia Maria", de Luiz Ayrão e Sidney da Conceição, gravação de Luiz Ayrão, disco compacto, EMI-

-Odeon, 1975. Ref.: preta velha, mandingueira, mãe de santo.

"Timbó", de Ramon Russo, gravação de Jamelão, disco compacto, Continental, 1957. Ref.: feiticeiro, batuquejê.

"Tiro de misericórdia", de João Bosco e Aldir Blanc, gravação de João Bosco, disco *Tiro de misericórdia*, RCA, 1977. Ref.: Oxalufã, Xangô, Ogum, Oxóssi, Oxum, Iansã.

"Tô por aí", de Eduardo Gudin e Paulo César Pinheiro, gravação de Eduardo Gudin, disco *Eduardo Gudin*, EMI-Odeon, 1975. Ref.: Gantois.

"Todo mundo é preto", de Maria Aparecida Martins, gravação de Maria Aparecida, disco *Foram 17 anos*, CID, 1980 c. Ref.: terreiro.

"Tola e sentimental", de Gil Gerson, gravação de Marcia, disco *Eu só queria ser*, Pointer, 1983. Ref.: macumba.

"Toque de timbaleiro", de Nem Cardoso, gravação de Timbalada, disco *Timbalada*, Polygram, 1993. Ref.: orixás, candomblé.

"Tranca-Rua", de J. B. de Carvalho e Otávio Faria, gravação de J. B. de Carvalho, disco 78 rpm, Continental, 1961. Ref.: Exu.

"Três vendas", de Siba, gravação de Mestre Ambrósio, disco *Mestre Ambrósio*, Mestre Ambrósio Produções e Edições Musicais, 2000. Ref.: terreiro, Juremá.

"Tribal United Dance", de Carlinhos Brown, gravação de Carlinhos Brown, disco *Omelet Man*, EMI, 1998. Ref.: Xangô.

"Tributo aos orixás", de Mauro Duarte e Rubem Tavares, gravação de Clara Nunes, disco *Clara Clarice Clara*, EMI-Odeon, 1972. Ref.: orixás, umbanda, candomblé, terreiro.

"Trilaza", de Totonho, Alex e Cabral, gravação de Totonho, disco *Dia a dia*, TopTape, 1978. Ref.: atabaque, terreiro.

"Tristeza e solidão", de Baden Powell e Vinicius de Moraes, gravação de Baden Powell, Vinicius de Moraes, disco *Os afro-sambas*, Companhia Brasileira de Discos, 1966. Ref.: umbanda, babalaô.

"Tu és Olodum", de Sílvio e Guio, gravação de Olodum, disco *A música do Olodum (Banda Reggae)*, Continental, 1992. Ref.: Olodumare.

"Tuaregue e Nagô", de Lenine e Bráulio Tavares, gravação de Lenine e Suzano, disco *Olho de Peixe*, Velas, 1993. Ref.: ritos e mistérios nagôs.

"Tumba moleque", de G. Martins e Everaldo da Viola, gravação de Dicró, disco *O professor*, Continental, 1981. Ref.: despacho, feitiço, guia.

"Tyson free", de Fred Nascimento, Fausto Fawcett, Alexandre Agra e L. Kurban, gravação de Sublimes, disco *Sublimes*, Columbia, 1993. Ref.: Xangô.

"Ubirajara", de Sussu, gravação de Sussu, disco *Preto Velho*, Tropicana, 1972. Ref.: caboclo, Oxóssi.

"Um rolé pelo Brasil", de Pierre Onassis, gravação de Companhia do Pagode, disco *Psiu Psiu*, Polygram, 1998. Ref.: axé.

"Uma noite em Hong Kong", de Roberto de Carvalho, Júlio Barroso e Tavinho Paes, gravação de Rita Lee, disco *Rita Lee e Roberto de Carvalho*, EMI, 1990. Ref.: Ogum.

"Unicamente", de D. Blando, Repolho, A. Levin, C. Celli e G. Grody e E. Baptista, gravação de Deborah Blando, disco *Unicamente*, EMI-Music, 1997. Ref.: Iemanjá.

"Upa, neguinho", de Edu Lobo e Gianfrancesco Guarnieri, gravação de Elis Regina, disco compacto simples, Philips, 1966. Ref.: ziquizira (feitiço).

"Urucubaca miúda", de Marcelo Tupinambá, gravação de Bahiano, disco 78 rpm, Odeon, 1920-9. Ref.: feitiço.

"Utopia", de Arnaldo Brandão e Tavinho Paes, gravação de Hanoi-Hanoi, disco *O ser e o nada*, EMI, 1990. Ref.: candomblé.

"Vá baixar em outro terreiro", de Ataulfo Alves e Raul Marques, gravação de Ataulfo Alves e suas Pastoras, disco 78 rpm, Victor, 1945. Ref.: terreiro.

"Vamos saravá", de João da Baiana, gravação de João da Baiana e seu Terreiro, disco *Saravá Yemanjá*, Philips, 1930-9. Ref.: Iemanjá, Olorum.

"Vanju Concessa", de Carlinhos Brown, gravação de Carlinhos Brown, disco *Alfagamabetizado*, EMI, 1996. Ref.: Xangô, Ogum.

"Verão na Bahia", de Moraes Moreira e Zeca Barreto, gravação de Moraes Moreira, disco *Baiano fala cantando*, CBS, 1988. Ref.: terreiro.

"Verdade", de Nelson Rufino e Carlinhos Santana, gravação de Zeca Pagodinho, disco *Deixa clarear*, Polygram, 1996. Ref.: mandinga.

"Verdade aparente", de Gisa Nogueira, gravação de Gisa Nogueira, disco *Gisa Nogueira*, EMI-Odeon, 1976. Ref.: despacho.

"Viagem de jangada", de Tião da Roça e Antonio Andrade, gravação de Elza Soares, disco *Nos braços do samba*, Tapecar, 1970. Ref.: Mãe d'Água (Iemanjá).

"Vibram os atabaques", de Henrique Gonçalez, gravação de Honório Santos, disco 78 rpm, Polydor, 1959. Ref.: omolocô.

"Vida de artista", de Itamar Assumpção, gravação de Itamar Assumpção, disco *Pretobrás*, Atração, 1998. Ref.: macumbeiro.

"Vida de artista", de Oswaldo Montenegro, gravação de Oswaldo Montenegro, disco *Vida de artista*, Som Livre, 1991. Ref.: Iansã.

"Vim sambar", de João Bosco, Casaco e Aldir Blanc, gravação de Aldir Blanc, disco *Aldir Blanc — 50 anos*, Alma, 1996. Ref.: Mãe Menininha do Gantois, despacho.

"Visceral", de Paulo Vasconcelos, Junior Vasconcelos e Marcos Rodrigues, gravação de Banda Eva, disco *Ao Vivo — II*, Globo-Polydor, 1999. Ref.: Ogum.

"Visite o terreiro", de Edgard Ferreira, gravação de Ari Lobo, disco 78 rpm, Victor, 1958. Ref.: Ogum, Orixalá, umbanda.

"Vitamina ser", de Carlinhos Brown, gravação de Carlinhos Brown, disco *Vitamina ser (single)*, EMI, 1998. Ref.: Oxum.

"Viva o rei nagô", de Armandinho e Moraes Moreira, gravação de Dodô e Osmar, disco *Incendiou o Brasil*, Elektra, 1981. Ref.: orixás.

"Você diz que é baiana", de Raimundo Olavo e Elpídio Viana, gravação de Roberto Silva, disco 78 rpm, Star, 1949. Ref.: Xangô.

"Você foi fazer feitiço", de Raimundo Olavo e J. Kleber, gravação de Roberto Silva, disco 78 rpm, Star, 1949. Ref.: canjerê, feitiço.

"Vou botar seu nome na encruzilhada", de Sônia Amaral e Bentana, gravação de Lincoln, disco *Lincoln*, EMI-Odeon, 1976. Ref.: encruzilhada, marafo, Xangô.

"Vou botar seu nome na macumba", de Zeca Pagodinho e Dudu Nobre, gravação de Zeca Pagodinho, disco *Samba pras moças*, Polygram, 1995. Ref.: macumba, patuá, feitiço.

"Vovô cantou pra subir", de Roxinho e Alicate de Niterói, gravação de Bezerra da Silva, disco *Alô malandragem, maloca o flagrante*, RCA, 1986. Ref.: Aruanda.

"Vovô Tira-Tira", de Pedro Butina e Guilherme do Ponto Chic, gravação de Bezerra da Silva, disco *Eu não sou santo*, RCA, 1990. Ref.: congá, caô-caô (Xangô).

"Voz do coração", de Zeca Barreto e Patinhas, gravação de Pepeu Gomes, disco *Na terra a mais de mil*, Elektra, 1979. Ref.: Iemanjá.

"Xangô", de domínio público, gravação de Orquestra Afro-Brasileira, disco *Orquestra Afro-Brasileira*, CBS, 1968. Ref.: Oxalá, Xangô.

"Xangô", de domínio popular, adaptação de Heitor Villa-Lobos, gravação de Cristina Maristany e Alceu Bocchino, disco *Heitor Villa-Lobos, Canções típicas brasileiras*, Odeon, 1965. Ref.: Xangô.

"Xangô", de José Miranda e Roberta Miranda, gravação de Roberta Miranda, disco *Roberta Miranda*, Continental, 1990. Ref.: Xangô.

"Xangô", de Raul do Vale, gravação de Edson Lopes, disco 78 rpm, Odeon, 1956. Ref.: Xangô.

"Xangô Alafim", de Rossini Pacheco e Nelson Riveira, gravação de Cléber Figueiredo, disco 78 rpm, Repertório, 1960-9. Ref.: Xangô.

"Xangô, o vencedor", de Ruy Maurity e José Jorge, gravação de Os Maneiros, disco *Samba preferência popular*, AMC-Beverly-Copacabana, 1977. Ref.: Xangô, umbanda.

"Xangô, o vencedor", de Ruy Maurity e José Jorge, gravação de Ruy Maurity, disco *Nem ouro, nem prata*, Som Livre, 1976. Ref.: Pai Xangô.

"Xangô, rei da pedreira", de J. M. Alves, gravação de Maria Helena, disco 78 rpm, Chantecler, 1963. Ref.: Xangô.

"Xangô rolou a pedra", de J. M. Alves, gravação de Luizito Peixoto, disco 78 rpm, Philips, 1960. Ref.: Xangô.

"Yá Olokum", de Monica Millet e Fred Vieira, gravação de Gilberto Gil, disco *Parabolicamará*, WEA, 1991. Ref.: Olocum.

"Yansã, Mãe Virgem", de Mateus e Dadinho, gravação de Os Tincoãs, disco *Os Tincoãs*, Jangada/EMI-Odeon, 1973. Ref.: Iansã.

"Yaô, cadê a Samba", de Campolino e Tio Hélio, gravação de Zeca Pagodinho, disco *Mania da gente*, RCA, 1990. Ref.: iaô, curimba, firmar cabeça, mãe-pequena, cambono.

"Yaô-San", de Péri e Aninha Franco, gravação de Vânia Abreu, disco *Pra mim*, EastWest, 1997. Ref.: Yaô.

"Yemanjá", de Paulo Ruschel, gravação de Ely Camargo, disco *Canções de minha terra*, Chantecler, 1955. Ref.: Iemanjá.

"Yemanjá", de Ruy Rey, gravação de Ruy Rey e sua Orquestra, disco 78 rpm, Continental, 1955. Ref.: Iemanjá.

"Yê-melê", de Luiz Carlos Vinhas e Chico Feitosa, gravação de Maria Bethânia, disco *Maria Bethânia*, Odeon, 1969. Ref.: Iemanjá.

"Ylê Farol", de Carlinhos Brown, gravação de Chiclete com Banana, disco *Jambo*, Continental, 1990. Ref.: Orunmilá.

"Yorubahia", de Jorge Portugal e Roberto Mendes, gravação de Maria Bethânia, disco *Dezembros*, Som Livre, 1986. Ref.: Gantois, Orunmilá, alabês.

"Zabumba de nego", de Hervé Cordovil, gravação de Inezita Barroso, disco *Vamos falar de Brasil*, Copacabana, 1958. Ref.: Ogum.

"Zé Pelintra", de Itamar Assumpção e Waly Salomão, gravação de Itamar Assumpção, disco *Itamar Assumpção*, Continental, 1988. Ref.: Zé Pelintra, jurema, saravá.

Glossário

Este glossário contém termos e expressões das religiões afro-brasileiras, muitos já dicionarizados e incorporados à língua portuguesa falada no Brasil, enquanto outros continuam restritos ao falar dos terreiros. O glossário deve facilitar a leitura daqueles menos familiarizados com o linguajar do povo de santo. Para termos e expressões não listados, assim como para pesquisa mais aprofundada, podem ser consultados vários dicionários disponíveis, entre outros, *Falares africanos na Bahia*, de Yeda Pessoa de Castro (2001).

ABARÁ: bolinho de feijão-fradinho amassado cozido no vapor.
ABEBÉ: leque de metal; ferramenta dos orixás femininos.
ABERÉ: agulha; no Brasil, escarificações rituais (tatuagens) feitas no corpo e membros do iniciado.
ABIÃ: aspirante, literalmente, o que vai nascer.
ABICU: entidade que provoca a morte prematura de crianças; diz-se *abicu* a criança que nasce com essa entidade.
ABÔ: infusão de água com folhas maceradas e outras substâncias como mel, sangue etc.
ACAÇÁ: bolinho de amido embrulhado em folha de bananeira.
ACARAJÉ: bolinho de feijão-fradinho amassado frito em azeite de dendê.
ADÊ: coroa.
ADÉ: homossexual.

ADIÉ: galinha.
ADJÁ: campainha metálica.
AGÔ: pedido de licença, consentimento.
AGOGÔ: instrumento rítmico composto por duas campânulas metálicas.
AGUIDAVI: vareta com que se percute o atabaque.
AIABÁ: rainha, esposa do rei; no candomblé, orixá feminino.
AIÊ: Terra, mundo dos homens. Outro nome para o orixá Onilé.
AJAGUNÃ: grande guerreiro; outro nome para Oxaguiã.
AJALÁ: orixá da criação encarregado de fabricar as cabeças, os *oris*.
AJEUM: refeição, convite à comida.
ALABÊ: na África, dono da navalha, encarregado das escarificações rituais (*aberés*); no Brasil, ogã tocador de atabaque.
AMALÁ: comida predileta de Xangô feita no candomblé com quiabo, camarão seco e azeite de dendê; no batuque, preparado com folhas de mostarda.
AMASSI: folhas maceradas em água, abô.
AQUICÓ: galo.
ARA: corpo.
ASSENTAMENTO: o mesmo que assento, altar.
AXÉ: força sagrada dos orixás; força vital que move o mundo, também designa o terreiro de candomblé e a linhagem.
AXEXÊ: rito fúnebre em que os assentos dos orixás do morto são quebrados e despachados juntamente com o despacho do seu espírito ou egum.
AXÓ: roupa.
AXOGUM: homem encarregado do sacrifício ritual de animais, ogã de faca.
BABÁ: pai.
BABALAÔ: sacerdote de Orunmilá; sacerdote do oráculo; adivinho.
BABALORIXÁ: pai de santo.
BABALOSSAIM: sacerdote do orixá das folhas Ossaim, herborista.
BALÉ: relativo ao culto dos antepassados, eguns, culto que é restrito aos homens.
BALOGUM: cargo hierárquico do candomblé.
BARÁ: outro nome para Exu.
BARRACÃO: salão do candomblé em que se fazem as cerimônias de dança.
BATÁ: tambor usado em cultos afro-brasileiros, como no xangô de Pernambuco; na África, tambor de Xangô.
BATUQUE: religião dos orixás no Rio Grande do Sul.
BORI: sacrifício à cabeça; primeiro rito de iniciação no candomblé.
CANDOMBLÉ: religião dos orixás no Brasil; também designa o local de culto.
CANDOMBLÉ DE CABOCLO: candomblé banto de culto aos espíritos de antepassados indígenas.
CANJERÊ: candomblé, reunião religiosa de negros.

CATIMBÓ: religião dos mestres originária de Pernambuco e Alagoas.
CLIENTE: usuário do jogo de búzios e de outras formas de ajuda espiritual, mas que não tem compromisso com a religião.
CONGÁ ou gongá: altar de umbanda.
DECÁ: cerimônia realizada no sétimo ano de iniciação, que confere ao iniciado o grau hierárquico de senioridade.
EBÓ: sacrifício, oferenda, despacho.
EBÔMI: membro do candomblé que já atingiu o posto de senioridade.
ECODIDÉ: pena vermelha do papagaio-da-costa que o iaô leva na testa.
EGUM: espírito de morto, antepassado, o mesmo que egungum; alguns orixás são eguns divinizados.
EGUNGUM: o mesmo que Egum.
ELEGBARA: outro nome para Exu, também chamado de Legba.
ELEGUÁ: nome de Exu em Cuba.
EMI: vida, sopro vital.
ENCANTARIA: religião amazônica dos espíritos encantados.
ENCANTARIA DE MINA: religião afro-brasileira originária do Pará e do Maranhão de culto aos encantados.
EQUEDE: mulher iniciada para cuidar dos orixás, vesti-los e dançar com eles.
ERÊ: espírito infantil que acompanha o orixá da pessoa.
ERINLÉ: orixá da caça, pai do orixá Logum Edé; o mesmo que Inlé.
EUÁ: orixá das fontes; dona dos cemitérios.
EUÓ: interdição religiosa; tabu; quizila.
EXU: orixá mensageiro; dono das encruzilhadas e guardião da porta de entrada da casa; sempre o primeiro a ser homenageado.
EXUS: espíritos de homens que tiveram uma vida de más ações e que compõem com as pombagiras o panteão da quimbanda.
FILHO DE SANTO: membro do candomblé, iniciado.
GUELEDÉ: sociedade iorubá de culto às mães ancestrais.
IÁ: mãe.
IÁ MI OXORONGÁ: as mães ancestrais, mães-feiticeiras.
IALODÊ: encarregada de organizar as festas do candomblé.
IALORIXÁ: mãe de santo.
IANSÃ: outro nome para Oiá; literalmente, a mãe dos nove filhos.
IAÔ: esposa jovem; filha ou filho de santo; grau inferior da carreira iniciática dos que entram em transe de orixá.
IBÁ: cabaça; recipiente de louça, cerâmica ou madeira que contém a representação material de um orixá, assento ou assentamento de orixá, altar.
IBEJIS: orixás gêmeos; protetores das crianças.
IEMANJÁ: orixá do rio Níger, dona das águas, senhora do mar, mãe dos orixás.

IFÁ: orixá do oráculo, outro nome para Orunmilá; também os apetrechos do babalaô e o próprio oráculo.
ILÊ: casa.
ILÊ AXÉ: templo, candomblé.
INDÉ: metal amarelo; pulseira.
INLÉ: outro nome para Erinlé; orixá do rio Erinlé.
INQUICE: divindade, deus do panteão dos candomblés bantos.
IROCO: árvore sagrada africana; no Brasil, nome da gameleira-branca e do orixá dessa árvore.
JOGO DE BÚZIOS: oráculo do candomblé.
JUNTÓ ou adjuntó: segundo orixá da pessoa.
JUREMA: o mesmo que catimbó.
LÉ: o menor dos três atabaques.
LEI DO SANTO: código normativo não escrito do candomblé.
LOGUM EDÉ: orixá da caça e da pesca; filho de Erinlé ou Oxóssi com Oxum.
MACUMBA: designação considerada politicamente incorreta de candomblé, umbanda, feitiço.
MACUMBA CARIOCA: forma de candomblé da qual a umbanda teria se originado.
MÃE DE SANTO: sacerdotisa-chefe do terreiro de candomblé.
MÃE-PEQUENA: auxiliar da mãe de santo, segunda na hierarquia.
MÃO DE CHÃO: pagamento ao pai ou mãe de santo pelos serviços religiosos.
MARIÔ: folha nova da palmeira de dendê; usa-se geralmente desfiada.
MOGBÁ: sacerdotes do culto de Xangô na corte de Oió; no candomblé, dignitário em terreiros de Xangô, o mesmo que obá de Xangô.
MOJUBÁ: saudação; literalmente, eu te saúdo.
MOTUMBÁ: o mesmo que *mojubá*.
MUKUNDU: o mesmo que *ntambi*.
NANÃ ou Nanã Burucu: orixá do fundo dos lagos; dona da lama, a mais antiga divindade do panteão do candomblé.
NTAMBI: rito fúnebre no candomblé banto, o mesmo que *mukundu*.
OBÁ: orixá do rio Obá; uma das esposas de Xangô.
OBÁ: rei, soberano da cidade; no candomblé, epíteto de Xangô e título de dignitários masculinos em terreiros desse orixá.
OBALUAÊ ou Omulu: orixá da varíola, das pestes, das doenças contagiosas.
OBATALÁ: literalmente, Rei do Pano Branco; Oxalá, orixá da Criação que criou o homem.
OBI: noz-de-cola, fruto africano aclimatado no Brasil indispensável nos ritos do candomblé.
OBRIGAÇÃO: ritual iniciático com sacrifício votivo.
OCUM: mar, oceano.

ODARA: bom, bonito.
ODÉ: caçador; nome genérico para os orixás da caça; denominação de Oxóssi na nação nagô do xangô pernambucano e no batuque gaúcho.
ODU: cada uma das combinações que se obtêm no lançamento dos búzios, cada odu é associado a um conjunto de mitos, que o adivinho interpreta para as previsões.
ODUDUA: orixá da Criação; o criador da Terra.
ODUM: ano.
OFÁ: arco e flecha; ferramenta de Oxóssi e demais orixás caçadores.
OGÃ: homem que tem o cargo de sacrificador ou tocador de atabaque, título também atribuído ao protetor do terreiro.
OGÓ: porrete usado por Exu, geralmente com formato fálico.
OGUM: orixá da metalurgia, da agricultura e da guerra.
OIÁ: outro nome para Iansã, orixá dos ventos, do raio, da tempestade; dona dos eguns; uma das esposas de Xangô.
OJÉ: sacerdote dos eguns.
OLOCUM: orixá dos mares; mãe de Iemanjá; no Brasil, qualidade de Iemanjá.
OLODUMARE: Deus Supremo que criou os orixás e deu a eles as atribuições de criar e controlar o mundo.
OLOFIM: outro nome para o Deus Supremo em Cuba.
OLORUM: literalmente, Dono do Céu; nome pelo qual o Deus Supremo é denominado preferencialmente no Brasil.
OLOSSAIM: o mesmo que babalossaim, sacerdote das folhas.
OLUÔ: sacerdote especializado no jogo de búzios, adivinho.
OMULU: outro nome para Obaluaê.
ONILÉ: literalmente, senhora da Terra, orixá também chamado Aiê.
OPAXORÔ: báculo ou longo bastão usado por Oxalá.
OQUÊ: orixá da montanha.
ORANIÃ: orixá das profundezas da Terra, filho de Odudua.
ORI: cabeça, destino; divindade da cabeça de cada indivíduo, recebe oferendas no ritual do bori.
ORI: manteiga vegetal usada para untar a pele, limo da costa.
ORIQUI: epíteto, frase de louvação que fala de atributos e atos heroicos de determinada pessoa, família ou orixá.
ORIXÁ: divindade, deus do panteão iorubá.
ORIXÁ OCÔ: orixá da agricultura.
ORIXALÁ: Orixá Nlá, o grande orixá; outro nome para Oxalá.
ORÔ: temido espírito da floresta, de voz rouca e cavernosa e mau gênio.
OROBÔ: noz-de-cola amarga, fruto africano usado no culto de Xangô.
ORUM: Céu, mundo sobrenatural, mundo dos orixás.

ORUNMILÁ: orixá do oráculo, o mesmo que Ifá.
OSSAIM: orixá das folhas; orixá que cura com as ervas.
OSSÉ: semana, limpeza semanal dos assentamentos.
OTÁ: pedra; seixo usado para representar o orixá no *ibá*.
OTIM: orixá do rio Otim, cultuado no batuque do Rio Grande do Sul como a mulher de Odé ou Oxóssi; no candomblé queto, qualidade de Oxóssi.
OXAGUIÃ: orixá que inventou o pilão para comer inhame mais facilmente, criando assim a cultura material; Oxalá jovem.
OXALÁ: Grande Orixá; outro nome para Obatalá; nome preferencial de Obatalá no Brasil.
OXALUFÃ: Oxalá velho; nome pelo qual Obatalá é referido no Brasil.
OXO: cone feito de obi mascado, *ori* e outros elementos, fixado no alto da cabeça raspada na iniciação; sinônimo de iaô.
OXÓSSI: orixá da caça.
OXUM: orixá do rio Oxum; deusa das águas doces, do ouro, da beleza e da vaidade; uma das esposas de Xangô.
OXUMARÊ: orixá do arco-íris.
PADÊ: farofa de farinha de mandioca com dendê, água ou aguardente; cerimônia aos ancestrais.
PAI DE SANTO: sacerdote-chefe do terreiro de candomblé.
PAI-PEQUENO: substituto de pai ou mãe de santo; segundo da hierarquia.
POMBAGIRA: forma feminina de Exu na quimbanda.
POVO DE SANTO: conjunto dos adeptos das religiões afro-brasileiras.
QUARTO DE SANTO: espécie de capela em que se guardam os assentamentos ou *ibás* dos orixás.
QUIMBANDA: parte da umbanda de culto aos exus e pombagiras.
QUIZILA: o mesmo que *euó*, interdição.
RUM: o maior dos três atabaques.
RUMPI: o atabaque de tamanho intermediário do conjunto de três.
SANTERIA: religião afro-cubana semelhante ao candomblé.
SARAVÁ: saudação da umbanda.
SIRRUM: rito fúnebre nas nações de candomblé jejes.
TAMBOR DE CHORO: rito fúnebre no tambor de mina.
TAMBOR DE MINA: religião dos voduns e orixás originária do Maranhão.
TERREIRO: local de culto, também a comunidade de candomblé.
UMBANDA: religião afro-brasileira de culto aos caboclos, pretos velhos e outras entidades lideradas pelos orixás.
UMBANDOMBLÉ: candomblé com prática do culto quimbanda.
VODUM: divindade do panteão fon ou jeje; alguns voduns foram incorporados ao panteão dos orixás.

XANGÔ: orixá do trovão e da justiça; teria sido o quarto rei de Oió.
XANGÔ: religião dos orixás originária de Pernambuco.
XAPANÃ: outro nome para Obaluaê.
XAXARÁ: vassoura-cetro de Omulu.
XEQUERÊ: chocalho feito com cabaça coberta por uma rede de contas.
XIRÊ: brincar; ritual do candomblé em que os filhos e filhas de santo cantam e dançam numa roda para cada um dos orixás.

Índice remissivo

africanização, 52, 65-6, 99, 218, 228-9, 241
Ajalá, 106
axé, 10, 14, 48, 51, 63, 110-1, 176, 181, 183, 210, 241, 246, 251-5, 257, 259-60, 262, 265-6, 270-5, 277, 280-3, 286, 288, 290, 292-3, 296, 298, 300
axexê, 39, 57-66

babalaô, 40-1, 57, 99, 150, 161, 255, 265, 269, 274, 294, 297-9
babalorixá, 63, 98, 200, 201, 277, 283, 293
baiano, 137
batuque, 21, 37, 57, 58, 118, 165, 193, 216, 221, 237, 268, 271, 292-3
boiadeiro, 131, 292
bori, 11, 57-8, 263, 285
bruxa, 119, 234

caboclo, 79-81, 90, 121-3, 125-6, 128-32, 134-8, 146, 171, 189, 192, 204, 217, 230, 249-51, 253, 258-61, 263, 265-6, 268, 273, 277, 281, 288-9, 292, 295, 297, 300
candomblé, 5, 7-8, 10-5, 19-25, 27, 29-30, 33-4, 37-9, 41, 43-59, 63-7, 71, 76, 79, 83-94, 96-9, 101, 105, 107-8, 110-2, 117-9, 121-6, 129-33, 135, 141-50, 152-6, 160-1, 163-72, 175-6, 180-4, 187, 189-91, 194-6, 198, 201, 204, 206-8, 210, 212, 214-9, 221-33, 235-7, 239-41, 243, 245-7, 249-51, 253, 255-7, 260-4, 266-8, 270, 273-5, 277, 279-83, 287-8, 290, 292, 294, 296, 298-300
candomblé de caboclo, 87, 122-6, 128-9, 135
canjerê, 194-5, 251, 254, 256, 261, 264-9, 279-80, 282-3, 288, 294, 301
carnaval, 152, 170, 176, 184-5, 204, 222
catimbó, 87, 128, 129, 135
catolicismo, 13, 29, 35, 37, 39-40, 52-3, 55, 64-5, 67, 69, 72, 74-8, 80, 90,

94-5, 97, 99, 123, 125-6, 128, 137, 141, 143, 146, 158, 163, 171, 198, 215-22, 229, 230, 235, 241
conversão religiosa, 23, 235, 242
conversos, 94, 242
cristianismo, 35, 39-40, 54-6, 65, 68-9, 72, 75-6, 78- 81, 96, 127, 133, 137, 142, 148, 163, 167, 171, 230

dança ritual, 10-1, 23-5, 33, 47, 60-3, 79, 112, 128, 132, 135, 138, 144-5, 148-9, 153, 163, 169, 177, 180, 182-3, 186, 240
decá, 46-7, 58
descatolicização, 228-30
despacho, 61, 86, 111-2, 186, 199, 257, 264, 266-8, 269, 279-80, 282, 287, 289, 298-301
dessincretização, 66-7, 99, 218, 229, 230, 241
destino, 33, 37, 56, 57, 91, 241

ebó, 12, 59, 246, 255, 259, 282
ebômi, 45-6, 48, 162
egum, 33, 37, 56, 58, 60-3, 257, 268, 288
egungum, 37-8, 54, 144-5, 161, 165
encantado, 127-8, 130, 259
encantaria, 127-9, 135, 137
encantaria de mina, 128
equede, 11, 163
Erinlé, 103, 108, 118
escolha religiosa, 22, 46, 136, 167, 216, 242
ética, 35, 39, 76, 79-81, 87, 132-3, 141-4, 199
Euá, 60, 103, 117, 169
Exu, 61, 68-78, 80-5, 87, 89-99, 105, 109, 115, 117, 133, 160, 169, 179, 189, 191-2, 204, 231, 257, 259-60, 263-4, 266-9, 271, 273-4, 278, 280, 282, 289-90, 292, 296-7, 299

exus, 82, 86-90, 92, 94-6, 133-5, 137, 230

feitiçaria, 158, 179, 181, 186, 190, 241
feitiço, 42, 74, 111, 119, 134, 185-6, 189, 196, 199, 202, 205-6, 251, 253-6, 259, 267-8, 271-2, 276, 279-83, 285, 287-8, 290, 292, 296-7, 299- 301
feitura, 11, 46-7, 49, 58, 60, 65, 181
filho de santo (filha de santo), 7-8, 11-2, 19, 26, 33, 47, 49, 58, 67, 154-5, 169, 182-3, 186, 206, 279

gira de caboclo, 122, 124
Gueledé, 55, 106, 145, 161

herança africana, 14, 19, 20, 22, 52, 79, 92, 96, 133, 159, 160, 172, 211
homossexualismo, 154-6

Iá Mi Oxorongá, 106, 119, 134
ialorixá, 26, 59, 63, 122, 205, 207, 293-4, 298
Iansã, 59-61, 103, 110, 113-4, 117, 169, 177, 201, 204, 207, 211, 251-3, 254, 262, 264, 266-72, 275, 277-9, 281-2, 285, 289, 291, 294-6, 298-300, 302
iaô, 11, 45-6, 162, 257, 260, 283, 287, 302
identidade, 5, 32-3, 57, 68, 73, 77, 123, 129, 132, 136, 143, 163, 165-6, 168-73, 177, 182, 185, 214, 218-9, 221-2, 229
Iemanjá, 29, 77, 99, 103, 106-7, 111, 113-4, 117, 169, 177, 192, 196-8, 201-3, 208-9, 211, 251-4, 256-79, 281-5, 287-302
Igreja católica, 225, 227, 229, 243
igrejas evangélicas, 93-5, 221, 225, 227, 231, 233-4
indústria discográfica, 184, 249

iniciação religiosa, 10-1, 33, 44-9, 55, 58, 60-1, 64-5, 97, 147, 156-7, 161-2, 180-1, 232, 240, 246-7
inquice, 38, 121-2, 125, 128-9, 146, 171, 188, 249, 254, 285

jogo de búzios, 7, 8, 12, 25, 62, 70-1, 97, 109, 115, 146-7, 149, 151, 166, 170, 179, 181, 206, 241, 253, 258, 265, 277-8, 282, 292
jurema, 127-9, 135, 137, 251, 302

kardecismo/ espiritismo, 39-40, 65, 78-9, 90, 94-5, 126, 129, 132-3, 142-3, 217-20, 225-6, 230

lavagem de contas, 61
legitimação social, 188, 215, 219, 239-40
lei do santo, 47, 51
liberdade religiosa, 218, 231-4
Logum Edé, 103, 117, 169, 252, 264, 273, 298

macumba, 129-30, 184, 188-91, 194, 250, 256, 261, 263-4, 266-7, 269-71, 274-7, 279-83, 285, 289-91, 297-9, 301
mãe de santo, 7, 9, 12-4, 25-6, 41, 48, 55, 58, 61, 64-5, 67, 108, 130, 146-7, 151-2, 154, 170, 173, 183, 189, 194, 204, 206-7, 212, 230, 232, 241, 243, 246-7, 250, 273, 289, 298-9
magia, 10, 41, 74, 79-81, 87, 92, 96-7, 128, 133-4, 141-2, 156, 181, 195, 210, 230, 247, 257, 260, 263, 267, 271, 280, 283, 288
mandinga, 194, 199, 203, 253, 255-8, 260, 262, 266, 269, 271-2, 274-6, 279-81, 285, 288-9, 292, 295, 297, 300

Maria Padilha, 85, 135, 137
memória coletiva, 33-4, 168
mercado religioso, 13, 52, 93, 141, 151, 158, 206, 215, 220, 228-9, 231, 243
mito, 9, 12, 20, 28-32, 36-7, 40-1, 49-50, 56, 59, 60, 68-9, 71, 73, 97, 104-5, 107, 112, 118, 124-7, 134, 142, 145-6, 148-50, 155, 159-61, 167-9, 172, 177-8, 180, 182, 187, 208, 227, 241, 246-7
moralidade, 39, 54, 74-6, 79-80, 82, 133-4, 137, 141-6, 149, 152, 154-5
MPB, 122, 163, 187-9, 196-7, 199, 207, 214, 295
mudança religiosa, 13-4, 51, 81, 89, 101, 104-12, 117-8, 137-8, 166, 215, 217, 227-9, 237, 239, 242-6
música popular, 5, 122, 170, 188, 196, 205-7, 239-41, 295
música sacra/ religiosa/ ritual, 10, 62, 119, 153, 163, 167, 176-7, 180-4, 186, 188-91, 240

Nanã, 60, 107, 117, 169, 251-4, 257, 259-60, 262-3, 268-70, 273, 280, 282, 289, 294-6
neopentecostalismo, 93, 141, 158, 220, 231

Obá, 55, 60, 103, 117, 169, 201, 254, 260, 268, 272, 278, 288, 291-2, 296
Obaluaê, 107, 117, 212, 251-2, 257, 260, 262, 269, 274, 278, 281, 283, 289, 295
Obatalá, 27, 106, 118, 178, 211, 253, 257, 262, 271, 275, 278, 282, 288, 291, 297
obrigação ritual, 11-2, 23, 25, 47, 67, 86, 147, 151-2, 236, 246-7
Odé, 59, 103, 252, 254, 277, 294, 297
ogã, 11, 83, 268, 298
Ogum, 27, 29, 56, 60, 97-8, 103-8, 110,

113-4, 117-8, 163, 169, 177, 191, 199, 201, 251, 253-4, 256-8, 260-3, 266-73, 275-9, 281-302
Oiá, 59-60, 103, 117, 211, 261-2, 266, 273, 278, 291, 294-5, 297
Olocum, 103, 259, 302
Olodumare, 112-7, 178, 253, 279, 285-6, 299
Olorum, 60, 77, 114-5, 178-9, 205, 253-5, 257, 263-5, 268, 275, 276-7, 283-5, 291, 296, 300
oluô, 7, 55, 257, 307
Omulu, 60, 85, 107-8, 117, 169, 208, 252-3, 255, 260, 268, 281, 285
Onilé, 112, 114-7
oráculo, 7, 12, 19, 24, 29, 40-1, 57, 73, 84, 97, 105, 109, 112, 128, 146-7, 149, 161, 166, 167, 181, 232
ori, 33, 37, 56-7, 61, 179, 276
orientação do comportamento, 10, 54, 76, 142-3, 145-6, 148-9, 154, 243
orientação sexual, 75, 78, 153-6, 160
orixá, 5, 8, 10-2, 14, 20-4, 29, 32-3, 35-40, 43, 45-6, 48-9, 51-4, 56-63, 66-9, 72-81, 83, 85, 87, 89-93, 96-9, 101-19, 121-2, 125, 128-9, 131-3, 144-58, 160-3, 165-6, 168-71, 176-80, 182-3, 186-9, 191, 194, 196, 198-203, 205-8, 210-2, 214, 217, 222, 229, 232, 236-7, 239-41, 245, 247-51, 253-60, 262-9, 271-9, 281-3, 285, 287-8, 290-2, 294-5, 297, 299, 301
Orixalá, 76, 251, 286, 296, 301
Orixanlá, 106, 118
Orunmilá, 40, 105, 109, 118, 146, 161, 252, 257, 263, 271, 288, 291, 302
Ossaim, 105, 109, 111, 113-4, 117, 169, 252, 260-1, 266, 286, 294, 298
Otim, 103, 108, 118
Oxaguiã, 105-6, 117, 169, 273, 275, 286, 292

Oxalá, 76-7, 99, 106, 113-4, 117, 169, 178, 192-3, 202, 251-7, 259-61, 264-7, 269-70, 273-5, 277-9, 281-3, 285-7, 289-96, 298, 302
Oxalufã, 118, 260, 273, 285, 292, 299
Oxóssi, 29, 56, 98, 103, 108, 113-4, 117, 169, 213, 251-2, 259-62, 265, 268-70, 273, 275-6, 278, 281-2, 285-6, 289, 291, 293-5, 299-300
Oxum, 56, 77, 103, 107, 109, 113-4, 117, 169, 177, 179, 201, 205, 207, 209-11, 252-4, 260, 262, 264-70, 272-6, 278-80, 282, 285-7, 289-93, 296-9, 301
Oxumarê, 60, 107, 113-4, 117, 169, 264, 268-71, 273, 275, 280, 287, 293, 296-7

pai de santo, 11-3, 25, 30, 45, 58, 108-9, 130, 137, 147, 150, 155-8, 166, 200, 228, 232, 236, 246-7, 252, 256, 259, 269, 274, 283, 287, 289, 291, 295, 297-8
patuá, 254, 257, 262, 264, 267-8, 271-3, 276, 278, 280, 288, 290, 292, 295, 298, 301
pecado, 72, 76-7, 79, 81-2, 90, 134
pentecostalismo/ pentecostal, 94-5, 141, 225, 231, 244
política, 106, 144, 243
Pombagira, 77, 82, 85-6, 89-90, 95-6, 208, 253, 279, 289-90, 293
pombagiras, 82, 86-90, 94-6, 134-5, 137, 230-1
preto velho, 79, 80, 82, 90, 130-1, 134, 136-7, 230, 253, 261, 267, 270, 281, 283, 288, 290, 299

quimbanda, 80-2, 86, 88, 90-2, 133-5, 137, 230-1, 256, 282

reencarnação, 11, 19, 34-9, 41, 51, 53-4, 56-7, 158
religião aética, 54, 132, 141
religião ética, 142-3, 230
religião étnica, 13, 34, 167, 224
religião mágica, 42, 142, 156, 228
religião ritual, 54, 141-2, 156
religião universal, 34, 52, 173, 221-2, 228, 239, 241
religiões afro-brasileiras, 5, 13-4, 20, 22, 39, 42, 87, 94-5, 121, 123-4, 128, 132, 136, 141-3, 171, 186-90, 214-24, 226, 231-4, 236-7, 239, 249
rito, 9-2, 14-5, 21-3, 29, 39, 42, 46, 48-9, 55, 57-9, 61-5, 79, 81, 87, 94, 97-8, 104, 110-1, 122, 125, 127, 132, 142, 145-6, 148-53, 157, 158, 165, 182, 188, 216, 227, 229-30, 240-1, 245-7, 299

sacrifício, 11, 23, 24, 40, 46, 57, 61-3, 70, 72-4, 76, 86, 99, 102, 104, 117, 118, 150, 153, 161, 176, 180-1, 183, 236
samba, 129-30, 152, 163, 170, 183-6, 189, 193-5, 200-1, 203, 206, 212, 214, 240, 250-1, 253, 255, 257, 260, 267, 268, 273, 275, 280, 290, 296-300
samba de roda, 185
saravá, 191, 203, 250-3, 257-9, 261, 267, 269-70, 273, 276-8, 281, 284, 287-90, 292-5, 300, 302
sincretismo, 29, 39, 52, 67, 72, 75-7, 90, 97, 129, 171, 204, 217, 221-2, 241
sirrum, 57, 63, 297

tabu, 10, 56, 79, 146, 148, 154, 155, 160, 246, 247
tambor de choro, 57

tambor de mina, 21, 37, 58, 127, 129, 135, 137, 165, 216, 221, 237, 278
terreiro, 11-2, 15, 23-5, 29, 39, 47-50, 52, 58, 61-5, 86-8, 90, 108-9, 111-2, 122, 135, 144, 146-7, 149-51, 153-4, 157, 167, 169, 185, 190-1, 212, 228, 232, 235-6, 243-4, 246-8, 252-4, 256, 258-9, 261-3, 265-9, 277-82, 284-85, 287, 293-4, 296, 298-301
transe, 11, 23-4, 33, 59, 61, 79, 82, 84, 86, 89, 94-6, 109, 126, 128, 132, 138, 148, 152-3, 161, 163, 169, 177, 182-3, 186, 231, 292

umbanda, 8, 21, 65, 68, 78-81, 84-97, 119, 121, 125, 128-33, 135-7, 142, 164, 169, 171, 184, 187-8, 190-2, 198, 205-6, 208, 212, 217-9, 221-33, 235-7, 241, 249-50, 254, 256-8, 261, 263, 266-9, 271, 274, 276, 278, 281, 283-5, 287-8, 290-1, 293-5, 298-9, 301-2
umbandomblé, 65, 93, 122, 231
universalização, 52, 130-1, 169

valores religiosos, 14, 20, 23, 32, 67, 76, 78, 130, 133, 142, 146, 154, 155, 161, 169, 187, 213, 217, 228, 237, 242-3, 247
vida após a morte, 11, 33-9, 53-60, 104, 158
vodum, 21, 38, 68, 107, 125, 128-9, 146, 171, 188, 249, 279, 281

Xangô, 27, 29, 60, 92, 105-6, 108, 110, 113-4, 117-8, 163, 169, 177, 192, 200-3, 207, 211-2, 251-75, 277-83, 285-91, 293-6, 298-302
Xapanã, 107, 274

Zé Pelintra, 135, 137, 302

Índice e créditos das fotos

PRANCHA 1.
Orixá Oxumarê no Ilê Alaketu Axé Airá, 2002.

PRANCHA 2.
Orixá Iroco no Ilê Alaketu Axé Airá, 2001.

PRANCHA 3.
Orixá Nanã no Ilê Alaketu Axé Airá, 2001.

PRANCHA 4.
Orixá Oxumarê no Ilê Alaketu Axé Airá, 2001.

PRANCHA 5.
Orixás Euá, Nanã e Xangô Airá no Ilê Alaketu Axé Airá, 2001.

PRANCHA 6.
Em cima, à esquerda, orixá Ogum na Casa das Águas, 2002; embaixo, à esquerda, orixá Oxóssi-Erinlé na Casa das Águas, 2001; embaixo, à direita, vodum Boço Jara, na Casa das Minas de Toia Jarina, 2003.

PRANCHA 7.
Três manifestações de Oxum na Casa das Águas, 2003.

PRANCHA 8.
Orixá Iemanjá na Casa das Águas, 2003.

PRANCHA 9.
Orixás Xangô e aiabás na Casa das Águas, 2003.

PRANCHA 10.
Orixás da Criação na Casa das Águas: em cima, Oxalufã, 2002; embaixo, à esquerda, três manifestações de Oxaguiã, 2005; embaixo, à direita, Ajagunã, 2001.

PRANCHA 11.
Duas manifestações de Xangô na Casa das Águas, 2003.

PRANCHA 12.
Orixá Nanã no Ilê Alaketu Axé Airá, 2001.

PRANCHA 13.
Orixá Oxumarê no Ilê Alaketu Axé Airá, 2001.

PRANCHA 14.
Voduns na Casa das Minas de Toia Jarina: em cima, à esquerda, Xapanã, 2005; em cima, à direita, Xapanã, 2003; embaixo, Nanã, 2003.

PRANCHA 15.
Orixá Ossaim no Ilê Alaketu Axé Airá, 2003.

PRANCHA 16.
Orixá Iansã na Casa das Águas, 2001.

LOCAIS DAS FOTOS

CASA DAS ÁGUAS
Pai Armando Akintundê Vallado de Ogum
Rua Dolomita, 195
Jardim Miraflores — Amador Bueno
Itapevi — SP

ILÊ ALAKETU AXÉ AIRÁ
Pai Pércio Geraldo da Silva de Airá
Rua Antônio Batistini, 260
Bairro Batistini
São Bernardo do Campo — SP

CASA DAS MINAS DE TOIA JARINA
Pai Francelino de Shapanan
Rua Itália, 462
Jardim das Nações
Diadema — SP

Referências bibliográficas

ABIMBOLA, Wande. *Ifá Divination Poetry*. Nova York, Londres e Ibadan, Nok Publishers, 1977.

_____. *Ifá will Mend our Broken World: Thoughts on Yoruba Religion and Culture in Africa and the Diaspora*. Roxbury, Massachusetts, Aim Books, 1997.

ABRAHAM, R. C. *Dictionary of Modern Yoruba*. 2ª ed. [1ª ed.: 1946]. Londres, Hodder and Stoughton, 1962.

ALMEIDA, Ronaldo R. M. de. A universalização do Reino de Deus. *Novos Estudos Cebrap*, São Paulo, nº 44: 12-23, março 1996.

AMARAL, Rita. Awon Xirê! A festa de candomblé como elemento estruturante da religião. In: MOURA, Carlos Eugênio Marcondes de (org.). *Leopardo dos olhos de fogo*. São Paulo, Ateliê Editorial, 1998.

_____. *Xirê! O modo de crer e de viver no candomblé*. Rio de Janeiro, Pallas e Educ, 2002.

ASSUNÇÃO, Luiz. Os mestres da jurema. In: PRANDI, Reginaldo (org.). *Encantaria brasileira*. Rio de Janeiro, Pallas, 2001.

AUGRAS, Monique. De Yiá Mi a Pomba Gira: transformações e símbolos da libido. In: MOURA, Carlos Eugênio Marcondes de (org.). *Candomblé, religião do corpo e da alma*, pp. 17-44. Rio de Janeiro, Pallas, 2000.

_____. Quizilas e preceitos: transgressão, reparação e organização dinâmica do mundo. In: MOURA, Carlos Eugênio Marcondes de (org.), *Culto aos orixás, voduns e ancestrais nas religiões afro-brasileiras*, pp. 157-96. Rio de Janeiro, Pallas, 2004.

BABATUNDE, Emmanuel D. *A Critical Study of Bini and Yoruba Value Systems of Nigeria in Change: Culture, Religion and the Self*. Lewinston, UK, The Edwin Mellen Press, 1992.

BABAYEMI, S. O. *Egungun among the Oyo Yoruba*. Ibadan, Oyo State Council for Arts and Culture, 1980.

BAHIANA, Ana Maria, WISNIK, José Miguel e AUTRAN, Margarida. *Anos 70: música popular*. Rio de Janeiro, Europa, 1979-80.

BARBA, Bruno. *Brasil meticcio: Yemanjá, Caetano e il cannibale che ci salverà*. Turim, Segnalibro, 2004.

BARBÀRA, Rosamaria Susanna. *A dança das aiabás: dança, corpo e cotidiano das mulheres de candomblé*. Tese de doutoramento em sociologia. São Paulo, Universidade de São Paulo, 2001.

BARROS, José Flávio Pessoa de. *A fogueira de Xangô... o orixá do fogo: uma introdução à música sacra afro-brasileira*. Rio de Janeiro, Intercom-UERJ, 1999.

_____. *O banquete do rei... Olubajé: uma introdução à música afro-brasileira*. Rio de Janeiro, Ao Livro Técnico, 2000.

BASTIDE, Roger. *As religiões africanas no Brasil*. São Paulo, Pioneira, 1971.

_____. *O candomblé da Bahia: rito nagô*. 3ª ed. São Paulo, Nacional, 1978. Nova edição: São Paulo, Companhia das Letras, 2001 (a).

_____. *Catimbó*. In: PRANDI, Reginaldo (org.). *Encantaria brasileira*. Rio de Janeiro, Pallas, 2001 (b).

BAUDIN, R. P. *Fétichisme et féticheurs*. Lyon, Séminaire des Missions Africaines et Bureaux des Missions Catholiques, 1884.

BERNARDO, Teresinha. *Negras, mulheres e mães: lembranças de Olga de Alaketu*. Rio de Janeiro, Pallas e Educ, 2003.

BIRMAN, Patrícia. *Fazer estilo criando gêneros*. Rio de Janeiro, Relume Dumará e Eduerj, 1995.

BITTENCOURT, José Maria. *No reino dos Exus*. 5ª ed. Rio de Janeiro, Pallas, 1989.

BOUCHE, Pierre. *La Côte des esclaves et le dahomey*. Paris, s.c.e., 1885.

BOWEN, Thomas Jefferson. *Adventures and Missionary Labors in Several Countries in the Interior of Africa*. Charleston, Southern Baptist Publication Society, 1857. Reedição: Londres, Cass, 1968.

BRAGA, Júlio. *Ancestralidade afro-brasileira: o culto de babá egum*. Salvador, Ianamá e CEAO/UFBA, 1992.

_____. *Fuxico de candomblé: estudos afro-brasileiros*. Feira de Santana, Universidade Estadual de Feira de Santana, 1998.

BRAGA, Reginaldo Gil. *Batuque jêje-ijexá em Porto Alegre: a música no culto aos orixás*. Porto Alegre, Prefeitura de Porto Alegre, 1998.

BRANDÃO, Maria do Carmo e RIOS, Luís Felipe. O catimbó-jurema do Recife. In: PRANDI, Reginaldo (org.). *Encantaria brasileira*. Rio de Janeiro, Pallas, 2001.

CAMARGO, Candido Procopio Ferreira de. *Kardecismo e umbanda*. São Paulo, Pioneira, 1961.
CARNEIRO, Edison. *Candomblés da Bahia*. 2ª ed. [1ª ed.: 1948]. Rio de Janeiro, Editorial Andes, 1954.
CAROSO, Carlos e RODRIGUES, Núbia. Exus no candomblé de caboclo. In: PRANDI, Reginaldo (org.). *Encantaria brasileira*. Rio de Janeiro, Pallas, 2001.
CARVALHO, José Jorge de. *Cantos sagrados do xangô do Recife*. Brasília, Fundação Cultural Palmares, 1993.
_____. *Um panorama da música afro-brasileira: dos gêneros tradicionais aos primórdios do samba*. Série Antropologia, 275. Brasília, Departamento de Sociologia da Universidade de Brasília, 2000.
CASTRO, Yeda Pessoa de. *Falares africanos na Bahia: um vocabulário afro-brasileiro*. Rio de Janeiro, Topbooks e Academia Brasileira de Letras, 2001.
CONCONE, Maria Helena Villas Boas. *Umbanda, uma religião brasileira*. São Paulo, Faculdade de Filosofia, Letras e Ciências Humanas da USP, 1987.
_____. Caboclos e pretos velhos da umbanda. In: PRANDI, Reginaldo (org.). *Encantaria brasileira*. Rio de Janeiro, Pallas, 2001.
CONCONE, Maria Helena Villas Boas e NEGRÃO, Lísias Nogueira. Umbanda: da repressão à cooptação. In: *Umbanda e política*. Cadernos do Iser, 18. Rio de Janeiro, Iser e Marco Zero, 1987.
DREWAL, Margaret Thompson, *Yoruba Ritual: Performers, Play, Agency*. Bloomington, Indiana University Press, 1992.
DUNCAN, John. *Travels in West Africa*. 2 vols. Londres, Richard Bentley, 1847.
ELLIS, A. B. *The Yoruba-Speaking Peoples of the Slave Coast of West Africa*. 2ª ed. Londres, Pilgrim, 1974.
ENCICLOPÉDIA *da música brasileira: erudita, folclórica e popular*. São Paulo, Art Editora, 1977.
FABIAN, Johannes. *Time and the Other: How Anthropology Makes its Object*. Nova York, Columbia University Press, 1983.
FADIPE, N. A., *The Sociology of the Yoruba*. Ibadan, Ibadan University Press, 1970.
FERREIRA, Gilberto Antonio de Exu. Exu, a pedra primordial da teologia iorubá. In: MARTINS, Cléo e LODY, Raul (orgs.), *Faraimará: o caçador traz alegria*, pp. 15-23. Rio de Janeiro, Pallas, 2000.
FERRETTI, Mundicarmo Maria Rocha. *Desceu na guma: o caboclo no tambor de mina no processo de mudança de um terreiro de São Luís. A Casa Fanti-Ashanti*. São Luís, Sioge, 1993.
_____. Terecô, a linha de Codó. In: PRANDI, Reginaldo (org.). *Encantaria brasileira*. Rio de Janeiro, Pallas, 2001.
FERRETTI, Sérgio Figueiredo. *Repensando o sincretismo: estudo sobre a Casa das Minas*. São Paulo e São Luís, Edusp e Fapema, 1995.

FONTENNELLE, Aluizio. *Exu*. Rio de Janeiro, Espiritualista, s. d.

FRIGERIO, Alejandro e CAROZZI, María Julia. Las religiones afro-brasileñas en Argentina. In: ORO, Ari Pedro (org.). *As religiões afro-brasileiras no Cone Sul*. Cadernos de Antropologia, nº 10. Porto Alegre, UFRGS, 1993.

JOHNSON, Samuel. *The History of the Yorubas: From the Earliest Times to the Beginning of the British Protectorate*. Lagos, CSS Bookshops, 1921.

LANDES, Ruth. *The City of Women*. Nova York, Macmillan, 1947. Edição brasileira: *A cidade das mulheres*. Rio de Janeiro, Civilização Brasileira, 1967.

LAWAL, Babatunde. *The Gèlèdé Spectacle: Art, Gender, and Social Harmony in an African Culture*. Seattle, University of Washington Press, 1996.

LEACOCK, Seth e LEACOCK, Ruth. *Spirits of the Deep: A Study of an Afro-Brazilian Cult*. Nova York, The American Museum of Natural History, 1975.

LÉPINE, Claude. As metamorfoses de Sakpatá, deus da varíola. In: MOURA, Carlos Eugênio Marcondes de (org.). *Leopardo dos olhos de fogo*. São Paulo, Ateliê Editorial, 1998.

_____. *Os dois reis do Danxome: varíola e monarquia na África Ocidental, 1650--1800*. Marília, Unesp Publicações e Fapesp, 2000.

LIMA, Vivaldo da Costa et al. *Encontro de nações de candomblé*. Salvador, CEAO/UFBA e Inamá, 1984.

_____. *A família de santo nos candomblés jejes-nagôs da Bahia*. 2ª edição. Rio de Janeiro, Pallas, 2003.

LOPES, Nei. *O negro no Rio de Janeiro e sua tradição musical*. Rio de Janeiro, Pallas, 1992.

LÜHNING, Angela. Música: o coração do candomblé. *Revista USP*, São Paulo, nº 7, pp. 115-24, 1990.

_____. *Música no candomblé da Bahia: cânticos para dançar*. Curitiba, IV Simpósio de Musicologia Latino-Americana, 2000.

MAGGIE, Ivonne. *Medo do feitiço: relações entre magia e poder no Brasil*. Rio de Janeiro, Arquivo Nacional, 1992.

MARIANO, Ricardo. *Neopentecostais: sociologia do novo pentecostalismo no Brasil*. São Paulo, Loyola, 1999.

_____. *Análise sociológica do crescimento pentecostal no Brasil*. Tese de doutoramento em Sociologia. São Paulo, Universidade de São Paulo, 2001.

MAUÉS, Raymundo Heraldo e VILLACORTA, Gisela Macambira. Pajelança e encantaria amazônica. In: PRANDI, Reginaldo (org.). *Encantaria brasileira*. Rio de Janeiro, Pallas, 2001.

MBITI, John S. *African Religions and Philosophy*. 2ª ed. Ibadan, Nigeria, Heinemann Educational Books, 1990.

MBON, Friday M. African Traditional Socio-Religious Ethics and National Development: The Nigerian Case. In: OLUPONA, Jacob K. (ed.), *African traditional Religions in Contemporary Society*, St. Paul, Minnesota, Paragon House, 1991.

MEYER, Marlyse. *Maria Padilha e toda sua quadrilha: de amante de um rei de Castela a Pomba-Gira de Umbanda*. São Paulo, Duas Cidades, 1993.
_____. *De Carlos Magno e outras histórias: cristãos e mouros no Brasil*. Natal, Universidade Federal do Rio Grande do Norte, 1995.
MOTTA, Roberto. *Edjé balé: alguns aspectos do sacrifício no xangô de Pernambuco*. Recife, Departamento de Antropologia da Universidade Federal de Pernambuco, 1991.
MOURA, Roberto. *Tia Ciata e a pequena África no Rio de Janeiro*. Rio de Janeiro, Funarte, 1983.
NEGRÃO, Lísias Nogueira. *Entre a cruz e a encruzilhada: formação do campo umbandista em São Paulo*. São Paulo, Edusp, 1996.
ODUYOYE, Modupe. *Words and Meaning in Yoruba Religion*. Londres, Karnak House, 1996.
OLIVEIRA, Altair B. *Cantando para os orixás*. Rio de Janeiro, Pallas, 1993.
OLIVEIRA, Maria Inês Côrtes de. Viver e morrer no meio dos seus: nações e comunidades africanas na Bahia do século XIX. *Revista USP*, nº 28: 174-93, 1996.
OMOLUBÁ, Babalorixá. *Maria Molambo na sombra e na luz*. 5ª ed. Rio de Janeiro, Pallas, 1990.
ORO, Ari Pedro. As religiões afro-brasileiras: religiões de exportação. In: ORO, Ari Pedro (org.). *As religiões afro-brasileiras no Cone Sul*. Cadernos de Antropologia, nº 10. Porto Alegre, UFRGS, 1993.
ORTIZ, Renato. *A morte branca do feiticeiro negro*. Petrópolis, Vozes, 1978.
PIERUCCI, Antônio Flávio. *Ciladas da diferença*. São Paulo, Editora 34, 1999.
_____. *Magia*. São Paulo, Publifolha, 2001.
PIERUCCI, Antônio Flávio e PRANDI, Reginaldo. *A realidade social das religiões no Brasil*. São Paulo, Hucitec, 1996.
POMMEGORGE, Pruneau de. *Description de nigritie*. Amsterdam, s.c.e., 1789.
PRANDI, Reginaldo. *Os candomblés de São Paulo: a velha magia na metrópole nova*. São Paulo, Hucitec, 1991.
_____. *Herdeiras do axé: sociologia das religiões afro-brasileiras*. São Paulo, Hucitec, 1996.
_____. *Um sopro do Espírito: a reação conservadora do catolicismo carismático*. São Paulo, Edusp e Fapesp, 1997.
_____. Nas pegadas dos voduns. *Afro-Ásia*. Salvador, nº 19/20 (1997), pp. 109-33, 1998.
_____. Referências sociais das religiões afro-brasileiras: sincretismo, branqueamento, africanização. In: CAROSO Carlos e BACELAR, Jeferson (orgs.), *Faces da tradição afro-brasileira*, pp. 93-112. Rio de Janeiro, Pallas, 1999.

PRANDI, Reginaldo. *Mitologia dos orixás*. São Paulo, Companhia das Letras, 2001 (a).

_____ (org.). *Encantaria brasileira*. Rio de Janeiro, Pallas, 2001 (b).

PRANDI, Reginaldo e SOUZA, Patrícia Ricardo de. Encantaria de mina em São Paulo. In: PRANDI, Reginaldo (org.). *Encantaria brasileira*. Rio de Janeiro, Pallas, 2001.

PRANDI, Reginaldo, VALLADO, Armando e SOUZA, André Ricardo de. Candomblé de caboclo em São Paulo. In: PRANDI, Reginaldo (org.). *Encantaria brasileira*. Rio de Janeiro, Pallas, 2001.

PRIGOGINE, Ilya. *O nascimento do tempo*. Lisboa, Edições 70, 1991.

REVISTA da Folha. Com a bênção dos orixás: A bênção, painho: pais de santo falam sobre homossexualidade. São Paulo, nº 382, pp. 36-37, 29 de agosto de 1999.

RIO, João do (Paulo Barreto). *As religiões do Rio*. Rio de Janeiro, H. Garnier, 1906.

ROCHA, Agenor Miranda. *Caminhos de odu*. Organizado por Reginaldo Prandi. Rio de Janeiro, Pallas, 2001.

RODRIGUES, Raimundo Nina. *O animismo fetichista dos negros bahianos*. Salvador, Reis & Comp., 1900. Reedição: São Paulo, Civilização Brasileira, 1935.

_____. *Os africanos no Brasil*. 4ª edição. São Paulo, Nacional, 1976.

SÀLÁMÌ, Sikírú (King). *Poemas de Ifá e valores de conduta social entre os Yoruba da Nigéria (África do Oeste)*. Tese de doutoramento em Sociologia. São Paulo, Universidade de São Paulo, 1999.

SANTOS, Alcino et al. *Discografia brasileira: 78 rpm — 1902-1964*. 3 vols. Rio de Janeiro, Funarte, 1982.

SANTOS, Jocélio Teles dos. *Os donos da terra: o caboclo nos candomblés da Bahia*. Salvador, Sarah Letras, 1995.

SANTOS, Juana Elbein dos. *Os nàgó e a morte*. Petrópolis, Vozes, 1976.

SENGHOR, Leopold Sedar. L'Esprit de la civilization ou les lois de la culture negro-africaine. *Présence Africaine*, Paris, nº VIII (x): 60, 1956.

SENNA, Ronaldo de Salles. Jarê, a religião da Chapada Diamantina. In: PRANDI, Reginaldo (org.). *Encantaria brasileira*. Rio de Janeiro, Pallas, 2001.

SHAPANAN, Francelino de. Entre caboclos e encantados. In: PRANDI, Reginaldo (org.). *Encantaria brasileira*. Rio de Janeiro, Pallas, 2001.

SILVA JR., Hédio. *A liberdade de crença como limite à regulamentação do ensino religioso*. Tese de doutorado em Direito Constitucional. São Paulo, Pontifícia Universidade Católica, 2002.

SILVEIRA, Renato da. Jeje-nagô, iorubá-tapá, aon efan e ijexá: processo de constituição do candomblé da Barroquinha, 1764-1851. *Revista Cultura Vozes*, Petrópolis, 94(6), pp. 80-101, 2000.

_____. Sobre a fundação do terreiro do Alaketo. *Afro-Ásia*, Salvador, nº 29-30, pp. 345-80, 2003.

SOARES, Mariza de Carvalho. Guerra santa no país do sincretismo. In: *Sinais dos tempos: diversidade religiosa no Brasil*, pp. 75-104. Rio de Janeiro, Cadernos do Iser 23, 1990.

SOUZA, André Ricardo de. Baianos, novos personagens afro-brasileiros. In: PRANDI, Reginaldo (org.). *Encantaria brasileira*. Rio de Janeiro, Pallas, 2001 (a).

_____. *Padres cantores, missas dançantes*. Dissertação de mestrado em sociologia. São Paulo, Universidade de São Paulo, 2001 (b).

SOYINKA, Wole. *Myth, Literature and the African World*. Cambridge, Cambridge University Press, 1995. Primeira edição: 1976.

TEIXEIRA, Maria Lina Leão. Logorun: identidades sexuais e poder no candomblé. In: MOURA, Carlos Eugênio Marcondes de (org.), *Candomblé desvendando identidades*. São Paulo, EMW Editores, 1987.

TRINDADE, Liana. *Exu, poder e perigo*. São Paulo, Ícone, 1985.

VALLADO, Armando. *Iemanjá, a grande mãe africana do Brasil*. Rio de Janeiro, Pallas, 2002.

_____. *Lei do santo: poder e conflito no candomblé*. Tese de doutoramento em sociologia. São Paulo, Universidade de São Paulo, 2003.

VERGER, Pierre. *Ewé: o uso das plantas na sociedade iorubá*. São Paulo, Companhia das Letras, 1995.

_____. *Orixás: deuses iorubás na África e no Novo Mundo*. 5ª ed. Salvador, Corrupio, 1997.

_____. *Notas sobre o culto aos orixás e voduns*. Tradução de Carlos Eugênio Marcondes de Moura, do original de 1957. São Paulo, Edusp, 1999.

VIANNA, Hermano. *O mistério do samba*. Jorge Zahar e Editora UFRJ, 1995.

WHITE, Steven F. A reinvenção de um passado sagrado na poesia afro-brasileira contemporânea. *Estudos Afro-Asiáticos*, Rio de Janeiro, nº 35, pp. 97-110, julho de 1999.

ZAN, José Roberto. *Do fundo de quintal à vanguarda: contribuição a uma história da música popular brasileira*. Tese de doutoramento em ciências sociais. Campinas, Universidade Estadual de Campinas, 1996.

Nota do autor

Seis dos capítulos deste livro foram publicados anteriormente em versão preliminar. Para a presente edição foram modificados, ampliados e renomeados. Versão prévia do capítulo "Tempo, origem e autoridade" foi publicada na *Revista Brasileira de Ciências Sociais* (nº 47, pp. 43-58, 2001) e na sua edição em inglês, *Brazilian Review of Social Sciences* (nº 2, pp. 7-21, 2002). A primeira forma de "Os mortos e os vivos" foi incluída na coletânea *Faraimará*, coordenada por Cléo Martins e Raul Lody (Rio de Janeiro, Pallas, pp. 174-84, 1999). "Orixás, santos e demônios" foi publicado primeiro na *Revista USP* (nº 50, pp. 46-65, 2001) e a versão prévia de "Hipertrofia ritual e falência moral", em *Novos Estudos* (nº 56, pp. 77-88, 2000). "Cultura religiosa, memória e identidade" teve edição prévia em *Diogène: Revue Internationale des Sciences Humaines* (nº 201, pp. 38--48, 2003), e "Devotos, terreiros e igrejas", uma primeira publicação em *Civitas: Revista de Ciências Sociais* (v. 3, nº 1, pp. 15-34, 2003).

Este livro resulta de meus projetos de pesquisa sobre religiões no Brasil, patrocinados, ao longo dos últimos anos, pelo CNPq — Conselho Nacional de Desenvolvimento Científico e Tecnológico. Foram muitos os colegas e alunos que me ajudaram nesses projetos.

Na pesquisa das canções contei com a participação de muitos. Agradeço a Alessandro Caldas Lins e aos meus estudantes, bolsistas de iniciação científica do CNPq, pelo primoroso trabalho de pesquisa em arquivos e discotecas: Mércia

Consolação Silva, Vinícius Lanna Dobal, Patrícia Ricardo de Souza, Helena Roque Pancetti, Arthur Rovida de Oliveira e André Ricardo de Souza. Sou igualmente grato a funcionários que nos receberam nas instituições em que grande parte da pesquisa foi feita: Discoteca Oneyda Alvarenga do Centro Cultural São Paulo, Rádio USP, Rádio Gazeta, Rádio Bandeirantes e Museu da Imagem e do Som do Rio de Janeiro.

Na análise dos censos, usei tabulações especiais preparadas pela estatística Nilza de Oliveira Martins Pereira, do Departamento de População e Indicadores Sociais do IBGE.

Antônio Flávio Pierucci, Teresinha Bernardo, Marcello Dantas foram leitores críticos, deram sugestões, mostraram caminhos.

Lilia Moritz Schwarcz, Heloisa Jahn e Cristina Yamazaki, editoras deste livro, apontaram lacunas e sugeriram mudanças. Elisa Braga, Raul Loureiro, Fabio Uehara e Fabiana Roncoroni cuidaram da concepção e da produção gráfica. Pedro Rafael fez as ilustrações e Silvio Fagbenlê Hammel Ribeiro ajudou-me no tratamento das fotos.

O livro não seria possível sem a colaboração, a compreensão e a amizade do povo de santo. Quero registrar ao menos a contribuição dos sacerdotes Pai Armando Akintundê Vallado de Ogum, babalorixá do Candomblé Casa das Águas, Pai Francelino de Shapanan, toivoduno da Casa das Minas de Toia Jarina, Pai Pércio Geraldo Alves de Xangô, do Ilê Alaketu Axé Airá, Mãe Teresinha dos Santos Rosa de Omulu, mãe-pequena do antigo Ilê Axé Ossaim Darê, fundado pelo falecido Pai Doda Braga de Ossaim, a quem devo o início de meu aprendizado no mundo dos orixás.

A todos, muito obrigado.

Reginaldo Prandi
São Paulo, verão de 2005

1ª EDIÇÃO [2005] 1 reimpressão

ESTA OBRA FOI COMPOSTA EM MINION PELA PÁGINA VIVA
E IMPRESSA PELA LIS GRÁFICA EM OFSETE SOBRE PAPEL PÓLEN NATURAL
DA SUZANO S.A. PARA A EDITORA SCHWARCZ EM SETEMBRO DE 2023

A marca FSC® é a garantia de que a madeira utilizada na fabricação do papel deste livro provém de florestas que foram gerenciadas de maneira ambientalmente correta, socialmente justa e economicamente viável, além de outras fontes de origem controlada.